陈侠先生

（1915—1992）

“中国教材研究文库”

第一辑总目

“中国教材研究文库”第一辑选编委员会

中国教材研究文库

陈侠论教材

陈 侠 著

人民教育出版社
·北京·

图书在版编目（CIP）数据

陈侠论教材 / 陈侠著. —北京 ：人民教育出版社,2020. 11
（中国教材研究文库）
ISBN 978-7-107-34648-4

Ⅰ. ①陈… Ⅱ. ①陈… Ⅲ. ①中小学－教材－研究 Ⅳ. ①G632. 3

中国版本图书馆 CIP 数据核字(2020)第 218122 号

陈 侠 论 教 材
作　　者/陈　侠
装帧设计/何安冉

出版发行　人民教育出版社
（北京市海淀区中关村南大街 17 号院 1 号楼　邮编：100081）
网　　址　http://www.pep.com.cn
经　　销　全国新华书店
印　　刷　山东临沂新华印刷物流集团有限责任公司
版　　次　2020 年 11 月第 1 版
印　　次　2020 年 11 月第 1 次印刷
开　　本　787 毫米×1 092 毫米　1/16
印　　张　22. 25
插　　页　1
字　　数　254 千字
印　　数　0 001～1 500 册
定　　价　68. 00 元

“中国教材研究文库”总序

郭戈

古人说得好：“以铜为镜，可以正衣冠；以史为镜，可以知兴替；以人为镜，可以明得失。”对于教材工作而言，以史为镜、以人为镜也是至关重要的。我国古代常用的教材主要是“三百千千”“四书五经”。新式教材起步于清末，活跃于民初，先学日本，后仿美国。1897 年上海南洋公学外院效法外国，编了国文、算术、历史、舆地、格致等课本，这便是打破老传统，把各门知识较有系统地编为学科教材的开始。随后出现的各种课本和教育著作大都是模拟日本或直接译自日本。清末以来，特别是民国建立后，教材自由编写，实行审定制，民间掀起了一股编撰出版教科书的热潮，一批出版机构如商务印书馆、文明书局、中华书局等，与一批出版家、教育家，为此做出了奠基性、开创性的重要贡献。

五四新文化运动以降，教育理念和课程教材发生了新变革，特别是全国教育会联合会在主要借鉴美国教育的基础上而研制的新学制以及课程标准纲要，影响巨大。一时间，欧美新教育思潮、实用主义教育思想引入中国，教材也从过去主要效仿日本一变而为仿效美国。当时，许多教材在内容编写上都强调以儿童生活经验为中心，甚至一些中学理科教学更直接采用美国的课本。新中国成立之前，民国政府虽然曾几次颁布课程标准，教材的内容和形式却基本上没有大的改观，只不过是更多地借鉴和学习美国的经验罢了。并且，清末及民国历届政府都有统一教科书的意愿和行动，但由于旧中国持续不断的内忧外患和政府的腐败无能，加上课本编写质量不佳等原因，所谓“国定教科书”或“统一教科书”最终都以失败而告终。

新中国的成立开创了中华民族历史的新纪元，也掀开了我国教材事业发展的新篇章。新中国成立伊始的教材，文科主要借鉴了解放区的经验，理科主要选取了国统区的本子，还有一部分选取了编译的苏联教材。接着，便在全面学习苏联教育经验的基础上开始了教材自编或重编的历程，并逐步走出了一条具有中国特色的以统为主、统分结合的教材道路。总的来说，与旧中国相比，新中国成立70多年来，全国中小学实施的是统一的教学大纲或课程标准，使用的基本上是由国家统一供应、教育部组织编写、人民教育出版社编辑出版的通用教材或统编教材，并做到了所有地方、每所学校、全部学生都使用上了这样的教材。为此，中央确立了集中统一教材制度的大政方针，制定了统一的教学大纲或课程标准，组建了专门的教材编写和审查机构，配备了强有力、专业化的编审人员，还建立了保证“课前到书，人手一册”的教材出版发行渠道和机制。当前，党中央、国务院高度重视教材工作，把教材建设作为一项战略工程、基础工程，成立了国家教材委员会，教育部组建了教材局，并先后颁布了一系列有关规章制度，在义务教育和高中阶段全面实施政治、语文、历史三科教材统编、统审、统用政策，标志着我国教材建设进入了新时代。

“江山代有才人出，各领风骚数百年。”社会发展史也是个体发展史。历史由人民创造，又有杰出历史人物的巨大作用。讲述历史离不开历史人物，回顾教育不能回避教育家，同样，总结和借鉴教材的历史经验，也不能回避曾经为教材事业创造出重大业绩的历史人物。在我国新式教材100多年的发展过程中，不仅编辑出版了不计其数、数以万计的各个学科、多种形式的教材，而且也涌现出了一大批教材编辑家、出版家、研究者，他们都为我国的教材建设事业做出了奠基性、开创性的重要贡献。归纳起来，这些大家在清末及民国时期主要有：张元济、陆费逵、范源廉、蒋维乔、马君武、戴克敦、沈恩孚、高梦旦、王云五、舒新城、李廉方、庄俞、沈颐、张相、杜亚泉、吕思勉、陈宝泉、范祥善、金兆梓、周建人、黎锦熙、顾树森、俞子夷、吴研因、叶圣陶、丰子恺、朱经农、朱文叔、刘薰宇、宋云彬、丁晓先（韦息予）、赵欲仁、艾伟、沈百英、吕伯攸、陆殿扬、陈鹤琴、辛安亭等。在新中国成立后的主要代表是：叶圣陶、周建人、胡绳、辛安亭、戴伯韬、朱文叔、刘薰宇、金灿然、吉少甫、朱智贤、陈元晖、叶立群、张志公、吴伯箫、张毕来、蒋仲仁、袁微子、刘国正、张中行、邱汉生、苏寿桐、陈尔寿、方宗熙、雷树人、梁英豪、张玺恩、张孝达、王占春、陈侠、熊承涤等。他们都是对一定历史时期的教材建设，特别是一些学科教材领域做出过重要贡献并产生了广泛影响的人物，并大都在编辑出版教材的过程中发表过论述教材的著述，提出了关于教材问题的看法和认识，内容涉及教材的政策管理、编写审查、出版发行、使用教学或教材本体等诸多领域，其中一些人还形成了较为系统和全面的思想观点。这些思想观点成为我国教材建设和教材学术研究史上的一笔笔宝贵的财富。有鉴于此，在人民教育出版社成立70周年之际，我们启动了“中国教材研究文库”这个大型丛书项目，旨在通过挖掘、收集、辑录、整理百年以来教材领域众多大家的研究成果，分期分批出版，比较系统地展示中国近现代以来教材研究的主要成果，从一个侧面呈现中国近现代以来教材发展的基本脉络，为新时代教材建设和研究事业提供参考和借鉴。这套大型丛书的编辑出版也是我们缅怀和纪念老一辈教材大家的最好方式。

改革开放以来，国内出版了不少教育名家的著作、文集甚至全集，其中涉及一些教材编辑家、出版家的论著，这是我们选编工作的基础。对有的教材大家已出版的文集，我们进行了重新编排、补充和校核，以体现新的特色。对于尚未有文集出版的一些教材大家，其教材文集的收集、整理、选编任务则比较繁重。好在现代信息技术很发达，网络文献查阅很方便，我们将传统方法与现代手段相结合，大大提高了工作效率。本文库入选的人物全都是我国百年以来教材建设，特别是教材研究开发和编辑出版事业的主要参与者、贡献者、引领者。本文库秉持按人设卷、一人一卷的原则，但对于教材史上的一些重要人物，我们也不排斥两人或多人合为一册的情况。我们对每卷文集的篇目都大致进行了分类，并基本按照时间先后顺序或一定专题加以排列，但鉴于作者的经历和作品情况的差异，也为了突出某些重要作品，以满足读者现实需要，每卷目录的编排方式也各具特色。无论哪种编排方式，对每篇文章的出处和时间我们都尽量说明清楚，必要时增加注释。读者阅读之后可以感受到，这些教材文集见证和记录了中国近现代课程教材的成长史、演进史，也是教材大家们辛勤耕耘、笔耕不辍的学术思想的集中体现。可以说，每一卷的文字都曾经为教材建设史的推进铺下过坚实的一砖一瓦，也都曾经拨动过教材人的心弦。我们希望，通过重温教材大家精到的论断、深邃的思考、严密的逻辑、优美的文字，以及字里行间蕴含的学术风范、治学之道和人格魅力，可以为后来者提供学习和传承的典范。

“中国教材研究文库”是一套开放性的丛书，第一辑入选了12位人物，主要是新中国教材建设和研究的奠基者和开拓者。接着，我们还将陆续推出第二辑、第三辑。“众人拾柴火焰高。”热诚欢迎国内教育学者特别是课程教材研究者积极参与到这套文库的编辑出版中来。

“闻道有先后，术业有专攻。”教材建设是个专业，也是门学问，教材工作有其自身的特点和规律。当前，教材问题越来越受到重视，从事教材研究开发和编辑出版工作的人也越来越多，如果说有所谓捷径可循的话，那恐怕就是直接阅读和学习以往这些教材大家的有关论著了。了解教材历史，知晓教材大家，汲取和借鉴以往的智慧和经验，继承和发扬他们的思想和观点，可以使我们明理启智、审时度势、推陈出新，对于做好当下教材改革发展工作、提升教材科学化水平大有裨益，对于教材研究和学术创新更是必不可少。

“中国教材研究文库”作为中国近现代教材成长史、演进史的记录和见证，实为百年中国教材研究的缩影和写照，具有较高的文献史料价值，能为教材建设者和教育学者的编辑出版工作和研究工作提供较为完整的基础性材料。我们相信，本文库的出版对于推动教材事业建设、促进教材理论的创新发展会有一份积极的贡献。我们也希望在新时代，教材事业蒸蒸日上、人才辈出，创作出更多扎根中国大地、师生喜爱的各科教材，不断提升教材研究水平，加快构建中国特色、世界一流的教材建设体系和教材理论体系。

本文库由我忝任总主编。教育学界、课程教材界的专家学者以及社会各界人士对本文库给予了热情关注，我社黄强社长以及有关领导、员工和离退休老同志提出了宝贵意见和建议；丛书责任编辑和各分卷编者及责任编辑也付出了辛勤劳动。谨在此一并致谢！

限于水平，本文库的编辑出版工作或有不妥不足甚至错误之处，敬请读者不吝指正！

2020 年 9 月 10 日

本卷前言

陈侠先生（1915—1992）是中国现代著名课程学家、教育学家和编辑出版家，也是我国现代课程论学科的奠基人和开拓者。这位课程论一代宗师，不仅在人教社主持编辑出版了大批有重要影响的师范教材和教育图书，并长期执编教育类期刊，孜孜不倦地致力于教育科学研究，撰写了一批有分量的学术论文和著作。陈先生不愧是研究型、专家型编辑的典范，被叶圣陶先生称为“认真研究教育的有心人”。

陈侠先生于1915年2月6日生于江苏省扬州市。1933年毕业于江苏省立扬州中学高中师范科，同年起先后任江苏省立南通中学附属实验小学教员、江苏省立界首乡村师范学校教员兼附属小学主任（相当于校长）、江苏省立扬州实验小学低级部主任、江苏省立大港乡村教育实验区《乡村教育》杂志编辑。同时，参加初等教育研究社，参与编撰《初等教育研究集》。陈侠从做小学教师开始，一直坚持写心得，坚持教学与科研互动，这对他最终成为成就卓著的教育学家所起到的作用非同小可。1937年全面抗战爆发后，陈侠进入内迁到西北的国立北平师范大学（后更名为西北师范学院）教育学系学习；1942年毕业，留校任西北师范学院教育研究所助教，并师从著名教育家李建勋读研究生。1947年起晋升讲师。翌年研究生毕业，获硕士学位。曾兼任该校附小校长，历任该校教育研究所研究员及甘肃《地方教育辅导丛刊》编辑等职。新中国成立后，陈侠于1950年调入中央人民政府出版总署编审局任编辑。同年12月1日人教社成立后转本社工作，历任教育编辑室（原名编审部教育组）编辑、副主任、主任、编审，《教育译报》副主编。“文革”期间，人教社被解散，全体人员“下放”到安徽凤阳。“四人帮”被粉碎后，在十一届三中全会精神鼓舞下，陈侠虽已年过花甲，却以高昂的热情投入编辑出版和教育科研工作。1979年，他参与发起全国教育学研究会（中国教育学会教育学分会前身），任常务理事兼秘书长。1980年4月，参与创立人教社课程教材研究室（课程教材研究所的前身），任研究员。同年6月19日，人教社成立《课程·教材·教法》杂志编委会，戴伯韬任主任，叶立群、陈侠等任副主任，由陈侠主持日常工作。1981年，《课程·教材·教法》正式创刊，陈侠任副主编，并主持日常工作（当时没有单独编辑部）。1983年6月10日，教育部党组批准成立课程教材研究所，7月20日邓小平题写所名。这是第一家国家级面向基础教育的课程教材研究机构，陈侠任学术委员会常务委员。课程教材研究所成立后，课程教材研究室改建为课程研究室，以研究课程理论为主，由陈侠负责；教材研究任务则由各学科编辑室承担。鉴于陈侠在教育学术上的造诣，他还被聘为《中国大百科全书·教育卷》教育学分支学科副主编，西北师范大学等7所高校兼职教授，《教育大辞典》编纂委员会委员兼《课程和各科教学》分卷主编，并当选民盟人教支部负责人、民盟北京市委委员兼教育委员会副主任、民盟中央教育委员会副主任等职。1986 年虽然办理了退休手续，但他退而不休，仍一如既往地积极主动承担许多编辑出版工作和研究任务，直至病逝。

陈侠先生毕生在教育战线辛勤耕耘，几十年如一日，一方面投身教育教学的实际工作，并从事师范教材和教育书刊编辑出版工作，另一方面潜心于教育科学研究。他著述颇丰，主要有《建国的儿童训练法》（1941 年版）、《近代中国小学课程演变史》（1944 年版）、《国民学校教学实际问题》（1946 年版）、《国民学校教学之改进》（1948 年版）、《论教育规律及其他》（1983 年版）、《师范教育和教育科学》（1985 年版）等。他还有大量教育译著行世，并主持选编了《李建勋教育论著选》和《傅葆琛教育论著选》等。而其最为著称于世、影响深远的传世之作无疑是《课程论》（人民教育出版社 1989 年版）。

概而言之，陈侠先生对我国课程论重建和教材研究的先驱性、奠基性贡献，可以归纳为五个“第一”。一是撰著了我国第一部课程论专著，发表了一批有分量的课程论学术论文，既提出了课程论的总体架构、学科体系，又探索了课程论的重点问题、发展方向。二是在新中国第一部《教育大辞典》中主编了《课程和各科教学》分卷，第一次界定或规范了课程和各科教学的有关内容。三是担任河北大学、辽宁师范大学、哈尔滨师范大学、西北师范大学、华南师范大学、广西师范大学、杭州大学等高校兼职教授，是在全国高校系统讲授“课程论”这门课程的第一人，奠定了课程论在教育科学中的学科地位。四是主持执编国内第一本课程专业学术期刊《课程·教材·教法》，为课程论的重建提供了理论基础和舆论支持。五是主编新中国第一套课程学术丛书《课程研究丛书》，为中国特色课程理论体系的创建和完善提供了学术支撑。

本书是陈侠先生公开发表的、与教材直接相关的学术研究论文、讲稿等的汇编，主要内容涉及课程教材基本理论、教材编写出版和使用的实践问题研究以及师范教材研究等。本书内容聚焦教材，涵盖了教材问题研究的主要方面，既有深刻的历史意义、理论价值，也具有充分的现实关怀，是凝聚陈侠先生从事教材编辑和研究 60 余年的心血之作。本书对课程论、教材论和教学论学科建设具有重要的学术价值，也为构建和完善中国特色教材理论体系和实践体系提供了重要参考，主要供教材理论研究者、教材编辑出版人员、高校师范生、中小学校长和教师阅读。

本书由吕达、刘立德担任主编。本书的编选得到了我社内外有关领导和专家的关心和支持，穆建亚副教授和杨燕博士也付出了辛劳。谨在此一并致谢！

编者

2020 年 9 月

目　录

第一编

总　论

毛泽东论课程和教材*

毛泽东同志历来关心学校课程的设置和教材的建设。他关于学校课程和教材的许多论述，只要是符合马克思列宁主义的，是经得起实践检验的，仍然是我们设计课程和编辑教材应当依据的原则。有些谈话和批示不符合实事求是的精神，违背了学校教育规律，经不起实践检验，过去我们照搬吃了苦头，今后自然不该重犯错误。现在根据我学习的体会，把毛泽东同志有关学校课程和教材的主要论述，归纳成几条具有普遍意义的原则，并略加说明。谬误之处，请读者指正！

第一，课程教材必须有坚定正确的思想政治方向。

列宁早于1909年就曾在给喀普里党校学员的信里说过："在任何学校里，最重要的是课程的思想政治方向。"① 这是因为课程教材是实现教育目标的手段，而教育目标总是由举办教育的一定社会阶级的经济和政治的要求所决定的。毛泽东同志在土地革命时期为红色区域（革命根据地）制定的文化教育总方针，就包含了学校课程教材必须有坚定正确

* 本文载《教育论丛》1983年第1期。

①《列宁全集》第15卷，人民出版社1959年版，第438页。

的思想政治方向的要求，如说要“以共产主义的精神来教育广大的劳苦民众”，要使“教育为革命战争与阶级斗争服务”①，等等，这就规定了课程教材的思想政治方向。

课程教材必须有坚定正确的政治方向，自然是由教育必须为经济和政治服务的规律决定的。如在抗日战争时期，教育必须为争取抗日战争的需要服务，课程教材就应该满足抗日战争的需要。毛泽东同志 1937 年 8 月在《为动员一切力量争取抗战胜利而斗争》一文中提出的救国纲领中，关于抗日的教育政策是：“改变教育的旧制度、旧课程，实行以抗日救国为目标的新制度、新课程。”② 1938 年 11 月在《论新阶段》一书中又提出：“废除不急需与不必要的课程”，“教授战争所必需之课程”。③ 1940 年 12 月在《论政策》一文中说：“关于文化教育政策。应以提高和普及人民大众的抗日的知识技能和民族自尊心为中心。”④ 所有这些要求，都说明课程教材必须有坚定正确的思想政治方向，才能适合社会经济和政治的需要，才能实现教育的目标，培养出社会所需要的人才。

但是，我们对此也应当实事求是地理解。即使在战争时期，普通学校的课程也不能完全不讲与战争无关的科学基本知识和基本技能。因为没有这些做基础，战争所需要的知识技能就学不进去；基础打得不牢或者不深，战争所需要的知识技能的学习也会受到限制。总之，我们设计课程和选择教材，既要看到当前的需要，又要看到长远的需要。过去，特别是“文化大革命”时期，曾经犯过只重当前需要的片面性错误，今

①②③④《毛泽东同志论教育工作》，人民教育出版社 1958 年版，第 15、34、33、34 页。

后必须力求避免，以免陷入狭隘实用主义的泥潭。

当前，我国最大的政治任务是全面开创社会主义现代化建设的新局面，教育事业已被提到国民经济建设的战略重点的高度。这是按经济规律来建设国民经济的必要措施，不随人的意志为转移。今后我们的课程教材必须适合这一政治要求，努力培养出能够建设高度的社会主义物质文明和高度的社会主义精神文明的新一代。

第二，课程教材必须联系实际。

1920 年列宁在《青年团的任务》中说过："资本主义旧社会留给我们的最大祸害之一，就是书本与生活实践完全脱节。"① 毛泽东同志也非常反对那种"书本与生活实践完全脱节"的现象。早在第一次国内革命战争时期，他在《湖南农民运动考察报告》中就曾指出："乡村小学校的教材，完全说些城里的东西，不合农村的需要。"② 这就是要求学校的教学内容，必须联系实际。当然，这并不是说，乡村小学的教材，城里的东西一点都不能讲。这样理解就不对了。这句话批评的是"完全说些城里的东西"，应该注意"完全"二字。在城乡差别消灭以前，城里学校的教材，要讲些乡村的东西，乡村学校的教材，也要讲些城里的东西，这是毫无疑问的。但是不应当脱离生活实践，完全不联系实际。

新中国成立后，毛泽东同志 1957 年 3 月对七省（市）教育厅（局）长的谈话中，曾经讲到教材要有地方性，应当增加一些乡土教材。这当然也是为了贯彻教材必须联系实际的原则，同时还可以为进行爱国主义教育和革命传统教育打基础。因为培养爱国主义者首先要培养他们爱乡

①《列宁选集》第 4 卷，人民出版社 1972 年版，第 345 页。

②《毛泽东同志论教育工作》，人民教育出版社 1958 年版，第 84 页。

土的观念、爱“父母之邦”的观念。为了爱家乡，就要了解家乡。家乡的自然景色、山川原野、名胜古迹、历史文物、产品交通以及新中国成立以来的建设成就，特别是历史上家乡人民为保卫家乡、建设家乡而做的斗争，等等，都应当通过乡土教材的教学，使学生了解。目前我们见到有些省（如四川等）已经编辑了乡土历史补充教材，供学生学习。这是一个好的开端。希望有更多的省、自治区和直辖市这样做。

1965 年，毛泽东同志批评教育脱离实际的时候，曾十分强调其危害性，他说：“从小学到大学，一共十六七年，二十多年看不见稻、粱、菽、麦、黍、稷，看不见工人怎样做工，看不见农民怎样种田，看不见商品是怎样交换的，身体也搞坏了，真是害死人。”① 这样完全脱离实际生活、脱离生产劳动的教育，当然不能培养出有社会主义觉悟的、有文化的、身体健康的劳动者。目前，我们有些学校由于社会的压力，片面追求升学率，也让学生脱离实际，死读书本，以致近视眼增多，体质下降。这是同教育（包括课程教材）必须联系实际这个原则背道而驰的，也是完全违反党的教育方针的，因此必须迅速彻底认真地纠正。

第三，课程教材必须给学生打好文化科学知识的基础。

列宁说过：“在一个文盲的国家内是不能建成共产主义社会的。”② 毛泽东同志 1945 年在《论联合政府》中就曾提出：“从百分之八十的人口中扫除文盲，是新中国的一项重要工作。”③ 1955 年，他在《中国农村的社会主义高潮》一书的按语中也曾引用过列宁的这句话，说明组织

---

①《毛泽东论革命教育》，人民出版社 1967 年版。

②《列宁选集》第 4 卷，人民出版社 1972 年版，第 357 页。

③《毛泽东同志论教育工作》，人民教育出版社 1958 年版，第 30—31 页。

群众学文化的重要性。群众要学文化，干部当然更要学文化。

早在1936年，毛泽东同志在审查红军大学工农干部班教育计划的时候，就认为培养工农干部识字、作文、读书报等能力，应当“是整个教育计划中最重要、最根本的部分之一”。他还认为文化工具就是“实际”的一部分，这个见解是非常重要的。因为学员掌握了文化工具，才能够学习革命理论，把工作做好。

1942年1月，在他写的《〈文化课本〉序》里，把这个意思说得更加具体明白：“一个革命干部，必须能看能写，又有丰富的社会常识与自然常识，以为从事工作的基础和学习理论的基础，工作才有做好的希望，理论也才有学好的希望。”① 同年2月，他在《整顿党的作风》一文中又指出：“我们的工农干部要学理论，必须首先学文化。没有文化，马克思列宁主义的理论就学不进去。学好了文化，随时都可学习马克思列宁主义。”②他甚至以自己为例，说幼年学习的是封建社会的教材（如《论语》），虽然内容陈旧，但是还可以从中学会识字，借以证明打好文化基础、掌握文化工具的重要性。

毛泽东同志的这些思想，是对干部教育、成人教育提出的要求。普通教育的任务本来就是给青少年儿童打好文化科学知识的基础，毫无疑问，应当让他们掌握好文化工具。可是，现在有不少普通中小学，由于种种原因，并未能给青少年儿童打好文化科学知识的基础。不少小学、初中甚至高中毕业生，并未能掌握好按他们的学历来说应该掌握好的文化工具。这些学校输送给上一级学校的往往是些不合格的新生，走上工

①②《毛泽东同志论教育工作》，人民教育出版社1958年版，第200、134页。

作岗位的往往是些不合格的后备劳动力。因此，怎样大面积地提高教育质量，是当前我国教育理论工作者和教育实际工作者应该重视的一个问题，应认真研究、分析原因、制定措施、切实解决。

第四，课程教材必须古为今用，外为中用。

列宁说过："只有用人类创造的全部知识财富来丰富自己的头脑，才能成为共产主义者。"① 我们要培养有共产主义理想的新一代，必然要动用"人类创造的全部知识财富"，这就必然要涉及古今中外的知识。因此，我们在设计课程和选择教材的时候，必须对古代的和外国的知识有个正确的态度，才能确定合理的取舍标准。

毛泽东同志1940年在《新民主主义论》中，1945年在《论联合政府》中提出的对待古代文化和外国文化应有的正确态度，是我们研究课程教材必须遵循的。他要求对待古代文化和外国文化应当"排泄其糟粕，吸收其精华"②，也就是"剔除其封建性的糟粕，吸收其民主性的精华"③，或者说，对待外国文化和古代文化，"既不是一概排斥，也不是盲目搬用，而是批判地接受它"④。这个方针完全是实事求是的，所以说是我们应当遵循的。

以后，这个对待外国文化和古代文化的方针又有了发展。1956年，毛泽东同志在《同音乐工作者的谈话》里，既反对"全盘西化"论者的民族虚无主义的态度（这在《新民主主义论》里早就批判过），又反对"中学为体，西学为用"的带有半封建半殖民地色彩的错误方针，而主张"外为中用，古为今用"。同年，在《论十大关系》里也曾强调正确

---

①《列宁选集》第4卷，人民出版社1972年版，第348页。

②③④《毛泽东同志论教育工作》，人民教育出版社1958年版，第167、167、166页。

地向外国学习的方针。所有这些，对我们编订学校课程和选择各科教材，都具有重要的指导意义。

第五，课程教材必须力求精简。

列宁在反对旧学校采用“死记硬背”的方法，“用数不胜数的、九分无用一分歪曲了的知识来充塞青年的头脑”的同时，主张“我们需要用基本事实的知识来发展和增进每个学习者的思考力”，使他们能“具备现代有学识的人所必备的一切实际知识”①，认为这是培养共产主义者所不可缺少的；要求青年都“必须善于吸取人类的全部知识，使你们学到的共产主义不是生吞活剥的东西，而是经过你们深思熟虑的东西，是从现代教育观点上看来必然的结论”②。这些应当是我们建立课程教材繁简标准的指导思想。

毛泽东同志对学校课程的一贯的思想，就是课程必须精简。1921年，他在《湖南自修大学创立宣言》里，就曾把“课程过繁”列为新式学校的一大弊端。认为课程门类多了，学习者终日埋头上课，就没有充分的时间自学，“不能用他们的心思为自动自发的研究”了。一直到晚年，他还是认为课程太多，使学生压力太大，影响学生健康，不利于德、智、体全面发展。他主张“课程设置要精简，教材要彻底改革，有的首先删繁就简”，以免学生负担过重。不过，学生负担重，原因是多方面的，主要是：过去对师范教育重视不够，没有随着教育事业的发展，有计划、按比例地培养合格教师；教师水平低，教学方法不当；学生程度差，没有打好基础。至于课程多、教材繁恐怕不是唯一的原因，

①②《列宁选集》第4卷，人民出版社1972年版，第348、349页。

也不是根本原因。目前，实际上更加严重的问题是负担过重的只有一小部分学生，即所谓重点校、重点班的学生，大部分学生非但负担不重，而且没有负担。不解决师资培养问题，不从基础即小学一年级抓起，大面积提高教育质量的目的是难以达到的，学生负担过重的问题也是不易解决的。

但是，我们仍然应当正确领会课程教材必须精简的精神。这是因为人类知识浩如烟海，学生在校修业时间有限，我们只能把少量精粹的知识教给他们，使他们掌握了这些少量精粹的知识以后，能够取得打开知识宝库的钥匙，自己学会去求知。这些少量精粹的知识就是所谓科学基础知识，就是通常我们所说的“双基”（基本知识和基本技能），也应该是列宁所说的“一切实际知识”，是普通学校必须教给学生的。究竟哪些东西属于“双基”，不能主观臆断，是需要仔细研究的。随着社会生产的发展、科学技术的进步、人类文化水平的提高，“双基”的内容也是不断发展的。教育是实现社会主义现代化建设的基础，我们编订学校课程和教材的时候，也要从现代化建设的要求出发，既要力求精简，又不降低应有的水平。

关于课程和教材必须精简的问题，毛泽东同志也讲过一些过头的话。如说“课程可以砍掉一半”，又说“建议从一切活动总量中砍掉三分之一”。前者是即兴发言，后者是见诸文件的批示。倘若照着执行，必将影响教育质量。如砍去了历史、地理，影响了对学生进行爱国主义教育；砍去了音乐、美术、手工劳动，影响了对学生进行审美教育和劳动教育。这样做的结果会对社会主义精神文明建设非常不利。目前，为了兼顾普及和提高的需要，只有编辑两三套程度不同的教材，才能既不降低教材应有的水平，又能使大多数学生学有所得。至于从根本上解决问题，从教育部门来说，还得抓师资培养，抓基础教育。只从课程教材开刀是解决不了问题的。

总之，我们对毛泽东同志关于学校课程和教材的论述，应当采取马克思主义实事求是的态度，既不盲目照搬，又不轻率否定。这也是毛泽东同志历来倡导的学风。

以上只是个人学习的几点体会，供大家参考。

课程论的学科位置和它同教学论的关系*

一

课程论在我国大学教育系的课程中既可以说是一门新课，也可以说不是一门新课。

说它是一门新课，因为三十多年来我们绝大多数大学的教育系没有开设这门课。中华人民共和国成立以后，我们都学习苏联的教育科学。当时的学习是亦步亦趋地学：苏联的师范院校只讲普通心理学，不讲教育心理学，我们就照抄照搬；苏联师范院校只讲教育学，用一门教育学包括了“教育概论”（或“教育的基本原理”）、“普通教学法”（相当于“教学论”）、“中等教育”（或“教育论”，二者内容不完全相同）和“教育行政”（相当于“学校管理”，但范围有广有狭）四门课，我们也照抄照搬。在苏联教育学里，有关课程论的教材只在教学论部分用“教学内容”或“教学和教育的内容”一章来介绍政府颁布的有关课程的文件：

---

* 本文是作者所著《课程论》的前言，载《课程·教材·教法》1987 年第 3 期。

“教学计划”“教学大纲”和“教科书”。向师范生介绍这些是为了让他们毕业后遵照执行，至于编订这些文件的理论和方法却语焉不详。因为苏联的学校课程（即他们所说的“教学内容”），是由国家统一规定的，具有法律的性质；学校和教师只能遵照执行，不能随意变更。这可能是在一个相当长的时间里，苏联没有把课程论作为教育学的一门分支学科来研究的原因之一。

说它不是一门新课，因为旧中国在培养教育研究生的单位开设过这门课。四十多年以前，我当教育研究生的时候，听过一位获得美国哥伦比亚大学哲学博士学位的教授讲课程论。他向我们介绍了美国课程论这类书籍的早期作者和他们著作的主要内容：如博比特（F. Bobbitt）的《课程》（1918）和《怎样编制课程》（1924），卡特斯（W. W. Charters）的《课程结构》（1923），庞锡尔（F. G. Bonser）的《小学课程》（1923）等。这些作者，在美国50年代以后出版的课程论著作中已经不常提到了。我国过去给攻读教育科学的研究生开设课程论这门课，也是抄袭美国的，目标是不大明确的。因为中国并不像美国那样，学校课程和教材可以由各州教育当局、各学区教育当局聘请许多教育专业工作者来研究、编订。美国人声称要使纳税人都有管理教育的发言权，其中当然包括对学校课程的发言权。在英国，每一所学校的校长和教师都有权决定采用什么课程和教材。因此，在英美，研究课程问题就不只是少数专门家的事，而是所有教育工作者甚至学生家长都关心的问题。这就是课程论著作在英美出版得比较多的原因。英国的开放大学还设有课程论这门学科。

二

说苏联没有把课程论作为一门分支学科来研究，并不等于说苏联不研究课程问题。相反，苏联出版的教育学著作的教学论部分或者教学论专著中，都有讨论教学内容的章节。现在就我手边有的几种苏联教育学和教学论著作来看，这一章讨论的范围和它在教学论中所占的分量，大致如下。

1948年（俄文版，下同）出版的凯洛夫主编的（注意：是凯洛夫主编，不是他个人的著作；1953年出版的中译本署名“凯洛夫著”是搞错了）《教育学》第二编教学理论中有一章讲教学内容，下分教学计划、教学大纲和教科书三节。教学计划一节讲了“选择教学科目的原则”“为各门学科选择教材的原则”“各门学科的教育意义”“按照学年分配学科”“上课时间的计算”等题目，教学大纲一节讲了“编订大纲的原则”和“大纲的结构”两个题目，教科书一节讲了“对教科书的基本要求”。——这本书是培养中学师资的高师或大学的教材，其中教学论的篇幅（包括教学过程、教学内容、课堂教学、教学法、成绩考查等五章）共168页（中译本，下同），教学内容这一章的篇幅共35页，约占20.8%。

1950年出版的斯米尔诺夫著的《教育学初级读本》第五编教学论共有五章，分别讲教学原则、教学内容、教学方法、课堂教学和家庭作业。教学内容介绍了小学的教学计划、教学大纲和教科书。教学大纲一节分科介绍了小学各科（俄语、算术、历史、自然常识、地理、写字、图画、唱歌和音乐）的教学大纲。——这本书是给幼儿园教师、小学教师和家长读的，内容简明通俗，理论讲得不多。其中，教学论的篇幅共60页，教学内容这一章有10页，约占16.7%。

1950年出版的叶希波夫和冈查洛夫合著的《教育学》，第六章讲小学教育的内容，分教学计划、教学大纲、各种教学科目的教育意义、形成儿童的初步世界观和教科书共五节。——这本书是培养小学教师的师范学校课本，它把各门学科的教育意义和形成儿童初步的科学世界观这两个属于学科性质和教育目标的问题，从教学计划（如1948年版凯洛夫主编的《教育学》）或教学大纲（如1956年版凯洛夫主编的《教育学》）中分离出来，突出地进行讲述，有利于师范生学习。这本书属于教学论的有教学原理、教学内容、教学组织形式、教学方法、教师备课和复式教学共六章，153页，教学内容有26页，约占17%。

1950年出版的奥哥洛德尼柯夫和申比廖夫合著的《教育学》是培养初中教师的师范专科学校课本，其中教学论有关于教学过程的学说、教学原则、教学内容、课堂教学和教学方法五章。教学内容这一章分教学计划、教学大纲、教科书和七年制学校所设各学科的教育意义四节。这本书的教学论部分共有150页，教学内容有28页，约占18.7%。

1954年出版的申比廖夫和奥哥洛德尼柯夫合著的《教育学》是前书的修订本。教学论所含各章基本未变，教学内容这一章的分节也同前书一样，只是把“七年制学校”改为“普通学校”。这本书教学论部分的篇幅共155页，教学内容有27页，约占17.4%。

1956年出版的由凯洛夫任总主编，会同冈查洛夫、叶希波夫、赞科夫主编的《教育学》，是1948年版的改写本，仍是高师和大学的教材。这本书没有分编，属于教学论的有教学内容、教学过程、教学方法、教学组织形式四章。教学内容这章分三节：第一节讲“教学内容理论的几个基本问题”，包括“资产阶级教育学里几种主要的教学内容理论”“革命前俄国先进的代表人物论教学内容”“苏维埃学校教学内容的方向性和对它的要求”；第二节讲教学计划，包括“学科的选择和学科的门类”“按照学年排列学科的次序”“苏维埃学校的教学计划”；第三节讲教学大纲和教科书，包括“教学大纲的结构”“为学科选择科学材料”“一至四年级教育的基本内容”“五至十年级教育的基本内容”“教科书的作用和对它的基本要求”。这本书专门列有一节谈课程的基本理论，这是一种进步，但内容比较单薄，占了不到 10 页的篇幅。教学内容这一章有 34 页，占教学论这四章共 127 页的 26.8%。这是教学论部分分章最少而教学内容一章分量最多的一本教育学。但它也只占了教学论部分的 1/4。

1976 年出版的由巴拉诺夫、沃利科娃、斯拉斯捷宁等编的《教育学》，仍在教学论部分设专章讲教学内容，分五节依次讲“学校教学内容的一般评述”“教学科目”“教学大纲”“教学计划”“小学教科书和对教科书的要求”。“一般评述”强调了教学内容要注意学生的全面发展，要发展学生的认识能力和智力才能。“教学科目”讲了学科和科学的关系。接着先讲教学大纲，再讲教学计划和教科书。这本书是为培养小学教师的高师小学教育系的学生编写的。前两节类似课程理论的论述只有 6 页，教学内容这一章共有 16 页，占教学论部分（包括过程、原则、内容、组织、方法）五章 102 页的 15.7%。

1976 年出版的孔德拉秋克著的《教育学》是培养中等专业学校教

师用的。这本书的教学论部分，不仅讲了教学内容、教学过程、教学原则、教学方法、教学组织形式，还讲了程序教学及其实行手段、生产教学、中专的业余和函授教育等。教学内容这一章分四节，讲教学内容的概念和类别，选择教材的要求，对教材性质的一般说明，中专的教学计划、教学大纲和教科书。这一章只有 18 页，占教学论部分 184 页的 9.8%。这是教学论部分分章最多而教学内容一章分量最少的一本教育学，教学内容只占了教学论部分的 9.8%。

1977 年出版的休金娜著的《中小学教育学》，教学论部分包括六章，分别讲教学内容、教学过程、教学原则、教学方法、教学组织形式和学业成绩考查。教学内容这一章分三节，分别讲“教学内容对社会生活条件的依存性”“普通教育、综合技术教育和职业教育的统一”“普通学校的教学计划、教学大纲和教科书”。这一章共计只有 18 页，占教学论部分 154 页的 11.7%。

1980 年出版的哈尔拉莫夫著的《教育学教程》也是苏联高师和大学的教材。第二编讲教学的理论原理和方法原理，共分八讲：教学是人的全面发展的因素，教学内容，教学过程和原则，教学方法，教学组织形式，课堂教学，游览参观，家庭作业。教学内容这一讲谈了六个专题：教学内容的概念和教学的基本形式、特点和相互关系；教育的方法论和阶级性对研究决定教学内容的理论基础的影响；资产阶级教育理论和对它的批判；苏联教育学就如何对学校教学内容提出科学要求的研究；苏联学校教学内容的改进；决定学校教学内容的文件：教学计划、教学大纲、教科书、教学参考书。——这本书同前述各种教育学比较，对课程文件的介绍比较简略，只讲了 2 页，其他五个题目讲了约 16 页。

作者的意图似乎想多讲一点课程的理论，但给人的印象犹如蜻蜓点水，讲得不深不透。这本书的教学论部分共有156页，讲教学内容的不过19页，约占12.2％。看来，在教学论部分讲课程论，是不容易讲清楚的。

从以上十种苏联教育学著作来看，都有讲教学论的篇章，其中都有专章讲教学内容，即关于课程的理论；但教学内容这一章占教学论篇幅的比例，最多的是1956年和1948年两版凯洛夫主编的《教育学》，分别为26.8％和20.8％，最少的是1976年的中专《教育学》、1977年的《中小学教育学》和1980年的《教育学教程》，分别为9.8％、11.7％和12.2％。这都说明，在苏联教育学著作中，关于课程的理论是放在教学论里讲的，它所占教学论的篇幅分量不多，平均只有16.7％，即只有1/6。对于初学教育学的读者，这样安排未尝不可；但是，对于教育专业工作者来说，仅有这一点有关课程理论的知识，就显得很不足了。

在苏联，教学论已经作为教育学的一门分支学科，取得了独立的地位。现在以我国已经翻译出版的两本教学论专著为例，来看看其中讲教学内容的范围和分量。

苏联1957年（俄文版）出版的叶希波夫和达尼洛夫编著的《教学论》，共有十一章，依次论述教学论的研究对象和方法，教学内容和任务，教学过程，教学原则，启发学生积极学习，教学生感知和理解教材，巩固和提高知识、技能、技巧，检查知识、技能、技巧，课堂教学，劳动教学，家庭作业。其中，把教学方法展开为七章来详细论述。但对教学内容仍只有一章的篇幅，分七节依次谈教育的历史性，形式教育说和实质教育说及其批判，苏联学校教学内容的特点，制订教学计划的原则，各学科、各教育阶段教材的安排，各学科之间的联系，教学大纲的运用。全书正文 574 页（中译本），教学内容这一章有 76 页，只占 13.24％。

1982 年出版的斯卡特金主编的《中学教学论》，共有九章，依次论述教学论是教育和教学的理论、教学原理、普通教育和综合技术教育的任务和内容、教学过程及规律、教学方法、教学组织形式、教学手段、适应个别差异的教学方法、教学是教师的创造性劳动。这本书仍然只用一章的篇幅来谈教学内容，包括教学任务和内容的历史性、资产阶级教育学中教学内容的理论、苏联学校普通教育内容的基本理论、制订教学计划的原则、学科、选择教学内容的依据和标准等。全书正文 376 页（中译本），教学内容这一章有 46 页，只占 12.23％。

从这两部教学论专著来看，对教学问题的论述进一步展开了，比在教育学里谈教学问题篇幅成倍增加了。但是对课程问题的论述，仍然没有展开，而且相对来说，比在教育学里谈课程问题，篇幅所占的比例反而减少了，即低于前面列举十本教育学中课程问题占教学论部分的平均百分比。我认为，从教学论这门学科的体系来说，这是无可厚非的，理应如此。因为教学论要探讨的问题很多，包括教学过程、教学内容、教学原则、教学组织、教学手段、教学方法诸方面，不可能把教学内容展开来谈，更不可能把课程论作为教学论的一部分来谈，否则就不成体系了，也有点不伦不类了。

三

在苏联教育学著作中，把教学内容从教学理论中分离出来，分章论述，也不是没有先例的。如我看到过的一本苏联 1947 年出版的冈查洛夫著的《教育学原理》，就有教学内容和教学论两章，两章篇幅大致相等（各有 70 页左右）。这可以说是一种把课程论和教学论并列起来的教育学体系。这本书虽然在苏联 40 年代末 50 年代初受到过批评，但并非是批评著者把课程论和教学论分章论述，也不是批评他对课程问题和教学问题给予同等的重视。

可喜的是，随着教育科学研究的发展，苏联现在也出版了相当于我们所说的课程论著作，但由于语言习惯的不同，都是用教育内容作书名的。我的见闻有限，只知道这类著作有两本，一本是 70 年代末出版的 B. C. 列德涅夫著的《普通中等教育内容的结构问题》，一本是 1983 年出版的 B. B. 克拉也夫斯基和 И·Я·列尔涅尔主编的《普通中等教育内容的理论基础》。前书已翻译出版，后书的章目大致如下（为简明起见，用我们的语言意译）：

（一）教育学中普通学校课程形成的理论和现状；

（二）中学课程理论建立的方法论基础及其基本问题；

（三）普通教育的目的是学校课程形成的基础和主导原则；

（四）中学课程形成的因素；

（五）理论概念水平上的课程成分和结构；

（六）人的全面发展和苏联学校的原则是决定课程成分的因素；

（七）课程成分和教学计划；

（八）课程建立的基础；

（九）制定教学大纲的教学论标准及其在课程中的反映；

（十）编辑教科书的教学论标准及其在课程中的反映。

这两本书都可以看作苏联已经把课程论当作教育学的一个分支学科来研究的例证，表明苏联对课程论的研究已经有了新的进展。可以认为：把研究课程问题的理论和方法，从教育学和教学论里分离出来，成为一门独立的学科，是教育科学研究发展的趋势。

1981年出版的美国课程论学者比彻姆（G. A. Beauchamp）著的《课程理论》一书第四版，明确提出“课程理论是教育学的下位理论”，并且列举了行政管理理论、评定理论、课程理论、教学理论、评价理论作为教育学理论的下位理论。他是把课程理论和教学理论并列的，可见二者有各自的研究领域，没有必要把课程论包括在教学论之中，使它成为教学论的组成部分。

说到这里，回想起过去讲教育哲学，也是把课程论和教学论并列的。教育哲学要讲本质论、目的论、课程论、方法论等等。方法论就是教学论。这也可以证明，课程论有它单独的研究对象和任务，如果放在教学论里讲，会受到一定的限制，会束缚这门学科的发展。

对于我们来说，把课程论作为一门独立的学科，还需要创造一定的条件：这就是要对有关课程的各种事实、现象、概念和原理，做一定程度的系统的研究。多年以来，人们对教学原理和方法的研究比较多，所以教学论容易从教育学中分离出来，成为一门独立的学科，但是对课程原理和方法的研究比较少，只有把它放在教学论里，用“教学内容”的标题，专列一章来讲。这是沿用苏联教育学或教学论的体系，对于初学教育学的人，这样处理是恰当的。但无论在教育学的教学论部分讲，还是在教学论专著里讲，最好都用“教学内容”这个标题来概括所讲的知识，不宜用课程论做标题，以免使人误认为课程论只是教学论的一部分，以为课程论是教学论的下位理论，而引起不必要的误解。至于给没有学习过教育学的读者编写教学论一类书籍，最好还是用“教学内容”为题，介绍一些有关课程的知识，这样可以同其他章节协调，不必一开始就给他们讲课程论。

当然，课程和教学的关系是很密切的。课程的实施有赖于教学，讲课程论的时候必然会接触到教学问题；教学的内容就是课程，离开课程而空谈教学，往往会不切实际。但这并不妨碍课程论和教学论这两门学科都从教育学中分化出来。我认为，随着我国教育科学研究特别是课程理论研究的发展，一门具有中国特色的课程理论是可以建立起来的。

为什么要建立课程论这门学科呢？有什么必要呢？简单地说，研究课程理论之所以必要，是因为课程是实现教育目标的手段，课程编订得好与坏，决定着教育质量的高低，决定着教育目标能否完满地实现。因此，现在许多国家都把课程的研究作为教育科学研究的中心课题，重视课程的研制是当今各国教育科学研究的共同趋势。

我国教育的实施倘若要建立在教育科学研究的基础上，我国课程的编订倘若要有科学根据，那么，我国的教育工作者，特别是教育专业干部，就要研究课程编订的理论，知道课程演变的历史，了解制约课程的因素，懂得按照课程编订的指导思想来研制课程和改革课程，善于依据客观的评价标准来评价课程，并根据评价的结果正确解决我国学校课程中当前存在的问题。因此，在大学教育系和教育研究生班开设课程论这门学科是很有必要的。我建议：大学教育系的研究生要以课程论为必修科，不仅以教学论为专业研究方向的要以课程论为必修科，以教育基本理论、教育心理学和教育史为专业研究方向的也应学习这门课。至于教育系的本科生到高年级选修一门课程论，可以作为教学论的提高课，就好像把教育哲学作为教育概论的提高课一样。如果给高等师范其他各系也开设课程论选修科，并不是没有必要的。这是因为课程的落实要靠教师。教师有了课程理论的知识，他们可以更加自觉地为实现培养全面发展的人这个教育目标，而运用课程和教材这个教育手段。这样，我国的教育就能更好地为社会主义建设服务。

中华人民共和国普通学校课程概述*

一、课程设置的指导思想

中华人民共和国普通学校课程的设置，以下列文献的规定为指导思想。

（一）《中华人民共和国宪法》第四十六条的规定："国家培养青年、少年、儿童在品德、智力、体质等方面全面发展。"

我国宪法的这一规定，可以说是我国教育的总目标。我们要培养的是在品德、智力、体质等方面全面发展的人，学校课程的设置就要考虑到这些方面。

（二）我国中小学教育工作条例对中小学培养目标做了如下规定：要求小学生好好学习，天天向上，养成宪法规定的爱祖国、爱人民、爱劳动、爱科学、爱社会主义的公德，具有初步的阅读、写作和计算的能

* 这是陈侠代友人应国外某课程研究机构之约起草的文稿，写于 1985 年 3 月。原稿在作者生前未曾发表，后编入《课程论重建与教育科学研究》（吕达、刘立德主编，人民教育出版社 2017 年版）。

力，具有初步的自然常识和社会常识，养成良好的学习习惯；要求中学生进一步具有爱国主义和国际主义精神，具有共产主义道德品质，立志为社会主义服务，为人民服务，初步树立辩证唯物主义和历史唯物主义的观点，进一步掌握语文、数学、外国语等学科的基础知识和基本技能，逐步具有自学能力和分析问题、解决问题的能力，具有一定的自然科学知识和社会科学知识，养成爱科学、学科学、用科学的优良风尚；还要求中小学生在身心方面都能得到正常的发展，具有健康的体质和高尚的审美情操，养成良好的生活习惯和劳动习惯。

这些培养目标包括德育、智育、体育、美育和劳动技术教育几方面，不仅为学校课程的设置勾画出鲜明的轮廓，而且为教学内容的选择指出了明确的方向。

二、学科课程的设置

中华人民共和国的学校课程基本上还是学科课程（subject curriculum），而非精确意义上的核心课程（core curriculum）。

小学课程的设置有综合课程（integrated curriculum）的倾向，仍属于广域课程（broad-fields curriculum）的性质。如小学一、二年级的语文课不仅是说话、阅读、写字、作文等科目的综合，而且包括社会常识和自然常识；小学自然课包括物理、化学、生物、天文、地学等常识。这只是把学科的领域扩大，把学科的门类减少，而没有改变分科课程的实质。

中学课程的设置完全属于分科课程的类型。但对跨学科的基础知识和基本技能的教学，有时采用核心课程的组织方法。

现在先按前面所述的教育目标，把中小学设置的课程分列如下。

（一）为了实现德育的目标，小学设“思想品德”课，中学设“思想政治”课等。

（二）为了实现智育的目标，小学设语文、数学、自然、社会等课，中学设语文、数学、外国语、历史、地理、物理、化学、生物等课。

（三）为了实现体育的目标，小学设体育课，中学设体育和生理卫生等课。

（四）为了实现美育的目标，中小学都设音乐、美术课。

（五）为了实现劳动技术教育的目标，中小学都设劳动技术课。

当然，这是从各学科的主要任务来分类的。事实上，各学科的任务不止一项。如各门学科都有德育的任务，语文、体育等科也有美育的任务等。

此外，还有各种科学技术、文化娱乐和体育锻炼等活动，由学生自由选择参加。

为了进行人口教育、法制教育和环境保护教育，除了把这些教育的内容渗透到有关学科进行教学外，有时还分别组织人口教育调查和专题讲座、法制教育调查和专题讲座、环境保护教育调查和专题讲座等。这些以专题为中心进行的社会调查和讲座，就同核心课程的组织相类似。

三、教材内容的选择

中华人民共和国的学校课程，强调基础知识和基本技能的教学。普通学校教材是社会全体成员都必须掌握的。

教材内容的选择，大致有以下几个标准。

（一）有助于发扬中国各族人民的文化传统的。在普通学校里，汉族人民要学习汉族语文，其他各族人民分别学习蒙古族语文、藏族语文、维吾尔族语文，等等。但同时按照宪法的规定，在全国各族人民中推广全国通用的普通话（汉语）。语文课在中小学特别是小学的课程中，占有很大的比例（40％左右）。

中国各族人民是勤劳、智慧、勇敢的人民，有着悠久的文明历史，特别是汉民族有文字记载的绵延不绝的历史达四千年之久。因此本国历史知识和地理知识是教育下一代继承民族文化传统，树立民族自尊心、自信心，培养爱国主义思想的重要教学内容。

（二）有助于认识自然界和人类社会的。为了帮助学生初步树立科学的世界观，必须使他们对自己所处的自然界和人类社会有科学的、正确的认识。这方面的基础知识和基本技能的范围很广，但都要从儿童日常生活中所接触到的自然现象和社会现象入手，逐步扩大认识的领域。例如从自然现象来说，宇宙间日月星辰、风雨雷电的变化，都是儿童能够感觉到的，应当使他们得到正确的理解；生水中、蝇爪上、痰液里带有病菌，借助于显微镜来观察，可以给儿童留下深刻的印象，通过教学，不仅增加了儿童对自然界的认识，而且对于儿童养成文明卫生习惯很有帮助。

又如，从社会现象来说，儿童从家庭进入学校，再接触到社会，可以学会许多集体生活的行为准则：人与人之间应如何相处，如何交际，如何传递信息，如何交流思想等。还可从当代社会生活追溯到过去，使学生了解促进人类社会发展的根本动力是社会生产力的发展，是取得生活资料的手段和方法的发展。生产经验的积累、科学技术的进步，才使人类从主要依靠采摘、渔猎、畜牧、农耕、手工业为生，逐步发展到主要从事机器工农业的生产，才使人类从蒸汽时代、电气时代、核能时代进入电子时代。

（三）有助于满足个人生活和社会生活需要的。人类不仅要认识世界，还要在认识世界的同时，不断按照自己的需要去改造世界。为了培养学生能通过利用自然和改造自然，通过适应社会和改造社会，使自己和他人生活得更美满、更幸福，我们必须教学生学习生理卫生知识，参加体育运动，从事音乐、美术活动，使他们学会保持自己身体和精神的健康发展。还要让学生认识到必须依靠自己的双手来从事生产劳动，建设自己的国家，才能同时满足自己的物质生活和精神生活的需要。这方面的基础知识和基本技能，范围也很广。要学会生产原理和生产技术，必须懂得自然科学知识；要学会自然科学知识，又必须学好数学基础知识。为了开阔学生的眼界，让他们不仅了解本国的政治、经济、文化生活的状况，而且了解其他国家的政治、经济、文化生活的状况，我们的学校里还设置外国历史、外国地理和外国语等学科。外国语中比较普遍的是英语、俄语和日语。为了使学生在普通学校毕业后，能为接受就业训练准备条件，我们还主张在普通学校实施综合技术教育，而不是专门的单一的技术教育。

（四）有助于树立共产主义理想和培养共产主义道德的。共产主义是最先进的科学，它是为解放全人类服务的。它不仅要求人们从受他人奴役、压迫和剥削下解放出来，还要求人们从自己所受的封建主义的、资本主义的思想禁锢下解放出来。中华人民共和国目前的儿童、少年和青年，虽然都是在新中国成立后出生的，但是旧社会的习惯势力、旧社会的风俗人情、旧社会的污泥浊水，时刻都在影响着他们，侵蚀着他们。概括地说，旧的思想、旧的习惯，一切都是“为自我”的，而新的思想、新的习惯却一切都是“为他人”的。所以我们的学校要以为人民服务、为社会主义服务的思想来教育学生，使他们成为有理想、有道德的人。

（五）有助于为学生升学或就业（接受职业训练）打好基础的。普通学校有双重任务，一是为高一级学校输送合格的新生，二是为社会工农业生产培养后备劳动力。

我国人口多，底子薄，加上前一段时期工作上的失误，不少地方至今在农村还只普及了小学教育，在大城市才普及初中教育。因此农村小学的课程，除了为毕业生升学打好基础外，也要为毕业生参加生产劳动打好基础。农村初级中学的课程就要设置一些职业学科，即适合当地条件的各种生产劳动知识和技能，如家禽、家畜饲养，林木果树栽培等。城市初中也应设置有关工业、商业、医药卫生等实用技艺学科。高级中等教育开始分化，除职业技术学校、中等专业学校外，普通高级中学也有双重任务。我国中等教育应有的特点是准备就业的学生也要受到完全的普通教育，准备升学的学生也要受一些职业准备训练。可惜目前在这方面做得还不够，普通中学只注意指导学生升学，而忽视进行一些可能而必要的职业准备训练，这是需要研究改革的。

（六）有助于使我国普通教育达到国际先进水平的。我国本是世界文明古国之一，文化科学技术在世界历史上长期居于领先的地位，可是在新中国成立以前的近两百年来，本国封建统治的昏庸腐朽和外国殖民主义、帝国主义的入侵，造成我国在科学技术上落后的局面。目前的现代化建设运动，在某种意义上说，也是要赶上世界发达国家水平的运动。要使我国科学技术现代化，首先要有教育的现代化。这就要求我们的教育要达到世界先进水平。在普通教育方面，首先是课程的设置和教材的选择要达到国际先进水平。

近年来，我国在专司编辑和出版中小学教科书的出版社——人民教育出版社的基础上，成立了课程教材研究所，这个研究所的任务之一就是调查研究各国制定的中小学课程标准和编辑的各科教材，了解各国课程研究的状况，熟悉各国课程编制的原理，以便借鉴其中对我们有益的经验。

当然，吸取别国的经验即使是成功的经验，也不能脱离本国的实际。目前我国广大地区教师水平不高，教学设备不足，这使我国普通教育现代化水平的进程受到一定的限制。

以上所述的六点，既是我们选择教材的标准，也是我们评价课程的依据。

《近代中国小学课程演变史》绪论*

一、课程的意义及地位

（一）课程的意义

“课程”一词，英文名为“curriculum”，系由“race course”一词而来。“race course”本义应为跑马道，今用以比喻儿童由未成熟时期过渡到成熟时期所必经的道路，这是“课程”原来的意义。不过如此解释，只能说明“课程”一词的词源，并未能表明它整个的概念，还有进一步加以申述的必要。

过去所谓“课程”，是指那集合固定不变的知识以作训练心智之用的材料而言；此种观点，在今日已属陈旧。现在，课程的含义扩大了。就较为广泛的观点来看，“课程为儿童全部的生活经验，不论其有无指导，均有关于个人能力之发展”，美国课程论者博比特（F. Bobbitt）曾对“课程”一词做如此广义的解释①；或者说，“课程与经验相同，它

---

* 本文载《近代中国小学课程演变史》，（陈侠著，重庆商务印书馆 1944 年版）。

① 见 F. Bobbitt，*The Curriculum*，张师竹译：《课程》。

是一个活的整体，包含学习者全部真实的经验”，这是塔巴（H. Taba）对“课程”一词的解释[1]。就较为实际的观点来看，博比特曾解释“课程为一套有组织、有选择的生活经验，是学校特别编制起来，用以补充及完成个人之发展的”[2]。西尔斯（J. B. Sears）说得较为明显，他说：“课程是用以训练儿童体、群、德、智、美各方面发展所组成的知识及材料。”[3] 因此我们可以说，课程就是儿童在教师有计划、有组织的指导下所从事的一切活动。此外，鲁格（H. Rugg）更具体地指明了课程的双重性质：其一为“活动”（activities），包括学校一切真实的生活，如各种社团的活动，各种集会、级会与校会的组织，报纸、杂志、年刊的管理，运动和游戏，以及研究、游览、阅读、讨论、表演、艺术的欣赏和创造的发表，等等，故凡师生所从事的一切活动均为课程。其二为“材料”（materials），凡活动进行时所需的事物，如书籍、表演用的舞台与布景、图画、雕刻、建筑、演讲、音乐，以及实验室、工作场、技术室和讲演厅的一切物质等，均属于课程的范围。[4] 把材料包括在课程的含义之内，是比较新颖的概念。

就“教育即生活”的立场来说，对于课程自应做广泛的认识。不过目前吾人讨论课程问题，还以从实际的方面来看，较为方便，尤以本书系对我国小学课程之史的检讨，更不得不以有形的学校课程为对象，而且也只能限于“活动”的方面，无法兼及“材料”。不过通常所谓学校

---

① 见 Hilda Taba，*The Dynamics of Education*，pp. 243-244。

② 见 F. Bobbitt，*The Curriculum*，张师竹译：《课程》。

③ 见 J. B. Sears，*The School Survey*，p. 216。

④ 见 Harold Rugg，*American Life and the School Curriculum*，pp. 18-19。

课程还有泛指的与确定的分别，泛指的课程仅限于科目表（program of studies），确定的课程则包括各科真正的内容。本书的讨论，当兼顾这两方面，然因限于材料及时间，对于前者的讨论虽求其详尽，对于后者则不免简略了。

（二）课程的地位

课程在教育上的地位，可从课程的功用上来观察。课程的功用，就学理方面来看，可以分为三点：（1）直接经验的补充与改正；（2）间接经验的扩大与证明；（3）科学态度与科学方法的培养与训练。如果我们承认教育为经验的改造，则课程正为改造经验的媒介，因此课程乃成为一切教育设施的核心，其地位如何，不言而喻。再就事实方面来看，课程一方面是学习者由不成熟到成熟所必经的途径，另一方面乃国家实现其教育理想的手段，完成其教育政策的工具。要使国民都能达到国家教育宗旨及学校教育目标所期望的境地，还有赖课程为过渡的桥梁。所以课程在教育上的地位，实在非常重要。欲谋教育的改造，唯有从事课程的革新，才是根本办法。同时，要明了以往教育改革的情形，亦唯有检讨昔日课程的演变，才能把握其要点。本书研究近代中国小学课程的演变，其原因即在承认课程在教育中的重要地位，其目的即在探寻我国兴办新教育以来小学教育改革的轨迹，借以明了其趋势得失，并对现行小学课程加以检讨。

二、课程演变的动力

各级学校课程的演变，均有促成其演变的动力。我们研究近代中国小学课程的演变，首当明了此种动力何在，然后对于其演变的原因、经过与结果，方能做出深刻的透视。促成课程演变的动力，分析言之，有下列五种。

（一）社会需要的变迁

此为促成课程变迁的第一种力量。课程既为改造人类生活经验的媒介，人类生活经验改造的方向，又以社会的需要为转移，因此学校课程应随各时代社会需要的变迁而演变。例如，在君主专制时代，国家需要于国民者为忠君、尊王的思想；一旦推翻专制，建立共和政府，于是国家对国民乃有自治能力和平等精神的要求。又如在手工业的社会，国民所需要的生活知能，极为简单，而在工商业的社会，国民所需要的生活知能，却颇复杂；所以从手工业的社会，演进为工商业的社会，学校课程便应有彻底的变更。总之，凡是一个社会的政治体制或经济生活有了改变，则学校课程必因之而有一度革新。

（二）时代思潮的迁嬗

此为促进课程变迁的第二种力量。各时代的社会生活不同，于是反映社会生活的时代思潮，便也随时改变。同时，有了某种时代思潮，方能产生某种教育，所以教育的内容——课程，更不得不随着时代思潮的迁嬗而演变。例如，我国清末兴办新教育，本是受内乱外患交相逼迫的结果，当时的时代思潮是“富国强兵”，所办的教育只有“方言”和“军备”两种。后来外患日深，国势日危，认识了自己政治的弱点，才有了“变法图强”的思潮，所办的教育，便注意到各种治术人才的培养。支配此两种思潮的是“中学为体，西学为用”的原则，其课程内容，自然不脱此原则的范围。又如军国民主义教育思潮之重视“卫”的教育，实用主义教育思潮之重视“养”的教育，均与以前只重视“管”的教育不同。自民国十八年（1929年）以来，三民主义的教育思潮，才代替了以前的各种教育思想，于是学校课程在理论上便有了一个确定的中心。

（三）教育学术的演进

此为促成课程演变的第三种动力。课程的编制，自然要受教育学术的影响。先就教育哲学方面来看，在主知主义（intellectualism）的影响之下，教育只重知识的传授，课程自亦不离知识的范围。在泛智主义（pansophism）的理想之下，教育要使人无所不知，课程便不得不无所不包。到斯宾塞（H. Spencer）倡教育为生活准备之说，教育要使人准备未来圆满的生活，课程便不得不以成人生活的需要为转移。杜威（John Dewey）创“教育即生活”之说后，儿童本位的教育思想产生，儿童中心的课程便出现。这是课程受教育哲学思想左右的实例。再从心理学方面来看，因为儿童心理学的进步、教育心理学的发展，课程的内容、组织及其排列，均一有所变更。还有教育社会学的产生，使课程的编制，往日之取决于少数人的私见者，今日则采用较为科学的分析方法为依据。余如教育实际问题之实验研究的盛行，对于课程的演变，自然也有其一部分的推动力量。

（四）教育宗旨的变更

此为促进课程变迁的第四种动力，也是比较直接的动力。教育宗旨的产生，自有其社会的背景。社会如有了重大的变革，便可以影响到教育宗旨的变更。课程本为实现教育宗旨的媒介，当教育宗旨变更时，课程自然也就随之改变。其理由甚为明显，毋庸举例说明。不过国家教育宗旨较有永久性，是不能时常变更的；各级学校的教育目标，每因社会需要的不同，而随时有所修订，同时，学校课程当然也就随之有所变动了。

（五）学校制度的改革

此为促进课程变迁的第五种动力，而且是更为直接的动力。本来课程可以列为学制的一方面，学校制度改革，课程没有不随之变更的。不过，如果把学校制度的范围缩小，则所谓学制，不妨仅视为修业年限、学校类型等一类的规定。当修业年限变更时，课程自然要随之改变；学校类型单一与否，课程当然也有差异。例如，民国以来，在施行“新学制”以前，我国小学分初等小学与高等小学两级，前者修业年限四年，后者修业年限三年。到施行“新学制”以后，小学虽仍有初、高级之分，但将高级的年限缩短一年。纵使其他方面无促进课程变迁的因素，仅仅此种变更，亦足以促进课程的改造。又如为迅速普及教育而举办的短期小学，修业年限只有一年或两年，其课程内容自然也不会和普通小学的相同。

三、课程演变的分期

近代中国的小学教育，不过只有四十余年的历史。最早的公立小学，是清光绪二十三年（1897 年）盛宣怀在上海所办的南洋公学外院。该校设有师范院、外院、中院、上院四院，外院相当于今日的师范学校附属小学。此时尚有私人设立的小学，多名为三等学堂。翌年戊戌变政，清帝于五月二十二日令各省、州、县、府开设中西学堂，将原有之大小书院，一律改为兼习中学西学之学校，并规定“学校等级自应以省会之大书院为高等学，郡城之书院为中等学，州县之书院为小学”“所有中学、小学应读之书……由官设书局编译中外西书，颁发遵行”云云。[①] 这是学制课程见诸政府明令的开始。不过因为旧党的阻挠，新政的推行，不免如昙花一现，学校的开办，自然也不能例外。等到庚子（1900 年）之乱后，订了屈辱的城下之盟《辛丑条约》（1901 年），这才又重新注意到新政的推行，中国的国家教育系统，才随着光绪二十八年（1902 年）七月张百熙拟呈的《钦定学堂章程》而产生。我们检讨近代中国小学课程的演变，拟从此时开始，并酌分下列数期来讨论和说明。

（一）草创时期（1902—1911）

自《钦定学堂章程》颁布起至宣统三年（1911 年）清廷覆亡止。此期虽仅十年，但小学学制及课程变更四五次之多。良以草创伊始，起初所定制度及课程，不无窒碍难行之处，不得不随时改革也。

（二）因袭时期（1912—1921）

自民国成立至施行“新学制”的前夕。此十年中，虽因国体变更，学制也有所修订，而小学课程的变动却并不大，多半仍因袭着以往的轮廓，所以称为因袭时期并不太过。可是在这时期中，同时也酝酿着新的改造，不过改革事项的实现，则是下一期的事了。

（三）改造时期（1922—1928）

自民国十一年（1922 年）施行“新学制”起，到民国十七年（1928 年）国民政府统一全国止。此期小学课程进步颇大，因袭时期所

① 舒新城编：《近代中国教育史料》第 1 册，中华书局 1928 年版，第 75 页。

酝酿的各项改造，在此期间内已经初步完成。无论在形式方面或内容方面，显然较前两期均有了一番跃进。

（四）革新时期（1928—1941）

自民国十七年（1928 年）国民政府统一全国，大学院颁布《小学暂行条例》，十八年（1929 年）教育部颁行《中小学课程暂行标准》，中经一度的试行，两度的修正，至现行小学课程标准公布以前为止，可称革新时期。此期除保留前期的优点外，并有很多的进步，而其最重要之点，则为教育目的与政治目的之趋于一致，课程的内容有了中心思想。以后有所演变，似应为技术的修正，而毋庸做精神的转移了。

本书将依上列四个时期，分章说明我国小学课程演变的经过，并检讨现行小学课程的得失。

西方学校课程的源与流*

教育在原始社会就已经产生了，但学校是奴隶社会的产物。因此，我们研究学校课程的起源，只能从奴隶社会讲起。

一、西方奴隶社会学校的课程

（一）西方最早的学校，据说产生于公元前 2 500 年埃及“古王国”时代。这种学校的课程已无从查考。在讲到个别学科起源的时候，往往追溯到古代埃及。马克思说：“计算尼罗河水的涨落期的需要，产生了埃及的天文学。”① 因为尼罗河的泛滥给埃及的农业生产既带来利益，也引起麻烦。为了预测河流泛滥的时间，就产生了天文学。河流泛滥冲破了堤防，冲毁了田地的界线；水退以后要恢复生产，便产生了算术和几何学，来测量和计算土地面积。

传说在埃及“中王国”时代，数学方面已能计算三角形、四边形、

---

* 本文载《课程·教材·教法》1985 年第 1、3 期。

①《马克思恩格斯全集》第 23 卷，人民出版社 1972 年版，第 562 页。

圆形的面积，知道圆周率等于 3.14，会求棱锥体的体积等。在天文学方面，他们还学会了预测日食和月食。埃及最早出现的文字是象形文字。如果没有文字，数学的计算是无从着手的。埃及“新王国”时代产生了一种高级的科学教育机关，名叫 Ramesseum，用于培养牧师、医师和建筑师等。

（二）一般讲西方奴隶社会学校的课程，还是要以古希腊为代表。特别是古希腊雅典城邦的教育，对西方以后的影响极其深远。这可能就是西方学者们“言必称希腊”的原因之一。因为对西方世界文明影响较大的，是许多世纪通过课程传递下来的希腊文化。希腊人不仅创造了我们现行的主要教学科目，而且创造了一套比例平衡的功能性课程。这套课程包括了智、德、体、美诸方面，协调的程度在以后的教育史上也是很少能够见到的。

1. 在智育方面：希腊人奠定了至今在学校课程中占重要地位的“七艺”（seven liberal arts）的基础。这“七艺”当时又分为包括语法、修辞、逻辑（或辩证法）的“三艺”（trivium）和包括算术、几何、天文学、音乐的“四艺”（quadrivium）。

“三艺”起源于雅典人日常的公民生活。因为雅典人在奴隶主、自由民内部有讲民主的倾向，要通过讨论来管理城邦事务。为了在公众集会上讲话有效率，就不得不讲究语法、修辞和逻辑（或辩证法）。对建立语法学科贡献最大的是诡辩学者普罗泰戈拉（Sophist Protagoras，约公元前 481—前 411）。他教人们区分词类，予以命名，确定它们的运用规则来使自己的语言更精确。对建立辩证法有贡献的是柏拉图（Plato，公元前 427—前 347），以及他的学生亚里士多德（Aristotle，公元前

384—前 322）。

“三艺”作为教学科目，不仅因为政治生活的需要；希腊人认为它们也是教师按照儿童发展的规律，用来塑造他们灵魂或智慧的工具。例如，柏拉图把辩证法作为课程的基础，并非想要在辩论中得出结论或者阐明某种真理，而是因为它是正确理解各种真理的基础。因此，以后许多世纪人们都持这样的见解：“三艺”说明了人的思维本身的规律，因而也是思维训练的最好工具。这是把它们长期列入学校课程的最佳理由。

“四艺”是早期智力课程的另一类，其中包括数学的两个分支。这首先因为它们在生产劳动中和家庭经济中都具有实用价值，其次也是因为它们能使人的思维敏锐。因为数学的运算要脱离具体的实物而做抽象的理解，柏拉图认为它能增进人的一般智慧。

天文学在观测时间和季节方面虽然有功用价值，但在古希腊人的教育思想中并不特别受到重视。此外，几何学中毕达哥拉斯定理的创造者毕达哥拉斯（Pythagoras，约公元前 580—前 500）曾经希望把有关地理学、物理学和医学的知识列入课程，也未受到重视。这些科学的知识尽管很粗糙，却都是研究具体实在事物的。当时的人认为具体的实在是瞬息万变的，研究它们不能掌握抽象真理中的不变因素。这种轻视自然科学知识的教学而重视思维训练的思想，统治了学校课程设置的理论两千年，直到 16、17 世纪近代科学兴起以前，科学在课程中一直只占据次要地位。重“三艺”轻“四艺”，重语文的学习轻科学的学习是古希腊的传统。柏拉图的老师苏格拉底（Socrates，公元前 469—前 399）就是这样主张的。

2. 在体育方面：古希腊人很重视体育。不仅斯巴达人重视军事体育，雅典人也非常重视体育。斯巴达人重视体育是出于少数奴隶主镇压多数奴隶的需要。雅典人为少年和青年设立的学校，如 palestra 和 gymnasium，由于重视体育，我们常译作体操学校和体育学校。在雅典人那里，占优势的主要运动项目有跑、跳、角力、拳击、掷标枪、掷铁饼等。这些运动起初都以军事目的为主，后来增加了道德和审美的目的。实际上，品格的陶冶成了体育的次要目的。古希腊人认为体育可以增强人们决心和意志力，甚至相信，身体美是道德美的标志。

亚里士多德认为体育活动过分紧张和过分不足，对儿童、少年和青年的身心发展都是不利的，所以他主张运动适度；他还注意在各种运动项目之间寻求适当的平衡，从而能注重身体的全面锻炼，使人体得到平衡的发展。——这种认识至今看来仍然是正确的。

3. 在美育方面："四艺"中的音乐是主要学科，但进行美育不限于音乐。体育和智育的许多学科都可以进行美育。音乐是古希腊学校中起调节作用的学科。它可以协调体育和智育，给二者以韵律上的对称与和谐。雅典人还专门设有以教音乐为主的弦琴学校。音乐主要是教节奏和韵律，如在演奏琵琶和竖琴时学习旋律和曲调；同时在舞蹈和文学特别是诗歌的教学中也会学习到音乐的抒情歌曲。

古希腊人虽然认识到人人必须学会欣赏音乐而不必人人学会演奏乐器，但是他们也赞成让儿童拿起乐器来。他们认为，儿童既不必花费过多的时间去练习演奏，也不必都获得演奏乐器的职业能力，否则就降低了教育的博雅性质（liberal quality of education）。柏拉图认为音乐对形成人的美德是很重要的。

4. 在德育方面：诡辩派曾把道德作为单独的学科来教，并考虑到道德对整个人生活动的影响。德育是贯彻在任何学科中的，它特别同音乐、体育是合为一体的，不可分割的。

5. 古希腊学校课程中缺乏职业训练，这是不难理解的。当时的各行各业都由奴隶去从事劳动，不用说奴隶主不需要参加，自由民也避免参加的。因此，职业教育课程在古希腊的学校里是没有地位的。这里顺便说说，希腊语的“学校”一词原意是“闲暇”，只有不需靠劳动谋生的人才能进学校。进学校也只是为了锻炼身体和参加公民的政治生活。对奴隶的职业训练是在劳动生活中进行的。

（三）古罗马人沿袭了古希腊的学校课程，他们不得不增加的唯一学科是希腊语。这是为了阅读古希腊的文献，打开知识的宝藏。古罗马的儿童不仅要学习母语，而且要学习第二种语言，这就开创了学校中教学两种语言的先例。学校外国语教学的起源，当追溯到古罗马时代。

（四）西方奴隶社会学校课程的特色。

1. 课程具有功能性的起源（functional genesis），就是说，课程，无论正式的或非正式的，都起源于人民的日常活动。下一代为了有能力承担成人的任务，必须经受专门的课程训练。这本来是正常的现象。但是，有些学科虽然产生于生产劳动的需要，由于学校为奴隶主阶级所垄断，即使把这些学科列入课程，也丧失了其为生产服务的作用。

2. 古希腊的“七艺”，开了博雅教育（liberal education）的先河。“七艺”虽然起源于人民日常活动的需要，在学校里教学的目的，却不是为了谋生，而是为了增进个人的文化修养。

3. 古希腊雅典的教育已经注意到智育、体育、美育和德育的平衡发展，这同我国古代的“礼、乐、射、御、书、数”六艺也包括了德育、美育、体育和智育，有异曲同工之妙。

4. 课程中缺乏职业训练学科是教育脱离生产劳动的结果。这在中外奴隶社会和封建社会中基本上都是一样的。

5. 古罗马开始了第二种语言的教学，这是外国语教学最早的起源。

二、西方封建社会学校的课程

欧洲封建社会，历史学家称为中世纪，大约从公元5世纪（476年）西罗马帝国灭亡，到17世纪（1640年）英国资产阶级革命，延续了一千多年。因为日耳曼民族是以野蛮落后的民族征服了西罗马帝国的，古希腊、古罗马的文化遭到了毁灭，所以中世纪的前期，直到文艺复兴（14—16世纪）以前，欧洲被称为黑暗世纪。恩格斯在《德国农民战争》一书中说：“中世纪是从粗野的原始状态发展而来的。它把古代文明、古代哲学、政治和法律一扫而光，以便一切都从头做起。它从没落了的古代世界承受下来的唯一事物就是基督教和一切残破不全而且失掉文明的城市。其结果正如一切原始发展阶段中的情形一样，僧侣们获得了知识教育的垄断地位，因而教育本身也渗透了神学的性质。”①这种神学性质的教育在课程中体现出来。

（一）基督教对学校课程的垄断。在中世纪，统治西方社会的最强有力的因素是天主教会。随之而来的是宗教和道德教材在学校课程中占

① 《马克思恩格斯全集》第7卷，人民出版社1959年版，第400页。

了优势。这些教材主要是教义问答（catechism）、赞美诗（psalmody）和早期教父的著作。由于基督教徒对世界末日和基督再临的期待极其关注，基督教学校的课程也都集中于宗教和道德的学习，而忽视并且明确排除了世俗的课程。

例如，在古代教育中受到高度重视的体育，在中世纪地位一落千丈。因为按照基督教教义，身体既然是低级欲望的“寄主”，而且具有物质的特性，它不可避免地将要死亡，所以没有必要像修养非物质性的灵魂那样来锻炼它。中世纪的教育要人抑制身体天生的爱好，而不是发展它们。

又如，在虔诚而又无知的宗教领袖的制止下，语法、逻辑和修辞的学习也都停止了。直到中世纪末期，教会人士才认识到，加强“三艺”的学习可以为宗教哲学找到一个助手。随后，他们逐渐在课程中给语法特别是逻辑让出一点空间。尽管如此，基督教学校的课程仍然属于狭隘的、宗教的和道德的课程。当时设置的非宗教课程，不仅限于逻辑，而且局限于亚里士多德的逻辑，不足以改变课程的狭隘性。

（二）世俗封建主的武士七艺。欧洲中世纪的世俗封建主本无教育可言。只是到了 11 世纪末十字军东征时期，才逐渐形成了武士教育，又称骑士教育。当时骑士教育有七艺，即骑马、游泳、投枪、击剑、打猎、下棋、诵诗。其中七分之六属于体育。骑士教育要求骑士在敌人面前要像猛虎，在他保卫的世俗封建主和他所崇敬的女人面前要像绵羊。七艺中的“诵诗”就是用诗的形式来歌颂男女封建主。诗歌是口耳相传的，当时很多骑士都是文盲，是不会阅读的。

（三）文艺复兴对学校课程的影响。在中世纪，大规模的工商业和内政管理都停滞不前了，全面而和谐的课程理想也被置之度外了。一直到欧洲的政治和经济条件逐渐恢复到近似于古希腊和后来罗马帝国全盛时期，即具备了曾经支持过上述课程理想的那些条件，这个课程理想才被人们回忆起来。那些条件首先是在意大利北部城市出现的，那里工商业的复兴使安定的政治生活有了可能，而且产生了富裕而有闲的阶级。中世纪狭隘的课程对他们的孩子不再具有功用价值。年轻人越来越多地注意世俗的事务，反而越来越少地去想那些超凡脱俗的事情。他们按照这种重新确定的世俗方向，寻求新的教育标准，使生活过得更有价值。这种教育标准终于由意大利学者、人文主义的代表人物彼特拉克（Petrarch，1304—1374）在不知被什么人保留下来的古代希腊、罗马文献中重新发现了。他们发现古希腊、古罗马的文化是多么优越，以至争相效法希腊人、罗马人的所思所行。为了重视这些思想和行动，他们就不得不学习拉丁文和希腊文。当时，学习拉丁文和希腊文就成为文明生活、优雅生活的先决条件。顺便说说，在西方学校中，特别在学术性的普通学校中，拉丁文、希腊文一直到 20 世纪初期，还在课程中占据牢固的地位。

这里要说一下“人文学科”（the humanities）一词的含义。拉丁文、希腊文以及通过学习它们来学习语法、修辞和逻辑，这些学科的总称便是“人文学科”，其中古典文学占了中心位置。当时有一种理论，认为据亚里士多德所说，动心思考是人类独有的优越性，古典语文在形成人的心思中有特殊价值，所以称为“人文学科”。因为“它所追求的、它的活动是适合于人类的”。——这是文艺复兴时期一位教育家巴铁斯塔·古阿里诺（Battista Guarino，1434—1513）的解释。

人文主义的课程虽然偏重人文学科，把古典语文的教学放在中心位置，但是未曾排除其他方面。语文学科的教学也强调学生自觉的理解和自动的创造，反对当时盛行的机械背诵。

例如在智育方面，“三艺”当然占有重要地位。在文艺复兴时期，语法受到更大的重视。意大利教育家威格力士（Vergerius，1370—1445）早就说过，语法是任何一门学科的基础。古阿里诺认为，除非彻底学通了语法，否则知识大厦是建立在不坚实的土地上的。“四艺”在当时虽然也教，但未受到重视。此外，有些学校还增设了代数、绘画、测量等。

从德育和美育的角度来检阅人文主义的课程，可以发现在阿尔卑斯山以南，它的审美的潜力受到较大的关注。那里把人文学科看作享受美满生活的手段，把古代诗人和散文作家的风格当作学习的对象，用这些作家为榜样来改善自己的口语和书面语。在阿尔卑斯山以北，人文主义的课程起了推动宗教改革和社会改革的作用。在那里，人们并不追求古典文学风格的优美，而有意识地训练自己的识别能力。德意志人于是成了新教徒宗教改革的先锋。批判的思维对宗教的和社会的弊端难以忍受，要求改革它们。参加这种延续几世纪之久的从宗教改革推广到政治和经济改革的人，需要接受各方面的课程训练，以丰富自己的理解能力、分析能力和判断能力。

在体育方面，文艺复兴时期培养“朝廷大臣”的教育目标使人们注意身体的锻炼，要求给予青年击剑、游泳、角力、骑马、射箭等内容的操练。这与骑士教育有继承关系。游戏也是当时儿童的体育教材。

总之，文艺复兴打破了宗教在学校课程中的垄断，增设了新学科，破除了禁欲主义思想，重视了身体的锻炼，使西方从黑暗时代转向了光明。

（四）西方封建社会学校课程的特色。

1. 西方封建社会在文艺复兴以前，学校课程为基督教教会所垄断，以宗教教条为主要教材，久而久之，不仅麻醉和愚弄了人民，同样也愚弄和麻醉了僧侣阶级自身。直到中世纪末期，教会人士才逐渐认识到在本阶级内部学习一点逻辑学是必要的。少数这样的学校，也有教“三艺”和“四艺”的。

2. 世俗封建主长期无教育可言，当然也就无所谓课程。迟至 11 世纪末十字军东征时期，才有了武士教育，教武士七艺。课程的片面性是很突出的。

3. 文艺复兴以后，人文学科兴起，古典语文（希腊文、拉丁文）在学校课程中占有重要位置。人文主义的课程追求的目标是发展智慧和审美道德，所以它并未陷于偏重古典文学的片面性。事实上，对“四艺”的教学，特别是对数学和自然科学的教学，远不如对文科教学重视。在人文主义思想的支配下，学校课程是把人文学科作为学习文化的唯一手段。人文学科在当时绝大多数学校课程中确实居于中心地位。

三、西方资本主义社会学校的课程

西方进入资本主义社会以后，随着生产的发展、科学的进步、资产阶级民族国家的建立、心理和教育科学研究的发达，学校课程较前丰富多了，接近于社会生活了，也比较适于儿童学习了。至于课程内容的阶级局限是不言而喻的。现在仍旧从学校课程的起源和演变方面来继续观察。

（一）自然科学进入学校课程。古希腊的“七艺”中，只有天文学一门可以算作自然科学。到文艺复兴时期，增加了力学。提出“知识就是力量”这个著名口号的英国唯物主义思想家弗兰西斯•培根（Francis Bacon，1561—1626），早就主张学校里应当讲授自然科学。随着自然科学的发展及其在生产和生活中的应用，到了17—18世纪，学校课程中增设了物理学、化学、植物学、动物学等。在过去，西方同中国一样，学校课程中历来是重文轻理的。他们认为通过文科的学习不仅能发展智力，而且能培养审美观念和道德情操。但是，随着社会生产的发展、自然科学研究的进步，发现在古典文科教材中关于自然界的种种推测是错误的，不符合真实情况，所以古典文科教材的威信就日益降低了。自然科学首先是在实科学校课程中占有重要地位，以后才终于战胜排斥自然科学课程的那些古典文科课程的拥护者，而在所有学校课程中得到应有的位置。

（二）数学在学校课程中占有重要地位。科学和工业的发展，提高了数学的地位。在文艺复兴时期人文主义思潮的影响下，数学是被忽略了。在以前的黑暗世纪就更不用说了。但是，即使在古希腊，数学也只是作为一门抽象的智力学科来进行教学的。它可以不必牵连到自然界过多的偶然现象。例如，柏拉图曾说，数学在使人能够推测自然界的纯粹事物中是最优的学科。然而，随着近代科学的兴起，数学的价值不在于它的哲学上的推断作用，而在于它在科学计算中的用途。例如天文学家开普勒（Johannes Kepler，1571—1630）在提出天体运动是按椭圆形的轨道运行的假设的时候，做了大量的数学计算。牛顿（Sir Isaac Newton，1643—1727）在形成他的万有引力定律的时候，也是如此。随着科学的奥秘成为刺激产业革命的因素，数学的教学就有了更大的需要。因此，在 19 世纪和 20 世纪，数学在所有学校课程中都获得了最受尊重的地位。

（三）新人文学科的增设。由于民族国家的形成和资产阶级民主政治的需要，学校课程中增设了一些新的人文学科。

1. 现代本族语。起初，它被用作教学用语，作为教室中解释和说明的传播思想感情的工具；以后，本族语的文学作品才作为教材。推行本族语有利于增进本国人民之间思想感情的交流和相互了解，也有利于民族国家的巩固。

2. 现代外国语。它在 19 世纪以前还没有列入学校课程。当时还企图用拉丁语作为欧洲人的普通话（这是在过去天主教会和神圣罗马帝国时期曾经有过的）。从 19 世纪起，民族国家已经成为社会结合的中心，为了便于各国人民之间的了解和交流，课程中就列入了现代外国语。

3. 历史。19 世纪以前，历史在西方学校课程中实际上没有独立的地位。它是通过古典文学或本族文学来学习的。到 19 世纪后半期，历史学终于同文学分开，并且在课程中取得独立地位。美国人把教授美国史看作巩固他们的社会制度所必需的，所以在美国中学里，美国史和英语、公民、体育一样都是必修科。

4. 公民。这是形成公民资格的课程。公民资格的形成在古代就被注意到了。如古罗马的儿童要学习他们的基本法——十二铜表法；殖民地时期美洲著名的马萨诸塞法（1642 年），责成行政官吏保证儿童学好殖民地的基本法。法国大革命时期，法国少年必须学习“共和国公民的伦理和道德”。美国学校里，在 19 世纪和 20 世纪早期，公民科的设置已很普遍。教学内容起初只限于政府机构的分析。第一次世界大战以后，才开始涉及公民资格的根本问题，如宗教问题、奴隶制问题、种族歧视问题等。

5. 地理。从航海发现以来，就有必要在学校课程中设置地理。但是，早期的地理不过是一门地方志和确定边界的学科。到 19 世纪，这方面才有所改进。地理已接触到民族问题和工业化问题。它后来成为研究人文地理的学科，研究人同自然环境的关系。

（四）体育在学校课程中的地位。为了反对封建社会和基督教会轻视身体锻炼的积弊，17 世纪英国的思想家洛克（John Locke，1632—1704）在他的讨论绅士教育的《教育漫话》一书里，开宗明义地说：“有健康的身体才有健全的精神。”① 他还提出了保持身体健康和进行身体锻炼的若干意见。18 世纪法国思想家卢梭（Jean-Jacques Rousseau，1712—1778）继承了洛克的思想，竭力主张给儿童以极大的自由，让他们尽情地玩耍、跳跃和攀登，使他们具有健康的身体，能适应严寒和酷暑等各种条件。

卢梭的体育思想在德国教育家巴泽多（J. B. Basedow，1724—1790）设于德绍的泛爱学校里得到初次试验。后来又有一位被称为“德国体操的祖父”、著有《青年体操》一书的古茨穆茨（J. C. F. Guts-Muths，1759—1839），设计了一套身体操练的动作，称为“体操”

① ［英］约翰·洛克著，傅任敢译：《教育漫话》，人民教育出版社 1957 年版，第 4 页。

(gymnastics)；他还为巴泽多从卢梭那里继承来的跑、跳、爬等活动设计了器械。他寻求建立体操的理论与实际之间的关系，生理学理论和医学之间的关系。他还把手工劳动、园艺活动、远足旅行和球类运动都包括在体育教材之内。

被称为“德国体操之父”的是 F. L. 扬（F. L. Jahn，1778—1852），他很注重体育的爱国主义目标。他主张培养能从压迫者手中夺回自由的健康的人。F. L. 扬的体育活动都是课外活动。他认为身体健康是民族强盛的基础，健康同爱自由的精神是一致的。他主张人人都要受到体操的锻炼，而不能仅限于少数廷臣或绅士。

把体育正式列入学校课程的是阿道夫·施皮斯（Adolf Spiess，1810—1858）。他把体操按不同的能力、年龄和性别分为若干等级；他主张有行军的操练，把体育和军事训练结合起来。

为体育开设比较精确的解剖学和生理学课是在瑞典而不是在德国。瑞典的 P. H. 林（Per Henrik Ling，1776—1839）直接依据自己对这两门人体科学的研究，建立了瑞典体操学派。它的特点是兼顾身体强的学生和身体弱的学生。他主张体操要进行个别教学，重视体操的医疗价值，也重视体操的爱国主义教育价值。

美国是柔软操的发祥地。D. 刘易斯（Diocletain Lewis，1823—1886）把从德国和瑞典输入美国的体操加以改造，取消了重的器械。D. 刘易斯主张让四肢和躯干自由运动，用柔软操来发展有机体的活力和优美的姿势。他认为无论竞技运动还是军事训练都不能代替柔软操，只有柔软操才能给身体的各部分以系统的、平衡的练习。

但是美国人爱好的还是竞技运动和球类运动，这些在 20 世纪的体育课程中都是占优势的。

生理学、生理卫生学、心理卫生学、营养学等健康教育的学科，也相继进入学校课程的领域。

（五）劳动在学校课程中的地位。由于长期的奴隶制和农奴制的统治，西方和中国一样，劳动在传统的学校课程中，几乎没有或者很少能占有一席地位。

作为新兴资产阶级的代表人物洛克，在他论绅士教育的书里，认为绅士也得学会园艺和细木工。他是把体力劳动当作消遣的。

卢梭是一位小资产阶级教育家，他主张培养能够自食其力的劳动者。他认为学生学习一小时手工劳动，从中所能得到的比整天从事书本学习所得到的多得多。他主张与其让孩子整天读书，不如送他去车间劳动；孩子的手从事劳动会促进心智的发展。卢梭让孩子学习手工劳动还有克服轻视体力劳动偏见的作用。

被尊称为“贫儿之父”的瑞士教育家裴斯泰洛齐（J. H. Pestalozzi，1746—1827）很重视儿童的劳动教育。他主张在让儿童劳动的过程中可以同时教他们读、写、算。他认为儿童应当首先学习劳动，然后再学习读书。

重视游戏的教育价值的幼儿教育家福禄培尔（W. A. Froebel，1782—1852）也重视劳动的教育价值。他说，认为人的劳动、生产、创造仅仅是为了谋生的错误观念，贬低了上述活动的价值。他主张正在成长的少年必须及早接受体力劳动的训练，从事创造性和生产性的活动。

在19世纪的最后20年，劳动在美国学校课程中是作为文化课而非职业课来实施的。阿德勒（Felix Adler，1851—1933）的劳动者学校就体现了这种思想。实用主义教育家杜威（John Dewey，1859—1952）进一步发展了这种思想。他把家庭中和工业中的作业如烹调、缝纫、编织、木工等列入课程。他认为，劳动必须是学校的主要课程。但是，劳动必须作为一种文明而享受这种声望，而不是作为纯粹的职业学习。学校中原有的学术性的学习必须同劳动结合起来。历史、地理、数学这类学科可以扩大人们对劳动的理解，反转来劳动又对这些学习的意义提供具体的应用。

资产阶级之所以重视劳动教育，归根结底还是由产业革命引起的，即由社会生产力的发展、科学技术的发展引起的。产业革命的到来把生产从家庭转移到工厂，从手工劳动变为动力机械操作，生产方法的这种根本改变要求教育能适应这种需要。因此，职业教育不再被看作无足轻重的事，而是关系到生产成败和竞争效能的大事，所以要把劳动列入学校的正式课程。普通学校学生虽然不以学习专门的职业知能为目标，但是也必须养成一般的劳动能力和习惯。这样，劳动训练的学科自然必须列入学校课程了。

（六）美术在学校课程中的地位。“美术”（fine arts）一词泛指文学（特别是诗歌）、音乐、绘画、雕塑、建筑等。这里谈普通学校课程，着重讲音乐和绘画。

音乐早在古代的“七艺”中就有了立足点。中世纪的音乐是在教会办的唱诗班里教的。

17 世纪的捷克教育家夸美纽斯（J. A. Comenius，1592—1670）在设计的小学课程里，包含了音乐，要求教儿童唱著名的曲调，还要对有音乐特长的学生教授音乐的基础知识。在他设计的拉丁语学校课程里，还要求为学生成为音乐家打好理论的和实际的基础。[①] 夸美纽斯还认为图画可以作为发展儿童感觉的手段之一。

洛克认为图画是训练运用手的能力的有用学科。但是他并不重视音乐。他认为音乐在一切成就中是最末的一位，不赞成青年人耗费很多时间去学习演奏乐器。

卢梭和裴斯泰洛齐都把音乐和绘画作为训练感官敏锐性的工具，仿佛很少阐述它们本身的教育价值。

古代和中世纪都把博雅教育同工艺教育分开，学校中不重视美术是由于有闲阶级不重视工艺美术（绘画）。所以在西方学校课程中，19 世纪以前很少设有美术。到 19 世纪，由于生产的需要，学校要为工业资本家培养出能为产品设计打好基础的人，因此，美术（绘画）就逐渐列入学校课程。但是在普通学校里，资产阶级为艺术而艺术的动机代替了为商业而艺术的动机。到 20 世纪，重视创造性的艺术，艺术的欣赏和艺术的创作都成了课程的重要内容。

19 世纪的音乐以唱歌为主要形式。20 世纪，唱歌和舞蹈以及器乐演奏结合起来。学校的管乐队和管弦乐队成了学校课程中学生参与的重要活动。随着留声机、无线电收音机、录音机的发明和应用于学校，给音乐课的欣赏教学带来了便利。资产阶级为艺术而艺术的精神在韵律艺术和视觉艺术中都占据了统治地位。

（七）课外活动在学校课程中的地位。课外活动中有些项目如运动会和辩论会，从古希腊、古罗马时期就开始了。当时这些并非课外活动

---

① ［捷］夸美纽斯著，傅任敢译：《大教学论》，人民教育出版社 1957 年版，第 225、230 页。

而是正式课程。中世纪的僧侣们也以辩论为课程，就像骑士以体育为课程一样。文艺复兴时期，培养宫廷大臣的课程中既要重视说话的修辞，也要重视身体的灵活。

但是在资产阶级学校里，这些课程在相当长的时间里没有取得正式的地位。只是到了19世纪特别是进入20世纪，学校课程的理论有了重大的发展，才把非正式的学生活动和正式的学习活动在课程中并列起来。这些活动除上述的体育运动和辩论会外，还有校刊（墙报）编辑、戏剧、歌咏、乐队、摄影、无线电收音，等等。

一般来说，课外活动的兴起是对正式课程狭隘性的一种抗议。它是学生为了满足自己对某种训练的需要，而这种需要他们是无法从正规课程中获得的。同时，这也是学生为自己的创造性活动找出路的需要。学校应当支持学生的这些活动。

最开始，课外活动一般同正规的课业没有什么正式的联系。这往往导致学生时间和精力分配上的一些困难。所以学校当局对课外活动并不采取积极支持的态度。直到20世纪对课程理论的理解有了很大的进步，学校当局才对课外活动采取了比较有建设性的措施。现在大多数教育权威认识到不能再把课外活动看作与正规课程竞争的对手，而应当看作正规课程不断扩展的边界。通过课外活动可以预见到正规课程的分支，这些分枝上面结的果实可以反转来丰富正规的课程，至少可以弥补正规课程的不足。

（八）西方资本主义社会学校课程的特色。

1. 开始走出博雅教育的象牙之塔，注重为个人生活需要和社会现实需要做好准备，打好基础。古希腊的“七艺”有人照字面直译为“七种自由艺术”，似欠妥当。最好称为“七艺”，与我国的“六艺”相对。因为它们虽然起源于生活的需要，但实施的结果都是脱离实际的。有人把博雅教育称作“自由教育”，固然可以反映古希腊只有自由民才能受到这种教育，但时过境迁，这种称呼的含义就不太确切了。在高等教育领域，博雅教育可以称作“通才教育”，就是强调培养治术人才、管理人才而不强调培养专精一艺的技术人才、专门人才的教育。这反映了资产阶级对统治人才的需要。因为专业教育培养出来的人容易眼光狭隘，不能统观全局。我们认为应当在普通教育（general education）的基础上，使受教育者进一步深造时，既获得专业之长，又具有统观全局的能力。普通教育的含义应当比博雅教育的含义广阔得多，足以为受教育者眼界宽广、全面认识世界打好基础。这一方面是由于社会生产力的发展和科学技术的进步，另一方面同弗兰西斯•培根、夸美纽斯、洛克到卢梭、裴斯泰洛齐等这些先进思想家或教育家的提倡，也是有影响的。

2. 扩大了认识活动的领域。学校课程从只注重认识和研究人类思维的规律，到强调认识自然界和人类社会。文艺复兴以后，学校的传统课程一直是重视古典语文和“三艺”，对于“四艺”只注重它训练思维方面的作用。随着时间的推移，这种做法已经不能适应社会的需要。因此，研究自然现象和自然规律的知识首先进入学校课程。加上古希腊所谓科学家的著述，只是对自然界做某些推测，经过观察和实验的检验，这些推测有很多是不正确的。需要将正确的科学知识教给下一代，于是物理学、化学、生物学等学科在学校课程中占有重要位置，而作为研究这些学科的工具的数学学科，也受到应有的重视。这是从认识自然界来说，课程的领域扩大了。再从认识人类社会来说，随着民族国家的兴起和资产阶级专政的建立，各国之间经济政治的交往日趋频繁，所以一些新的社会科学也进入了学校课程，其中有起巩固国家政权作用的本国语、历史和公民，有促进彼此交流和相互了解的外国语和地理等，都在学校课程中取得了不可动摇的地位。

3. 重视人身体的锻炼和保健。新兴资产阶级的代表人物洛克，反对封建社会禁欲主义者忽视体育的谬论，提出了重视体育的主张，在反对中世纪迷信思想方面是有贡献的。但是西方学校把体操列入课程，也经过了18—19世纪将近两百年的努力。19世纪，体操是同军事训练结合的。1866年，马克思讲到他所理解的教育的三件事，认为“体育，即体育学校和军事训练所教授的那种东西”①。所以体育同国防是有密切关系的。此外，体育还有培养秩序、纪律、公平竞争等道德品质以及陶冶审美情操的作用。

4. 重视设置劳动教育和职业教育的课程，使教育同生产劳动相结合。过去曾有人以为教育与生产劳动结合与否，是社会主义教育同资本主义教育的分水岭。这是一种误解。事实上，教育同生产劳动相结合是大机器工业生产提出的要求，而且随着科学技术的不断进步，随着科学技术越来越多地应用于现代生产，生产劳动同教育的结合将会越来越紧密。可以说，没有教育，现代生产就无法进行。所以资本主义社会已经把教育看作竞争的手段。许多资产阶级政治家都看到，现代各国间的经济竞争实质上是科学技术的竞争，而科学技术的竞争归根结底是教育的竞争。其实，不仅经济竞争靠教育，政治竞争何尝能离开教育呢？在苏

①《马克思恩格斯全集》第16卷，人民出版社1964年版，第218页。

联第一颗人造地球卫星 1957 年上天以后，1958 年美国就通过了《国防教育法》，来改革中学理科课程，以便与苏联争霸，就是一个极好的证明。

5. 资产阶级学校中，至今如英国、联邦德国等还在课程中设有宗教学科，认为宗教课就是道德课，把宗教教育和道德教育混为一谈。我们知道，宗教是麻醉人民的鸦片烟，不能依靠宗教来维护社会秩序，宗教也维护不了人剥削人的社会制度。有些资本主义国家设公民一类学科，也是为了维护它们的社会制度。

主要参考书

1. John S. Brubacher, *A History of the Problems of Education*, 1996.

2. ［苏］米定斯基著，叶文雄译：《世界教育史》，生活·读书·新知三联书店 1950 年版。

3. ［苏］康斯坦丁诺夫主编，邵鹤亭等译：《世界教育史纲》，人民教育出版社 1954 年版。

4. 雷通群著：《西洋教育通史》，商务印书馆 1934 年版。

美国中小学课程的情况和问题*

最近我查阅了美国出版的几种大百科全书，了解到美国中小学课程的情况和问题。现在把它综合整理出来，供关心这方面问题的同志参考。

一、课程的含义

美国教育界对“课程”（curriculum）一词的理解，有广狭二义。广义的课程是指学校给学生提供的全部经验，狭义的课程是指学生为了逐年升级、取得毕业证书必须学习的各学科教材。

按照狭义的理解，过去在美国，“课程”一词跟“学程”（course of study）一词可以互用。如说中学课程就是指中学所教的所有学科，如说一个学生修完了中学学程，也是指他学完了中学所教的所有学科。另外，“课程”一词也跟“学科”（subject）一词混用。如说英语课程，实

* 本文载《教学与课程》，人民教育出版社 1982 年版。

际上是指英语这门学科；更狭义的用法如说英国文学课程，就是指英国文学这门科目中文学作品、范文、作者生平等教材的内容了。“课程”一词的这些不同的用法，反映了教育术语在资本主义世界里号称教育科学发达的美国，也是不够精确的。

把课程理解为学程、学科或科目都是传统教育学派的观点。自本世纪 20 年代“进步教育”运动在美国流行以后，课程的含义扩大了。因为传统教育着重给学生以知识教育，把课程只看作发展智力的手段。“进步教育”着重给学生以生活经验，除了发展智力外，还要发展体力，培养社会生活习惯，陶冶道德情操，养成审美观念，获得职业技能，等等，课程就不仅限于各科知识，而包括一切课内课外的活动在内了。因此，现在美国教育书籍中，一般都对课程做广义的理解。即使如此，它也只能包括在教师指导下学生获得的全部经验。至于学生在家庭、在社会中获得的经验，虽然也是学生的生活经验，却不包括在课程的含义之内。

二、课程设置的沿革

美国在殖民地时期，学校几乎照搬英国的课程，连教科书都是在英国印刷的。美国独立以后，才开始印刷自己的教科书，但是课程的内容并没有实质上的改变。

1890 年以后，美国学校课程中设置的教学科目逐步发展，中学设置的学科数目发展更快。现在按照科目设置的顺序，列举如下。

（一）小学教学科目的发展

1890 年：图画、公民、历史、语文、阅读、拼法、书法、算术、自然、地理、音乐和体操。

1900 年：卫生、文学、缝纫和手工。

1925 年：器乐、保健和安全教育。

1950 年：社会、美术、技巧和理科。

（二）中学教学科目的发展

20 世纪初，中学向联邦政府教育局备案的有 18 门学科。到 20 世纪中叶，文化学科的名目增加很快。职业选修学科的名目就更多了。现在把新学科出现的顺序列举如下。

1890 年：拉丁文、希腊文、法文、德文、代数、几何、物理学、化学、历史（美国史、古代史、中古史、近代史）。

1895 年：三角学、天文学、自然地理、地学、生理学、修辞学、英国文学、公民。

1922 年：西班牙语、动物学、植物学、农业、家政、普通生物学、工业训练、绘画、声乐、簿记、打字、速记、文牍、社会、商业、卫生、理科、经济学、体育。

1934 年：世界史、民主问题、联邦政府、军事训练、美术欣赏、管弦乐队。

1950 年：音乐欣赏、普通商业、木工、印刷、金工、电工、自动机械、航空学、普通数学、普通商业教育、消费经济学、零售、家庭管理。

美国没有全国统一的教学计划和教学大纲，不但各州之间学校的课程设置彼此不同，一州内各校之间的课程设置也不相同。

美国中学课程的特点是必修学科较少，选修学科很多。在选修学科中，各种职业的选修学科门类繁多。因为美国中学是综合中学，不另设中等专业学校和职业学校。

美国中小学课程的发展，一是由分科过细到有关学科的融合，即减少学科门类，使每一门学科领域拓宽；二是由教给知识本身到重视知识的应用，所谓各科知识的功能化，即注重把知识应用于生活；三是不受高等学校入学要求的学分左右，有些中学设置的必修学科比高等学校要求的还要多。但从20世纪60年代开始的教学改革，又重新重视提高学术性科目知识教学的质量。

三、课程的制订

美国的中央政府——联邦政府，没有制订学校课程的责任。过去不设教育部的时候如此，现在设了教育部还是如此。从理论上说，美国公立中小学的课程，是由州一级政府和州以下的地方政府联合制订的。私立学校的课程可以按照州政府的标准，自行制订。

美国人声称要让人民掌握管理学校教育的职权，所以每个学区对它辖区内的儿童教育都有相当大的发言权。州的立法机关要制定学校法，规定学校的教学方案、学习时数、知识范围。课程是在这些基础上编订的。

参加制订课程的一般有两种人：一是正式选举或任命的地方学区教育委员，二是专业的教育工作者。后者在制订课程的具体工作中负主要责任。此外，各门科学的专家对制订学校课程也起很大的作用。

从本世纪后半期起，美国逐渐注意到学校课程不仅要反映州和地方的利益，而且必须反映国家的宗旨和目标。因此，美国学校课程虽然由地方各自制订，造成形式上的分歧，但总还要有一些法律以外的力量，使它在实质上大体趋于一致。这些力量来自下列七个方面。

（一）联邦政府的教育拨款——联邦政府对中学课程的影响开始于1917年的《斯密—胡斯法案》（*Smith-Hughes Act*）。这个法案规定公立中学必须支持职业教育计划，联邦政府有权规定在中学课程中设置职业学科。1958年的《国防教育法》和1965年的《初等和中等教育法》对中小学课程的影响更加显著。联邦对《国防教育法》有关领域的补助，对处境不利和缺陷儿童教育费用的补助，使得学校课程不得不遵循联邦政府的指导路线。

（二）最高法院的裁决——美国联邦最高法院通过它对具有宪法性质的州立法和教育委员会规程的裁决，对学校教育起着重大的作用。如法院有关强迫入学、公立学校的宗教教学和学生种族隔离等的决定，对课程都有显著的影响。

（三）全国性的课程设计——1957年苏联发射了第一颗人造地球卫星，美国全国上下感到自己失去了科学技术的领先地位。对科学技术专长的探讨，引起了对学校教育的重新评价。为了改进中学数学、物理、生物等科课程，成立了一些全国性的课程设计机构，如学校数学研究小组（SMSG）、自然科学研究委员会（PSSC）和生物学课程研究会（BSCS）等。有关课程改革的设计接着就扩大到其他学科，如外国语、英语、社会研究和艺术等。到1965年，估计有上百个这样的课程设计小组曾经进行工作，编订了新的课程标准和教材。他们编的教材曾在全国采用，并且影响到国外。

（四）教科书和其他教材——本世纪 60 年代，美国教育学会（National Education Association）有一个关于课程的研究报告指出，教科书对某些学校的课程是最有影响力的要素。美国教科书是由互相竞争的出版商出版的，他们有尝试用新的指导思想来编辑教科书的自由。但是，基本学科用书如语文、历史等倾向于按照一个规定的标准来编写。全国性的课程设计促进了教科书的改编，也对学校造成某些压力，要求学校采用新教科书。这些新教科书是根据经过广泛讨论公布的课程标准编辑的。除教科书外还有各种新的教学媒体，如教学机器、语言演习室及其他各种电化教学手段，在改变教学技术的同时，也影响着教学内容。

（五）全国性的成绩测验——美国虽然从本世纪 20 年代就开始采用智力测验和成绩测验，但成绩测验对全国中小学课程发生影响还是在本世纪中期以后。如高等学校入学考试委员会编制的测验、奖学金评给委员会编制的测验等，都影响着中学课程。60 年代末，美国开展了一个定期测验学校基本学科教学成绩的全国性的评定运动。学校为了取得良好的成绩，课程就要同测验的要求相一致。

（六）立案学校联合会——美国私立学校分区组成立案学校联合会。这个联合会为它的成员学校规定最低的课程标准。许多高等学校要求凡申请入学的私立学校毕业生必须取得立案中学的学分。立案学校联合会一度对中学课程有很大的影响。但是到本世纪 60 年代，州教育当局制订的课程标准产生了较大的影响。私立学校为了立案，就要符合州的标准了。

（七）教育专业组织——美国的教育学术团体，对课程的研究和改进，起着指导作用。如美国教育学会设有大多数学科的研究会，各研究会曾分别草拟过各科课程设计。全国英语教师联合会也发表过许多影响英语教学内容的研究报告。国际儿童教育联合会还提出过许多有关课程的建议。这些全国性的学术团体在州和地方都设有分支机构。

四、课程的类型

美国中小学课程有不同的类型，每种类型都受一定教育思想的影响。过去，在“形式训练说”的影响下，学校课程就重视古典语文和数学，认为这些学科有训练人的心智的作用。后来在“实质教育论”的影响下，学校课程就重视传授有实用价值的知识。但是，这些都已经是历史上的分歧了。美国学校现有的不同类型，是随着“进步教育”运动产生的。过去，无论是“形式训练说”还是“实质教育论”，并没有反对分科教学。但是“进步教育”的倡导者开始对学科课程提出了挑战，于是产生了活动课程。由于学科课程和活动课程都各有缺点，课程研究者们又提出了一些折中方案。归纳起来，现在美国学校课程，大体上可分为四种类型。

（一）学科课程。这种课程至今还是美国学校广泛采用的。课程的范围由教学科目一览表规定出来；教学时间在各学科之间的分配，既要根据各门学科在学校教育中的重要性，又要考虑各门学科的教材性质和学生的年龄特征。这样才能规定最适宜的授课时间。学科及其教材内容是按照各级学校的教育目标规定的。因此，它是教学组织的中心，学科课程就被称作教材本位的课程或学科中心的课程。

在中小学，不可能把一门科学的所有内容都传递给学生，这就要由各科教材专家，按照各级学校的目标和本门学科的性质，确定本学科在实现学校目标中应承担的任务，来选择适合各年龄儿童学习的教材。各学科设置的顺序主要是由教材的内在联系和学习者的接受程度决定的。

这种课程是由教育者为学习者预先规定的。它要求教师讲解、叙述、演示和释疑。学生的任务是静听、观看、理解和记忆。教学的基本媒介是教科书、作业簿。这些都是由教材专家预先编好的。对学习成绩的评定主要通过书面测验，检查学生是否记住了教材的要点，有时也检查学生是否会运用某种技巧进行作业。

（二）活动课程。前面提到的“进步教育”运动，是本世纪初在美国兴起的。这个运动的倡导者约翰•杜威（1859—1952）以实用主义哲学思想为指导，反对传统的教育，首先反对传统的学校课程。他认为教育不是为未来的社会生活做准备，主张“教育就是生活，学校就是社会”。他认为教育就是经验的不断改造和增加。他称学科课程是教材本位的，要求采用儿童本位的课程。他反对教学以学科为中心，而主张以儿童为中心。结果形成了一系列关于设计学校经验的思想，在这种思想指导下设计的课程，叫作活动课程（有时也叫经验课程、设计课程或随机课程）。

活动课程的基本出发点是儿童的兴趣和动机。它试图用儿童的某些基本动机作为教学组织的中心，以代替学科作为课程的基础。这些基本动机公认的有四种：

1. 社会动机——跟其他儿童一起活动的欲望；

2. 建设动机——建造东西和加工原料的欲望；

3. 探索动机——好奇的倾向以及实验的愿望；

4. 表演动机——欣赏和创作各种文艺的倾向。

活动课程的范围和教材的选择，都是同学习者表现出来的兴趣和关心有直接关系的。活动课程主要是帮助学习者解决他们认为重要的问题，并且拓展和加深他们已有的兴趣。现成的教材只是他们解决问题、克服疑难或满足兴趣和需要的参考资料。人类的文化遗产，只有在学习者为实现自己的目的时，才去学习和应用。

活动课程具有偶发的性质，它不可能由学校或教师预先规定。倘若规定了，一旦发现同学习者的兴趣和需要不符，就要随时改变。教师的作用只是指导个别学生或一组学生解决问题。教科书只是参考资料，而且内容庞杂。读、写、算的学习和练习，只有当学生为了完成某种活动而感到需要时才进行。对学习成绩的考查，除书面测验外，还要采取不同的方法来检查学生适应社会的能力、情绪成熟的程度和身体健康的状况等。

（三）综合课程。有些教育者赞成学科课程，但要克服它分科太细、不利于学习的缺点，主张把几种内容相关的学科，组成一个范围较广的学习领域，以减少分科，使学习的内容比较易于联系实际。如把历史、地理和公民合为社会，把阅读、说话、写字、作文、拼法合为语文等。

这种课程目前在美国各级学校被广泛采用。它除了对教科书的编者提出新的要求外，仍然是由教育者预先规定的。在教学过程中，教师的作用和师生的关系同学科课程相比，并无重大的改变。成绩考查的办法也同学科课程大同小异。

（四）核心课程。有些教育者既不赞成学科课程，也不赞成综合课程，认为活动课程虽然可取，但是它完全以儿童的兴趣和需要为选择教材的依据，既不能适应当前社会的需要，也不能承担学校对社会应负的责任。于是他们主张以人类基本活动为核心来组织课程。他们列举的人类基本活动大致有：保卫人类和物质资源，生产、分配和消费，运输、交通和教育，娱乐、组织和管理，审美和精神生活，创造新的工具和技术，等等。按照核心课程支持者的观点，以这些方面为核心来组织课程，既可以避免学科课程距离现实生活太远，又可以避免以儿童兴趣和动机为教学组织中心的概念模糊和捉摸不定。他们认为以人类基本活动为教学组织的中心，可以把学校课程和社会生活联系起来。

核心课程对教材的安排是由近及远，逐步扩展的。如小学低年级儿童时间观念和空间观念还不成熟，就学习那些接近他们生活情境的人类基本活动，如家庭、学校、邻里和乡土社会环境及乡土自然环境等。随着儿童年龄的增长，年级越高，学习的范围越广，依次扩展到地区、本州、大区各州、全联邦和全世界。

核心课程的编订要求各个学校系统制定全面的课程纲要。如在一个时期以地方社会的交通运输为核心而组织教材，另一个时期以学习州一级的政府组织机构为核心，或者以学习联邦的铁路建设为核心。有关这些核心的教材，都围绕着一个工作单元而组成，兼顾历史和现状的学习。

核心课程同活动课程一致的地方是师生共同研究学习什么，必须做什么；预先规定的教材是基本的教学资料。随着工作单元的开展，还要补充若干教材，使用各种教具。学习成绩的评定采用综合的办法，考察各方面的进步情况。

五、小学课程概况

不管课程如何编订，采取什么类型，它必须既适合学生学习，又便于教师教学，当然首先要能实现教育目标。现在先看看美国小学课程的情况。

倘若把美国现在的小学课程同30年前的相比，共同之处显然是很少的。一度流行的用机器教学读、写、算的办法很少看到了。教科书仍然是多种多样的，年级的划分和升级制度仍然存在，学科教材的界限仍然保留下来。改变了的是小学课程的范围扩大了，包括先前学校所没有提供的内容。

小学课程变化较大的有六门学科：算术、阅读、英语或语言、社会、自然、艺术。从一年级到六年级，每门学科的内容逐步扩大和加深。

（一）算术。数目的计算同每天的实际应用有紧密的联系，如找零、简单测量、编预算、记账和计算百分比。算术教材的特点是删减了60年代旧课本中的某些内容，进一步采用从社会调查得来的资料。

据G. M. 威尔逊的研究发现，算术的知识和技能在日常生活中应用多寡的顺序如下：

1. 乘法；　　2. 加法；　　3. 减法；

4. 除法；　　5. 分数；　　6. 记账；

7. 百分比。

平方根、立方根和测量，用到的次数较少。

（二）阅读。阅读教学要达到四项目标：扩大词汇量，矫正阅读习惯，保持正确理解条件下的阅读速度，理解课文。许多学校很注意矫正眼球运动和禁止默读出声。此外，越来越重视补充读物、讲述故事以及教会儿童利用图书馆，养成爱好读书、以读书为娱乐的习惯。

（三）英语。包括拼法、书法和语法。关于拼法，有一个权威性的研究，认为读完小学六年能正确拼写 1 000 个词是合理的目标。结合拼法教学还教儿童学会查字典。过去举行口头拼字比赛会的做法已经改为从书面文字中学习拼法了。

小学前三年着重用铅笔写字，后三年用自来水笔，六年级用蘸墨水的钢笔。写字教学强调教儿童认识字的组成，同时注意字母的大写、小写和字母的顺序。这有助于学会使用字典。一、二年级教印刷体，三年级开始教书写体。

语法教学减少到最低限度，其中许多是在口语中教的。比较重视教学句子的结构。作文教学通常限于应用文，如写信、记日记和笔记等。如果学生小学毕业不升学，他可以通过写信来学会语法和作文。

（四）社会。包括先前分设的历史和地理。有些教育工作者认为必须重视地理，而省略某些历史细节。但是，历史的事实材料是许多小学社会科的主要学习内容。

视觉教具的运用使地理科的教学更加生动活泼。使用电化直观教具以生动的方式教旅行的知识、食物供应的来源、初级农业和园艺、天气和气候、部落生活、手工艺、地理词汇、工矿企业、乡土地理、风俗和美术。用图片和动画可以帮助学生日益理解人民生活和地区风貌。彩色地图、铁路图和公路图、画报、博物馆和话剧可做课本和其他书籍的补充。许多学校所教的地理课给学生提供广泛的经验，远比旧日教得多。

对那些同社会和文化发展有关的历史年代，如科学发明、社会改革、著名的音乐和美术作品创作的年代，要多加关注。历史同文学有关，可从传记里取材编演历史剧。参观博物馆可以培养儿童正确理解和评价本州史和地方史的能力。许多社会课的教学还以指导学生更好地了解当今世界的事件为目的，并且指导学生讨论国际问题。

在多民族杂居的地区，少数民族人民的思想和生活同土生土长的美国公民不一样。对此应教学生有正确的认识，要让他们具有容忍精神和建立睦邻关系。

公民科主要跟公民修养有密切关系，许多学校很少采用课本，而让学生直接参加学生会，通过学生会可以达到一定的目的，如养成公民生活习惯和获得政府机关工作的初步知识等。

（五）自然。包括健康教育、安全教育和自然环境的研究。只要有可能，对地方动植物的研究就要通过野外远足，为学校博物馆采集标本，观察季节变化，以及园艺栽培来学习。还要学习家庭用电、电话、电报、无线电、汽车以及同健康和饮食有关的家用化学等。还有，自然课经常同手的训练有联系，如制作飞机模型、修理摩托车和安装照明电线等。现代儿童比他们的长辈更加了解科学的应用。

（六）艺术。艺术的主要目的在于欣赏而非作业。可是，在美国的许多小学里，学生的绘画技能、雕塑技能和在学校管弦乐队演奏的技能也发展起来。有些学校，学生们执行学校安排的美术设计。通过学校的安排，有些教师教学生个别演奏乐器。儿童工艺品展览显示了他们显著的天赋和技能。逐渐发现和指导儿童的艺术天赋是小学艺术课程的主要目标。

小学课程的主要倾向是要使学习内容比较丰富。但是学习内容究竟应当深入还是应当广博，仍然是美国教学理论中争论不休的问题。

下面列举的日课表，表明在传统的小学课程和现代的小学课程之间的某些差异。

小学五年级传统的日课表

时间	学科
9：00—9：05	检查手、头发、牙齿等
9：05—9：20	公民训练
9：20—9：35	拼法
9：35—9：45	写字
9：45—10：00	口述、作文或阅读
10：00—10：10	休息
10：10—10：40	算术
10：40—11：00	体育，包括运动比赛
11：00—11：10	休息
11：10—11：40	阅读
11：40—12：00	语言或作文
13：00—13：05	布置家庭作业
13：05—13：35	美育：音乐和图画
13：35—14：00	地理和自然
14：00—14：15	休息和指导下的游戏
14：15—14：50	阅读
14：50—15：15	历史或公民

这种日课表有许多不同的例子。乡村小学儿童在校的时间较短，学

科的次序没有特别的意义，有些学校把算术放在第一节。日课表可以每天不同。这张日课表代表了采用固定课程的一类美国小学。

下面这张日课表同上面那张完全不同，它代表着采用灵活课程的现代美国小学。

现代小学五年级灵活的日课表

<table>
<tr><th>时间</th><th>星期一</th><th>星期二</th><th>星期三</th><th>星期四</th><th>星期五</th></tr>
<tr><td>9：00—
10：00</td><td>9：00—9：15
法语
9：30—10：00
音乐或美术</td><td>各种单元的
工作时间</td><td>9：05—9：45
课堂活动

音乐或美术</td><td>法语作业时间

图书馆指导</td><td>俱乐部
活动

创作活动</td></tr>
<tr><td>10：00—
12：00</td><td>同某个单元有关的个别作业或集体作业时间
体育</td><td colspan="3">10：00—10：30　阅读指导
10：30—10：45　体育
10：45—11：45　与教学大纲有关的单元和学习中需要加强指导的工作时间</td><td>单元活动

体育</td></tr>
<tr><td>12：00—
13：00</td><td colspan="5">午餐和休息</td></tr>
<tr><td>13：00—
14：00</td><td colspan="5">美术、创造性的写作、实验室作业</td></tr>
<tr><td>14：00—
15：00</td><td colspan="5">课堂活动、创作、讨论、图书馆阅览参考书、家务活动等</td></tr>
</table>

这种日课表允许每节课有较长的时间，使学习单元可以完成，还可以按照需要灵活变动。虽然专门的学科没有详细地列入表内，但是在较长的一节课的时间里，一个单元需要的技能可以通过应用而得到发展。还有，没有两个雷同的时间表。

六、中学课程概况

美国中学是传统教育同现代教育两种观点论争的主要领域。中学重视传统，拒绝接受“进步教育”的理论。同时因为美国多数中学的学生少于 250 人，设在地区的中学教育经费不能满足新型课程的开支，并且从思想方面说来它们也比较保守。如果它们设在大城市，大的政治、经济、文化中心，那里新的思想传入以后，很快就会发展到为各种不同居民服务的学校里去。一所设在大城市的、有几千名学生的大规模中学的课程问题，远比设在小城镇的中学的课程问题复杂得多。

中等教育的历史久于初等教育。美国的中等教育已有 300 年的历史了。它的前身是教古典教材的拉丁文法学校和学园（academy），后者实行男女同校，并引进了较多的文理学科。大多数美国中学效法英国的古典中学，把准备生活作为教育的主要目标。有一些促成课程改变的重要的措施，如“卡拉马佐案例”（Kalamazoo Case），这是 1874 年密歇根州最高法院的一项裁决，它规定中学是公立教育的组成部分，可以由公款维持；又如 1891 年的十人委员会（the Committee of Ten）加强了准备升学的课程；1895 年的高等学校入学条件委员会制定了学分制；等等。后来，影响中学课程的还有这些方面：要求适应个别差异，包括测验方案的教育科学运动，全国“常模”（即使用标准测验应当达到的标准分数），委婉地称作“视导”的督学制度，政府和学术团体制定的课程标准，必修学科的规定（如每人必修一年美国史），大量推广的教科书出版，以及两次世界大战扩大了的对职业教育的需求。

由于上述原因的种种影响，美国中学课程的编制处在矛盾与困惑之中也就不足为奇了。父母要求中学继续为他们的子女升学设置各种必修科。中学校长面对着几乎是不可能完成的任务：既要经常使课程适应检定机关的标准，又要使它满足地方公民和家长的需要。显然，大规模的中学适应这些需要比较容易，小规模的学校只能把它的课程限制在较少的可能达到的目标上。

美国中学行政人员虽然非常喜欢在管理课程上较前有更多的自由，但是大多数中学还是摆脱不了准备升学这个占统治地位的目标。在教师和学生当中，有重视高等学校批准的学术科目的倾向。选修这些科目又得到好成绩的学生，就被看作好学生。如数学得了甲等的学生，远比工业美术或商业学科得甲等的学生名誉好，理论学科远比实用学科的社会地位高。

美国中学在努力适合传统、标准、理论和地方需求当中，有些课程类型曾经在整个中学流行。这里使用的“课程”一词是指为了达到特殊目的而选出的一组学科。按这些目的出现的次数多少为序，它们是：升学、商业、普通基础、实用美术、家政、农业、师范和艺术。升学、商业和普通基础的学科通常是：英语、美国史和公民、初等代数和平面几何、物理学和生物学、拉丁文和法语。商业课程外加必修科：速记、簿记、打字和商业算术。这些学科构成了典型的小规模中学的课程，也是大规模中学的主要学科。可是后者要设置广泛的选修学科。此外，体育、保健和安全教育是必修的。

同小学课程一样，中学课程也是按照流行的课程编制原则形成的。它也是从单个学科课程向综合学科课程发展。从一定的意义来说，这种发展趋势在某种程度上影响到所有的中学。这就是虽然采用学科课程，但也照顾到学生当前的需要和兴趣；只要当时可能，就要从事远足、设计、观察直观教具和进行课外活动等。

采用新型的中学课程是在分析了现代生活的基础上实施的。美国人自己承认，在资本主义社会，个人受到社会支配力量的包围，以致他们的首创精神和聪明才智必然受到强加的经济条件的限制。毫无疑问，在美国当代生活中，个人受到社会团体的影响远比他的先人所处的时代要深远。

在美国，严峻的现实是学校必须妥善解决如何使青年人为未来的生活做准备的问题。美国社会的许多病态根源于资本主义制度，其表现之一是青年人的行为失常。美国人认为，这种行为失常同青年的金钱收入有密切的关系。青年人在生活早期如果没有稳定的收入，直接影响到婚姻，影响到建立健全的家庭生活。那些持获得生存观点的人认为，美国教育不应当无视当前全世界的无产阶级和被压迫民族的革命浪潮以及造成两次世界大战的基本原因。但是，他们从资产阶级的立场出发，认为要使美国的青年学生觉悟到合意的职业影响着性格和人格，而失业或无出路的职业是社会腐蚀剂并导致他们犯罪。因此，他们主张中学课程的重点必须放在效用和安全的目标上。

许多教育心理学的研究证明，仅仅对形式训练抱怀疑态度，对某些学科有训练心智的优越性抱怀疑态度，作为课程编制的指导原则是不够的。美国资产阶级教育家认为：学生要在学校并通过学校进行直接的学习；学校所用的教育手段必须把每个人作为一个整体，而不能把他们当作同社会紧迫问题无关的学究；对普通的美国青年人来说，生活在和平共处的人群中的技能和态度，对于巩固资本主义制度有极其重要的意义；资本主义民主制度要靠安于现状的、有才能的选民来保卫。

美国中学课程的总目标是培养青年人早期就业的才能，鼓励他们关心、维持和增进资本主义的社会秩序。要使学生相信，这种秩序将保证他们按照自己的才能“自由”地成长，并使他们追求自己生活的改善。中学课程还要激起学习的志愿，培养兴趣和理想，这将保证个人作为垄断资本统治下的“自由公民”的生活。

传统的中学日课表同小学的传统日课表基本相同。可是新型的中学日课表却截然不同。举例如下。

中学十年级机动日课表

节次	教育经验
1	每天选择认为合适的不同的活动：集会或听讲，俱乐部会议，家庭作业，学生自治会，户外活动。
2—4	核心课程 2.5—3 小时。这里有范围广泛的学习，包括英语、数学、社会科学、自然科学、职业训练、音乐、美术。可以在教室、图书馆、实验室、车间和工作室进行。
5	午餐和休息。
6	体育，包括保健和安全。
7	各种选习的经验，包括创作设计、外国语、职业领域等。
	关于如何学习的教育指导。

这类日课表是为适应学生个别差异而安排的，通过做来学，通过社会活动（野外远足是核心课程的一部分）来学。每节课大致一小时，按照需要而每日不同。它提供师生讨论会、辅导以及足够的时间来完成一项重要的“学习经验”。

七、当前争论的问题

二十年来，美国关于中小学课程如何改进，展开了一系列的讨论。存在意见分歧且有待解决的有下面这些问题。

（一）学校应当关心各个学生的全面发展，还是只注意于学生智力的发展？许多对课程的批评，责备学校过分注意培养学生适应社会的能力，许多教师也抱怨课外活动干扰了教学活动。

（二）地方支配课程的制度是否应当继续下去？要不要努力来确立国家的目标和类型？某些地区和学校教育的缺点是由于地方支配课程造成的，有些教育家和美国公民主张必须由国家来制订课程。另有一些人则认为由地方支配课程是美国资产阶级民主制度的特点，如果有国家制订的课程，地方可以自愿采用，但不能强制执行。

（三）对于能力和兴趣不同的学生，是否应当设立特殊的学校或班级？还是只在正常的学校或班级里适应个别差异？有人批评综合中学不能培养具有学术天赋的学生，主张美国也要像欧洲那样专门办些选择性的中学。另外，哈佛大学前校长科南特在一份有影响的报告《今日美国中学》（1959）里，称赞综合中学是美国有特色的教育机构，它能够为所有的学生提供适当的教育。对于中小学怎样编班，还有很大的分歧，即从能力和其他因素来考虑，究竟采用异质编班好，还是采用同质编班好，至今尚无定论。

（四）某些学科在课程中是否还应处于主导地位，受到重视？还是其他的学科应当受到较大的关注？数学、理科和外语的地位是否应比其他学科重要？特别是因为注重这些学科而减少了体育、家政、美术、音乐和驾驶员教育等的必修学分，从而引起了争论，许多人怀疑英语教学时数是否有必要这样多。

（五）记分、升级和毕业是否仍按最低的成绩标准？或者依据别的标准？在美国教育工作者和公众之间对记分和升级的实际状况是有争论的。有一种观点认为记分应按各个学生的能力考虑他的成绩，另一种观点认为每个学生都应与最低成绩标准做比较进行记分。“集体升级”受到严厉的批评，主张发给两种证书：一种是超过标准成绩的，另一种是没有超过的。

（六）在学生对课程的选择上可否有若干灵活性？或者必须强制规定一致的高标准？这个问题是联系着两个特殊的争论问题引起的。第一是有些人实际上不同意教师指定家庭作业。有些社会人士和教育工作者虽然主张必须给小学儿童指定正规的家庭作业，另一些人却相信，指定统一的家庭作业会使学生养成不良的学习习惯，并且干扰了有效的学习。第二是虽然人们一般同意学校要有日益增加的指导性的服务，但是对这种服务的应用有矛盾的看法。有些人认为它只对规定的学习和活动提出意见，另一些人把指导性的服务看作对学生和家长的一种纯粹的劝告。跟这种争论有关的是不同意中学必修科和选修科之间应有适当的平衡。

（七）教学是继续以30个左右的学生为一班，还是可以采取另外的组织形式？在中小学实验电视教学时采用了较大的班级，并且建议给每个学生提供较大的听讲班、较小的讨论班和个别活动的机会。许多教育家反对用电视教学来代替传统的教学，也反对用大教室上课，纵然是教师亲自上课。

（八）谁应当编订课程？除了由地方或由国家来制订课程的争议之外，还有关于由学校教学人员、由社会人士或由这二者结合起来编订课程的争论。有些评论主张课程必须由教育委员会及其参事们来决定，另外的人认为社会人士来干预课程的事情应该对课程中当前存在的问题负责。

从这些争论的问题中，我们可以对前面介绍的美国中小学课程的状况，有进一步的了解。

参考资料

1. *Encyclopedia of Educational Research*，3rd edition，pp. 358-363.

2. *Encyclopedia Britannica*，vol. XX，pp. 89-95.

3. *Encyclopedia Americana*，vol. Ⅶ，pp. 340-345.

4. *Encyclopedia International*，vol. Ⅴ，pp. 369-374.

5. *Collier's Encyclopedia*，vol. Ⅶ，pp. 569-585.

第二编

课程编订

课程编订：概念和原则*

学校课程是按照党和国家的教育方针、各级各类学校的培养目标、学生的身心发展特点以及科学发展的新水平，规定学生必须掌握的知识、技能、思想、观点、行为、习惯的总和。它是贯彻执行教育方针和实现学校培养目标的重要手段。

现代国家大都把课程研究作为教育科学研究的中心任务。要建设具有中国特色的现代化的社会主义国家，必须有具备中国特色的现代化的教育。课程是最能反映一个国家的教育特色的。因此，我们必须加强对课程的研究，使课程的编订具有社会主义新中国的特色，使我们的学校课程能够真正培养出在道德、智力和体质等方面都全面发展的人，能培养出有理想、有道德、有文化、守纪律的新一代。

课程的编订不是一件简单的行政事务，而是一项繁重的学术工作，必须把它建立在科学研究的基础上。例如，苏联的学校课程是由教育科学院负责编订的。该院的教育理论专家和各科教材教法专家，在进行教

---

* 本文载《课程·教材·教法》1983年第5期。

育实验和调查研究的基础上，从事课程的编订。又如，美国参加课程编订的有教育行政领导干部、校长、教师、各门科学专家以及教育科学研究人员和大学教育系的教授等。如果单由各门科学专家来编订学校课程，往往只考虑科学本身的体系，而不善于考虑怎样把科学变成学科，以适合不同水平的学生学习；单由教育实际工作者来编订课程，又容易偏于只考虑如何适合教学，而不善于吸取最新的科学成果。必须把两者结合起来协同工作，并在通晓教育方针和培养目标的教育行政干部的领导下，在教育科学工作者的指导下，才能研究编订出既符合科学新水平又适合学生学习的课程来。

这篇文章主要讲学校课程编订的几条原则。但是，由于我国教育界对课程的研究工作还没有广泛展开，对"课程编订"一词的使用也不够普遍，我不得不先把这个词的意义说明白，并且把它同另外一些有关词汇的含义做些比较和区分。这样做是很有必要的。因为不仅在国内，而且在国外，目前"属于课程领域的概念和构思没有明确的区分，结果在课程研究领域要遇到一些定义性的问题"①。

按照一般的理解，"课程"一词指的是学校教学内容。从字面意思来看，"课程编订"的结果，势必要产生一些文件。这些文件就是我们现在所说的教学计划、教学大纲和教科书。这些文件的产生要经过实验、研究、编辑和审订。课程编订就是指实验、研究、编辑和审订学校教学内容的全过程。

"课程设置"是我们经常使用的词。但是它一般只是指各级各类学

---

① George A. Beauchamp，*Curriculum Theory*，p. 6.

校开设的教学科目和各科的教学时数。一般来说，研究课程设置的结果，只能产生“教学计划”，不能产生教学大纲和教科书。所以它比“课程编订”一词的含义要狭窄。

“课程编制”是我国教育界在本世纪20年代到40年代常用的词。它来源于英美书刊中的curriculum making一词。这里“编制”的“制”，是“制作”的“制”，不是“制度”的“制”。它的含义大体上包括对人生活动的分析，对教育目标的分析，对儿童身心发育状况的研究，对教学科目的安排和各科教学时数的分配，对教材教具的选择和评价，等等，同我们现在用的“课程编订”一词比较接近。

50年代以来，在英美出版的教育书刊中，curriculum making一词比较少用了，代替它的是curriculum development一词。[①] 不少人按照字面意思把这个词译为“课程发展”，这是不了解这个词的来龙去脉。因为它的含义同“课程编制”一词大体相同，所以许多人主张照旧译为“课程编制”。但是从当前各国开展课程研究的情况来看，课程编订的过程就是课程研究的过程，所以把它译为“课程研究”反而更加适合些。

同“课程编制”一词并用的还有“课程建设”（curriculum building）一词。二者含义没有实质上的差别。我国习惯于用“教材建设”一词，含义相近而所指范围比较具体，也比较狭窄。“教材建设”一般是指课程设置问题解决以后，即教学计划确定以后，对各科教学大纲、教科书和教学参考书等的编订；而“课程建设”要包括“课程设置”和“教材建设”两项工作在内。

---

① *Encyclopedia Britannica*，14th edition，vol. XX，p. 92.

“课程规划”（curriculum planning）。这是从教育行政部门的角度来考虑某一级学校或某一类学校课程的范围，参加编订课程的人员及其组织领导，使用的技术（如实验技术及仪器设置等）和工具（如调查表等），需要提供的条件（如试用新教材的实验学校等）以及产生的文件等。

“课程设计”（curriculum design）。这是从各门科学专家、教育科学专家或课程研究人员的角度来研究课程的类型（如采用学科课程还是活动课程，综合课程还是核心课程），研究编订有关课程文件的具体内容，如某一学科的教学目的和任务，教材选择的范围（深度和广度）及其排列的顺序，各部分教材的分量和教学时间的分配，实验仪器和各项教具的使用等。

“课程工程”（curriculum engineering）也可译为“课程管理”，大部分有关课程研究的书刊中指的是课程的规划、研究和改进，所以课程工程的产品就是课程标准和教材。近来有一部分课程研究的书刊中把课程标准的贯彻执行（即通过教学落实到教室里去）和对课程的评价，称为课程工程。

“课程体制”（curriculum system）这个词的含义比较广泛，包括课程规划、课程落实和课程评价的全过程。它既指课程的编订，又指课程在学校教育中的实施。一般认为课程体制有三项基本的作用，一是产生有关课程的文件；二是把课程落实到教学中去；三是评价课程实施的效果。这些工作都要由懂得教育科学的专家来做，这些专家就是课程体制中的工程师。所以“课程工程”一词包含课程体制及其内在动力，即包含使课程体制在学校中起作用的所有必要的过程。

教育科学还不是一门精确的科学，学校课程的研究在各国的历史有长有短，各国编订课程的具体程序也各有不同，因此，有关课程的用语还比较混乱。我以上介绍的几个概念，它们的含义也很难进行严格区分。为了跟研究课程的同志们共同探讨我国学校课程的问题，便于了解国外有关课程研究的动态，把国外课程研究领域中有关名词的概念做一些简要的说明。错误和不妥之处，欢迎批评指正。

现在谈谈我国学校课程编订应当遵循的几项原则。

第一，要以辩证唯物主义和历史唯物主义为课程编订的指导思想。

我们社会主义国家的学校课程首先应当具有高度的科学性和高度的思想性。我们教给学生的一切东西，都必须是客观真理，都要能联系实际，都要经得起实践的检验。因此，我们编订课程的指导思想必须是马克思主义的普遍真理，即辩证唯物主义和历史唯物主义。例如，我们应当同信仰宗教的中国各族人民和宗教界人士建立爱国统一战线，加强全国各族人民的大团结，但是不允许在学校里进行宗教教育，禁止在学校里讲授神学。我们应当在学校讲授现代科学知识，进行无神论的宣传，为学生形成辩证唯物主义观点打好基础。又如，我们应当让学生深刻理解人民群众是创造世界历史的动力，正确认识群众、阶级、政党和领袖的相互关系以及政党和领袖在群众阶级斗争中的作用。我们可以用老一辈无产阶级革命家的英雄业绩和光辉形象来教育子孙后代，但是绝不能过分宣扬个人的作用，以免妨碍学生形成历史唯物主义的观点。资本主义国家却不然。如美国尽管科学技术很发达，可是有的州至今还不许讲进化论，不许讲从猿到人；有的州规定要讲进化论必须同时讲神造说或特创论。英国、联邦德国的学校至今还把宗教定为必修科目。这些都是同现代科学的进步格格不入的。当然，我们以马克思主义普遍真理为指导思想，并不是要到处贴标签、喊口号，而是要把它渗透在学科的设置和教材的内容当中，到处都要体现出我们的理论是坚定的，我们的观点是鲜明的，从而使学生在无数事实材料当中，得出符合社会发展规律和自然发展规律的正确结论来。

第二，要以实现教育方针和学校培养目标为课程编订的最终目的。

我国当前最大的政治任务是建设具有高度社会主义文明和高度社会主义民主的现代化强国，我国教育要为这项伟大的任务服务，课程的编订就应对此作出贡献。不能认为只有专业教育的课程才能为现代化建设培养合格的人才；普通教育的课程既是建设精神文明的重要手段，又是培养建设人才的重要的基本环节，也应当受到足够的重视。教育方针中规定的德、智、体等方面的全面发展，都要靠学校课程有合理的安排才能实现。例如，德育的任务不能光靠上政治课来完成，也不能光靠班主任工作和组织少先队、共青团、学生会等各种活动来完成，各学科的教学都有德育的任务，都是德育不可缺少的途径。智育不是单纯传授知识、技能，也不仅要发展智力、培养能力，同时要培养观点、信念。健全的体魄和高尚的情操都是全面发展的人必须具备的，体育和美育的学科都应该重视。教育同生产劳动相结合是我国教育的根本方针，课程中必须安排二者的结合，才能培养出全面发展的人。这是从总的要求来说的。各级各类学校各有具体的培养目标，课程的编订当然要照顾到学校的具体目标。如目前我国农村还只普及五年小学教育，小学课程的编订就要把一个中国公民起码应具备的思想品德、知识技能比较完整地教给儿童。如果初中的学生毕业以后一部分要就业，初中课程就可设职业选修科。高中阶段不仅学校结构应当多样化，即使普通高中的课程也应当分化，随着国民经济的发展和人民生活需要的增长，高中除必修科学文化基础学科外，还要因地制宜，设置各种职业选修科，否则就不可能体现普通中学的双重任务。又如师范院校是以培养师资为目标的，除了设置科学文化学科，必须设置教育专业学科，加强教育实习，给学生以就业前的职业准备，才能实现培养合格教师的目标。

第三，课程的编订要适合学习者身心发展各阶段的要求。

现在有些父母让一两岁的孩子学识字，让三四岁的孩子背古诗。有的幼儿园给大班的孩子教小学一年级的教材。这些做法是不足取的，我们应当研究哪些课程适合什么年龄的儿童学习，学习到什么程度。对儿童的学习能力，既不要估计过低，以免延缓了儿童的发展，也不要估计过高，以免儿童接受不了，徒然造成一种虚假的现象。所以要进行科学实验，搜集事实材料，来确定课程的广度和深度。这个问题不仅涉及课程的编订，而且涉及教师的水平和设备条件。教师的水平高些，设备条件好些，对同样的学生可以教得广些、深些。同时，儿童的接受能力也是千差万别的。我们只能以中等水平的师资设备条件和中等水平的儿童接受能力为依据，来确定教材的广度和深度。实践证明，要求高了，并不像俗话说的“取法乎上，仅得乎中”。我们“取法乎中”是照顾了大多数，适应上下两端的少数就比较省力而有效。这样才能使全体学生都能学有所得。

第四，课程的编订要适合人类认识发展的规律，循序渐进。

人的认识不可能一次完成，而是逐步深化的。课程的编订要适应这种特点，循序渐进。例如，不能要求学生在普通教育阶段某一门学科只学习一遍，应当有适当的循环。这种循环不是简单的重复，而是范围逐渐扩大、程度逐渐加深的。课程的编订或说教材的排列有一种是所谓直线式的。如在普通教育阶段，本国历史只在初中学一遍。这种直线式的排列看起来仿佛节省教学时间，其实限制了教学内容的广度和深度。因为初中学生的理解能力有限，他们只能学习一些历史事件和历史人物的活动。对于一些规律性的东西，如历史事件的因果关系、历史发展的动因等，他们不一定能够理解，而这些本来是一个受了完备的普通教育的公民必须明了的。只因到了高中没有学习的机会，他的历史知识就只能停留在狭窄而肤浅的水平。如果采取教材的圆周式（或叫循环式、螺旋式）排列，就可使教学内容逐步扩大和加深。况且目前我国普通教育分三段，每段自应给学生以比较完整的教育，教材圆周式的排列是不可少的。循序渐进的另一个重要含义是要求课程的设置和教材的编辑必须逻辑严谨，前后衔接，后一步的学习都要以前一步的学习为基础，不能省略中间环节而跳跃前进。

第五，课程的编订既要有统一的标准，又要能因地制宜。

所谓统一，包括指导思想、教育方针、培养目标和教学内容等方面。前三者的统一应当是坚定不移的，后者即教学内容的统一却是不可以“一刀切”的。教学内容必须统一是因为它要实现统一的目标，但实现同一目标的手段可以有所不同。我国幅员辽阔，民族众多，各地区经济文化的发展也不平衡，学校课程应当在实现统一标准的前提下允许有适当的差异。例如，在工业区、农业区、林业区、牧业区、渔业区，学校课程应当适应各地区的需要，不应要求整齐划一。适应的办法如目前我国在中学就可以设置职业选修科。我国是历史悠久的文明古国，各地方都有值得向学生介绍的历史人物、历史事件、名山大川、风俗人情、物产交通、名胜古迹、出土文物、科学发明，等等。这些都应当由地方教育当局编成乡土教材教给学生，以培养学生的爱乡观念，为爱国主义教育打下坚实的基础。

第六，各级各类学校的课程要适当注意衔接和沟通。

我们提倡办多种类型的学校，但是没有一种学校是“死胡同”。各级各类学校的课程都应当彼此衔接，互相沟通。这是因为我们社会主义国家的人民，应当按照社会的需要和个人的才能，有平等的机会受教育。所谓衔接是针对各级学校来讲的。如小学课程要同初中课程衔接，初中课程要同高中课程衔接，既不重叠，又不缺漏。如小学学过算术，初中就不再学，以免重叠；初中不教植物学和动物学，高中就教生物学，这就是缺漏。此外，有些幼儿园把小学一年级的教材提前教了，这也违反了衔接的原则。所谓沟通是针对各类学校来讲的，如普通高中和职业高中的学生应当能互相转学，这就要求课程的设置能够适当沟通。

第七，学科门类和教学时间要适当安排，使学生的学习生活既丰富多彩，又从容不迫。

我们采用学科课程，各年级同时学习的学科门类设置多少，应当随年级的高低而不同：年级愈低，学科愈少，分科愈粗；年级愈高，学科适当增加，分科可以较细。分科粗细，各有利弊：分科粗，比较容易接近实际生活，儿童学习头绪较少，学习兴趣较高；分科细，教的知识比较完整有系统。其实，学科多了并不一定就增加学习的负担。如体育、音乐、美术、劳动等科，每天都有一点，不但不会增加学习负担，反而可以调剂儿童身心。究竟各年级儿童学习多少学科比较适当？每天每周上几节课才算合适？每节课的时间应当多长？这些问题都应通过实验来解决。原则上是低年级儿童注意力不能持久，每节课的时间宜短些，也可以在一节课内变换作业来维持儿童的注意力。现在通行的是每节课45分钟，课间休息10分钟。每周上课（包括集体自习和有指导的课外活动）30～42节：小学平均每天5节，初中平均每天6节，高中平均每天7节。各年级安排的同时学习的学科一般小学不超过8科，中学不超过10科，都包括体育、音乐、美术、劳动在内。

学校课程编订的基本原理*

做任何事情都要遵循规律，不能盲目从事。课程编订工作也是一样。所谓课程编订的基本原理，就是课程编订工作中应当遵循的一些基本规律。规律是不以人的意志为转移的，照它办就能成功，就能事半功倍；反之就会失败，或者事倍功半。

一、哲学原理

我们是马克思主义者，我们做一切事情所应依据的是马克思主义哲学，而不应该是什么非马克思主义的或反马克思主义的哲学，如理想主义哲学、存在主义哲学、实证主义哲学或实用主义哲学。那些哲学只能使人越学越糊涂，而不能使人越学越聪明。我是过来人，有切身的体会。

什么是马克思主义哲学呢？简言之就是关于物质第一性和意识第二

---

* 本文载《课程·教材·教法》1989年第1期。

性的学说，关于自然界、人类社会和思维的最一般的发展规律的学说，它是科学地认识世界的方法和工具，也是革命改造的实践活动的方法和工具。它就是辩证唯物主义和历史唯物主义。

我们在课程编订工作中，怎样才能坚持唯物论，反对唯心论，坚持辩证法，反对形而上学呢？这个问题不是三言两语就能够讲清楚的。但是有一点是很明白的，就是我们自己首先要形成辩证唯物主义和历史唯物主义观点，树立马克思主义世界观。我们在课程编订工作中必须强调理论联系实际，一切从实际出发，实事求是；必须强调实践是检验真理的唯一标准。我们教给学生的一切都应当是真理，都要能经得起实践的检验。我们的真理观，也就是我们的价值观。凡经得起实践检验的是真理，就有价值；凡经不起实践检验的不是真理，也就没有价值。我们要按这样的价值标准来编订课程和选择教材。

例如，在我们的课程中绝不应该设有宗教课，即使在少数民族信仰宗教的地区，所有的学校里都不允许开设宗教课，这同宗教信仰自由的宗教政策或民族政策并不违背。我们可以同宗教徒建立爱国统一战线，但学校是国家的事业，我们的学校有宣传无神论的责任，但没有传教的自由。这同高等学校研究宗教思想史是两回事。

又如，在我们的历史课中应当讲真实的历史，还历史以本来面目。过去在中苏友好时期，连沙皇俄国对中国侵略的历史也不讲了，我看没有必要；后来中苏关系恶化了，就大讲特讲沙俄侵华史，仿佛要人们提防苏联还会像沙俄那样来侵略中国。历史要为爱国主义教育服务，讲沙俄侵略中国的历史事实是完全必要的。但也要讲到十月革命后列宁主动取消对华的不平等条约的历史事实，使学生懂得什么是无产阶级国际主义精神。

歪曲历史、嘲弄历史的人必然要被钉在历史的耻辱柱上。“文化大革命”中，林彪、江青反革命集团歪曲历史事实，把 1928 年 4 月朱德、陈毅同毛泽东在井冈山会师，胡说是林彪同毛泽东会师，结果搬起石头砸了自己的脚。这是唯心主义历史观在作怪，就像胡适说的，历史是一个可以任人打扮的百依百顺的女孩。如果我们照他的话做，就会受到历史的惩罚。

每个人都在书写自己的历史。历史上的伟大人物也不例外。秦皇、汉武、唐宗、宋祖，都用他们的行动写下他们的历史，后人可以根据史实来评论他们。中国人民永远怀念的好总理周恩来，用他毕生为人民、为革命事业献身、鞠躬尽瘁、死而后已的精神，写下他一生光辉的历史。这是中国人民的骄傲，是子孙后代的楷模。我们中小学各科教材，都要选用他的许多感人至深的事迹作为教学内容，因为我们需要有更多的周恩来！——我写这篇讲稿的时候，正值周恩来诞辰九十周年，可惜他已逝世十二年了。

以上这些可以说是我们编订课程和选择教材的价值标准。——关于哲学原理就谈这些。

二、社会学原理

社会学是研究人与人、人与社会、社会与社会相互关系的学问。在崇尚个人主义与崇尚集体主义两种不同的社会里，社会学的研究有不同的宗旨。我们是崇尚集体主义的社会，我们研究社会学的宗旨是要使我们的社会，成为“这样一个联合体，在那里，每个人的自由发展是一切人的自由发展的条件”①。

有人以为强调集体主义就不注重个人的发展了，这完全是一种误解。只有消灭了剥削和压迫的社会主义社会，才能是人人真正平等的社会，只有在社会主义社会每个人才能得到自由发展的机会（初级阶段还办不到，但要逐步向这方面努力）；每个人都能自由发展了，然后一切人才能得到自由发展。

在社会主义社会里，人与人之间是真正平等的，只有分工的不同，没有高低贵贱之分。但在我们这个封建主义传统根深蒂固的国家，要消除人们头脑中的等级观念很不容易，何况新的等级观念还在不断形成呢?！我们教育工作者要有清醒的头脑，非但自己不去计较等级的高低、“宦海的浮沉”，即要求自己能上能下，而且要千方百计去消除儿童、少年、青年的等级观念，树立人人平等的人生观。

在社会主义社会里，个人与社会的关系是“我为人人，人人为我”，即个人为社会服务，社会给个人以福利。我们正在建设社会主义，因此我们要教育每个人树立全心全意为社会主义建设服务的决心，学会为社会主义建设服务的本领。1985 年 5 月《中共中央关于教育体制改革的决定》，说了“两个必须”，即“教育必须为社会主义建设服务，社会主义建设必须依靠教育”。什么样的教育才能为社会主义建设服务呢？什么样的教育才能为社会主义建设所依靠呢？只有同生产劳动相结合的教育才能服务好，才能被依靠。我们的教育要能培养出社会主义建设所需

①《马克思恩格斯选集》第 1 卷，人民出版社 1972 年版，第 273 页。

要的多层次、多规格的劳动者，包括以体力劳动为主的劳动者和以脑力劳动为主的劳动者，只有同生产劳动相结合的教育，才能培养出这样的人来。目前这种以升学为主要目的甚至为唯一目的的办学目标，是不能培养出这样的人来的。

在社会主义社会里，集体和集体的关系应当是互助合作的关系，而不应当是彼此对立的关系。集体之间应当互相学习，取长补短，共同提高，而不应当互相封锁，彼此攻讦，幸灾乐祸。我们也提倡社会主义竞争，但都应当是公平竞争即所谓 fair play，不应当采取不正派的手段，弄虚作假，以权谋私。

我们的教育应当面向现代化，面向世界，面向未来。这本是一个多世纪以来，打破闭关锁国的局面后早就应当如此的，不料新中国成立后又有过一段由被动到主动的闭关锁国时期。现在改革开放的形势要求我们的教育“三个面向”，这是适应整个国际社会的需要和新技术革命的挑战所做出的英明决策。

以上这些，对我们课程编订和教材编辑工作，都有指导意义。

三、心理学原理

心理学是研究人的心理过程（包括认知、情感、意志等过程）的规律和个人心理品质形成规律的科学。它是教育学理论的基础，也是课程编订工作的依据。心理学的分支学科儿童心理学（又称发展心理学）和教育心理学，对于教育学理论的研究和课程的研制关系更加直接，更加密切。

封建社会的教育不考虑受教育者的条件，无论中外都是如此。后来有些教育家提倡教育要适应儿童生长发育的条件，但当时儿童生理学和儿童心理学的研究还没有展开，以致他们的设想不免有些主观，不完全符合客观实际。到了儿童生理学和儿童心理学的研究取得了成果，教育的实施要适合儿童身心发展阶段便成为一条具有普遍意义的规律。从瑞典教育家艾伦•凯说“20 世纪是儿童的世纪”这句话来看，要求按这条规律办事的时间还不过百年。把这条规律用到课程编订和教材编辑工作中来，就大有文章可做了。但我们这里只能简单提几点。

如关于课程的设置，在幼儿园只能有游戏和各种活动，不能采取正规的分科上课的方式，就是为了适合幼儿身心发展阶段来施教。在小学低年级还应该有一个过渡期，让儿童逐步从游戏和活动的形式过渡到分科上课的形式。

我们现在实行分科教学，小学生一入学就要学习语文、数学、社会、自然、体育、音乐、劳动、美术等学科。按这样编订的课程叫分科课程或学科课程。这样编订课程的优点是能够比较有系统地传递人类文化遗产，便于把儿童长大成人以后需要掌握的知识、技能、技巧、思想、观点、信念、言语、行为、习惯教给他们，缺点是不容易适应儿童的兴趣和需要，不容易引起学生学习的动机，也就不容易产生良好的学习效果。

主张适应儿童兴趣、需要和动机来编订课程，有一定的道理，但是如果走向极端，要求学校课程不能由教育者预先规定，必须由受教育者自己来决定，要让儿童完全在活动中去学习，为了活动而学习，通过活动而学习，这样的课程不分学科，只有活动，叫作活动课程。这种课程的优点是能够适应儿童当前的兴趣和需要，但不可能促进他们进一步发展，难以实现教育目标，不能培养出社会所需要的人来，所以活动课程一般只能在幼儿园和小学低年级采用。

我们主张吸收两者的优点而避免两者的缺点。教育是有目的、有计划、有组织的活动，当然不能完全按照儿童的兴趣和需要来办事。为了实现教育的目的，我们当然要把社会需要下一代掌握的东西教给他们，但教的内容和形式、方法和步骤，既要适合儿童身心发展的阶段，又要能促进他们身心的不断发展。这就给我们教育工作者尤其是课程工作者提出一项任务、一个难题：怎样把社会文化教给未成熟的青年一代，而又能为他们所乐于接受、善于接受呢?

为了解决这个难题，历代的教育家们提出了不少的办法，如课程教材用圆周式的（或螺旋式的）排列，而不用直线式的排列。例如，我国1978年中小学课程规划，初中讲中国历史，高中讲外国历史。这就叫直线式的排列。这样做的效果很不好。小学生毕业了，连一点历史知识都没有，剥夺了小学生通过学习历史来接受爱国主义教育的权利；初中生毕业了，没有一点世界史的知识，没有对比也就不可能产生对祖国悠久文明的热爱。中小学生缺乏历史知识就难以为树立历史唯物主义观点打好基础。如果让学生在小学、初中和高中对古今中外的历史人物和历史事件，都有一些适合他们理解能力的了解，并逐步扩大和加深，那么，这就叫螺旋式的排列。表面看起来，教学的时间多用了一点，但事实上，教学的效果要大为提高。

从19世纪以来，科学日益分化，学校设置的教学科目（学科）也有显著的增加，但后者（学科）不能与前者（科学）同步，即不可能随科学的分化而增设学科。20 世纪以来，科学在分化的同时又有综合的趋势，因此产生了许多交叉学科、边缘学科、跨学科的学科等。学校课程的设置，为了便于传递系统的科学知识，可以采用学科课程，但要看儿童、少年、青年的接受能力，适当地分合。如在低年级要适当减少学科，部分采用综合课程，像小学低年级社会和自然两科可以合并为常识，甚至连常识也可合并到语文中去，音乐、体育可合为“唱游”，美术、劳动可合为“美工”。减少分科可以更加接近儿童生活的实际，因为生活是一个整体，分科过细就人为地将生活割裂了。

又如初中的政治、历史、地理，也可以综合为社会，初中的生物、化学、物理，也可以综合为自然（或理科）。因为初中是人人必受的义务教育，义务教育是培养社会主义公民的，即培养有社会主义觉悟的、有文化的、身体健康的劳动者的，分科过细，教材不容易同生活相联系，各科都讲究自己的体系，有些必要的教材，如人口教育、环境教育、法制教育等往往涉及许多分科，反而不好容纳。设立综合课程，可以免去这个弊端。

这里要说说“学科”同“科学”的异同。大家都知道，科学是有关自然界和人类社会以及人的思维的规律性的知识。每门科学成为一门独立的学问的时候，都形成了它自己的体系，包含一套概念、原理和法则。因为它是按逻辑方法分析、综合、归纳、演绎、抽象、概括而成的，所以称为逻辑体系。这种体系不适合中小学生学习，于是课程工作者的任务就是要把科学的这种逻辑的体系改造成适合于中小学生学习的心理体系。这样，把科学按心理体系加以编排，就使它成为适合学生学习的学科了。学科的内容是符合科学真理的，要保证它的科学性；学科编排的方式是适合学生学习的，要保证它的可接受性。这就是学科同科学的联系与区别。至于怎样把科学变成学科要遵循人类认识的规律，即从感性认识到理性认识，从生动的直观到抽象的思维，再从理性认识到实践。

我们课程编订和教材的编辑，就要了解学生学习的心理，使它既便于学生学习，又有利于提高科学水平。

四、教育学原理

教育学的研究也需要有哲学、社会学、心理学等原理的依据，同时它也是课程编订所应依据的原理之一。课程的研究本是教育研究的一部分，课程理论同教学理论、学校管理理论、教育评价理论等一样，都应当是教育学理论的下位理论。一方面教育学理论是课程理论研究的依据；另一方面，课程理论又可丰富教育学理论，支持教育学理论。二者的关系是直接的、密不可分的。

教育学是一门应用科学，它的理论来源于实践。人类千百年来在教育实践中总结的成功经验，如果具有普遍意义，上升为理论，就能用来指导实践。这些理论当中，首先，应当了解的有教育起源和发展、教育本质和职能、教育地位和作用、教育目的和任务的理论，特别是课程教材使用学校的培养目标，课程编订工作者必须心中有数，念念不忘。

其次，对课程编订工作有密切关系的还有教学理论。如关于教学过程的理论。按照马克思主义认识论，教学可以分为感知、理解、记忆和应用几个过程。我们教材的编辑就应当考虑怎样让学生在感知的基础上理解，就是要丰富他们的感性认识；在理解的基础上记忆，而不要求他们死记硬背。如此等等。

再如关于教学原则的理论，要求启发诱导，反对注入灌输，这不仅是个教学方法问题，也是个教材编辑问题。过去的课本只把现成的知识原原本本地写出来让学生读，这就容易使教师照本宣科。倘若课本里不写这些，而让学生去做、去试验、去观察、去比较等，然后自己得出结论写在书上，那么教师就无法注入，必然就会采取启发的方法。这只是一个例子。理论与实际结合、科学性与思想性结合、统一要求与因材施教结合、传授知识与发展智力结合，这些原则以及直观原则、系统原则、巩固原则、可接受原则，等等，都同教材的编辑有关。可以说，它们不仅是教学应当遵循的原则，也是教材编写应当依据的原理。我们教材编辑工作者都应当研究如何使教材符合这些原理。

又如关于教学方法的理论，对教材编写也有指导作用。因此教材的编者自己最好要有教学实践经验。譬如说，倘若我们懂得教学不仅是传授知识、技能、技巧，还要形成学生一定的思想、观点和信念，我们的教材编写就必然会注意到科学性和思想性的结合，或者叫作“文道统一”。倘若我们懂得教学不仅要使学生“学会”，而且要使他们“会学”，即学会自学的方法，养成求知的欲望，懂得探索真理的途径，那么我们教材的编写就不能只以叙述已有的结论为满足，而要把问题的发生、提出的假设、假设的验证及问题的解决等整个过程使学生知道，使他们学会自己解决疑难。

还有关于教学评价的理论，对于教材的编辑也是应当了解的。我们的课程教材编订出来，经过实施以后，究竟能否实现预定的教育目标，收到预期的教育效果，需要经过评价。课程评价以后，才好依据评价的结果加以修订。评价需要有客观的标准。教学的评价一般采用学习成绩测验，目前我国还缺乏标准测验，学校考试和升学考试的办法，都还缺乏客观标准，所以评价的科学性不足。这是个有待研究解决的问题。所谓择优录取，优秀的标准是什么？是否能把优秀的学生挑选出来？都还经不起推敲。这是我国教育科研的薄弱环节。教学评价对我们课程编订来说，是修订课程的依据。由于缺乏科学的评价标准、工具和方法，我们课程的修订往往也缺少科学的依据。

我国教育学理论建设还未臻完善，建立有中国特色的教育学还是一项有待完成的艰巨任务。但目前公认的一些教育规律如能在教材编辑中贯彻下去，对于提高教材质量显然是会有很大帮助的。

关于课程编订的原理，有的同志还举出有科学学原理、未来学原理等。但作为基本原理来说，上面四项是必须遵循的。所以只谈这些，作为抛砖引玉。希望有更多的同志来研究学校课程问题，以提高我国的教育质量。

学校课程编订的一般问题*

上、课程编订的机构和人员

课程编订的机构，有编辑机构和审定机构。凡是中央集权管理教育的国家，一般都设有这样的机构。

实行中央集权管理教育的国家，对教科书也有实行国定制和审定制之分。凡采取国定教科书制度的国家，大都专门设有教科书编辑机构。如我国清末曾在京师大学堂设有教科书编审处。国民党政府的国立编译馆，也曾肩负有教科书编审机构的责任。

中华人民共和国成立以前，华北人民政府教育部设立了教科书编审委员会，是一个常设的课程编订机构。新中国成立后，这个编审委员会就并入中央人民政府出版总署编审局，负责课程教材的编辑和审定。1950 年 12 月 1 日人民教育出版社成立，编审局中负责编订课程的机构就成为它的编审部，后改称编辑部。它在中央教育行政部门的直接领导

---

* 本文上篇 1988 年 3 月 9 日写完，下篇 1988 年 5 月 12 日写完。原稿在作者生前未发表，后编入《课程论重建与教育科学研究》（吕达、刘立德主编，人民教育出版社 2017 年版）。

下，参与中小学课程规划的制定和讨论，并多次代替中央教育行政部门起草中小学各科课程标准，主持编辑中小学各科课本和教学参考书。

经过多年的实践，人民教育出版社的编辑干部越来越感到学校课程的编订不是一般的行政事务，也不仅是可以依靠学识和经验就能做好的一般教育业务，而是一项科学研究课题。因此，从 20 世纪 80 年代起，经中央教育行政部门同意，以人民教育出版社原有编辑干部为基础，成立了课程教材研究所，目前，凡是人民教育出版社的编辑干部（包括助理编辑、编辑、副编审、编审）都是这个研究所的研究人员。希望把课程编订工作、教材编辑工作都建立在教育科学研究的基础上。可惜，由于教材编辑的任务很重，对课程、教材的研究工作还未能充分展开。今后希望增加课程教材研究所的专职研究人员，并赋予培养研究生的任务。这样，既可充实教材编辑干部的队伍，又有利于课程研究工作的展开。

苏联是采取教科书国定制的国家，苏联中小学教科书大都是由苏联教育科学院的研究人员编辑的。编得好的教科书可以得到科研成果奖。

日本是采用教科书审定制的国家，它由中央教育行政部门制定统一的课程标准，但教科书可以由各个教科书出版商请专家编写，但必须将原稿递请中央教育行政部门反复审定修改，经文部大臣批准后，才能作为教科书出版，供各地学校选用。日本中央教育行政部门设有专职的教科书审查官数十人之多，此外还聘请了人数众多的兼职审查官员。这些人不仅有各门科学的学者、专家，而且有教育科学理论和实践方面的行家。

最近，我国也采取了教科书审定制度。因为除了人民教育出版社可以继续编辑教科书外，各地方、各单位、各个人都有权编辑中小学教科书，只要经过中小学教科书审定委员会审定通过，都可以供各地学校使用。地方编教材，有利于使教材适合各地的需要，特别是可以弥补统编教材不利于进行乡土教育的缺点。但要认真实行审查制度，严格把好质量关。这并不是一件容易办到的事，光靠兼职的审查人员是很难做好的。单位编教材，可以发挥各单位科研人员的特长，如数学研究所可编数学教材，历史研究所可编历史教材，物理研究所可编物理教材。这些专家编辑教材容易把新的科研成果编入教材，但也容易忽视教材的可接受性，所以审查时要考虑它是否适合教学的问题。个人编教材，可以吸收对某门学科既有专长又有教学经验的同志来编辑教材，他们往往可以编出很有特色的教材来，但往往只能是单科的，不能配套。

现在谈谈课程编订应由哪些人员负责的问题。

首先是中央教育部门的首长。

凡采用中央集权管理教育的国家，不管对教科书采用国定制还是采用审定制，中央教育行政部门的首长都要对包括课程规划、课程标准和课本的全部课程负责。这些课程，不管是谁起草的、谁编辑的、谁审定的，最后总是由首长签字批准公布施行或交付印刷发行使用的。因此首长要负责，他是责无旁贷的。

其次是中央教育行政部门聘请的审定委员。

审定委员受中央教育行政部门的委托，负责审定他所熟悉的课程标准和教材，他应当对亿万学生负责，使经过他审定的课程、教材，都具有科学的准确性、观点的鲜明性和教育的适用性。他只要能真正对亿万读者负责，也就是对委托者负责了。

再次是具体执行起草任务的专家学者。

课程规划和课程标准都要有人动笔起草。这些文件都要经过有关的各门科学专家、教育科研人员特别是课程研究人员、教育行政干部和教育实际工作者（校长、教师）研究讨论，才能写出初稿。他们虽然在集体中工作，但都要本着对国家教育事业负责，对亿万学生负责的精神，竭尽全力，破除成见，通力协作，拟出最佳的方案。

最后是教科书的编者。

前面说过教科书的编者要把一门科学变成一门学科，这就要求他不仅是本门科学的专家，而且是兼通其他有关科学的行家；他对学生已有的知识了如指掌，对学生同时学习的其他各科知识也胸中有数；他不仅是一位科学家，更是一位教育家，懂得教育学、心理学、课程论和教学论的基本原理，懂得如何结合本门学科的教材对学生进行思想品德教育；他不仅是科学家和教育家，更是一位著作家或编辑家，他要能善于用深入浅出的文笔，在理论结合实际的原则下，有条有理地、循序渐进地、按部就班地、生动活泼地把一门学科中的基本事实、基本概念、基本原理、基本规律讲得头头是道、清清楚楚、明明白白，从而起一种循循善诱的作用，能吸引学生进一步钻研这门学科，甚至立志终身从事这门学科的研究。此外，他不仅要对本门学科过去的教材很熟悉，了解它们的优点和缺点，而且要对主要发达国家同等学校同类教科书的内容有所了解，善于借鉴。

应当承认，符合上述要求的教科书编者不是天生的，而是需要大力培养的。除我们课程教材研究所要抓紧培养青年编辑外，师范大学研究生院要设置“课程和教学”专业，招收师范大学本科毕业生并有教师工作经验的有志之士，专门为教科书编辑培养干部。教材编辑工作和教师工作一样，需要有一支稳定的队伍长期从事，才能做好。

同志们！我今天要讲的话就要结束了。最后谈的对教科书编者的要求，看起来比较高了一些，但我们应当向着高标准努力。因为教科书的质量如何，关系到我们祖国下一代的健康成长。现在国家把编写教科书的重任交给我们，我们一定要尽心竭力，殚精竭虑，认真做好教科书的编辑工作，为培养一代一代共产主义事业的接班人作出应有的贡献！

下、学校课程编订的过程和步骤

从理论方面说，课程编订或研制的过程，分为四个步骤。

（一）课程分析（analysis）

这是课程研制的第一步。分析的范围有教育目标、人生活动、职业活动、受教育者身心发展状况、现实及未来的需要和古今中外的课程等。

分析的目的在于确定教育内容选择的方针，衡量教材的价值，为课程设计提供依据。

分析的方法有观察、调查、访问、搜集数据、研究文件等。

分析的结果可以产生各种明细的一览表，根据它们可以初步列出各科课程纲要。

（二）课程设计（design）

这是课程研制过程中最具有创造性的活动。这种活动从各门科学专家、教育科学专家和课程研究人员的角度，研究课程实施的对象、不同层次的教育目标、课程应当采用的类型（学科课程还是活动课程，综合课程还是核心课程），编订有关课程文件的具体内容。文件中包括某一学科的教学目的和任务、教材选择的广度和深度、教材排列的顺序、本学科同其他学科的联系、各部分教材的分量和教学时间的分配、实验仪器和各项教具的使用等。

课程设计的结果产生的文件是课程标准（教学大纲）。

（三）课程实施（implementation）

这是通过教学活动把编订的课程落实到教室里去。

按照教育目标编订的课程，是否有助于它的实现？针对学习者身心发展阶段编订的课程，能否为他们接受而收到预期的效果？都需要把它落实到教学活动中去，才能得到答案。因此，教学也是课程研制过程之一，教师也可以说是课程研制人员。

课程和教学有密切的关系：课程的实施要靠教学，教学的内容便是课程。二者有互相依存的关系。

只有通过教学才能对课程做出评价。

（四）课程评价（evaluation）

为了检查课程的实施结果，能否实现教育目标，实现的程度如何，需要对课程评价，以便作出改进课程的决策。

课程评价是一个客观的过程，需要采取科学的工具即教育测验，以便得到数据，对课程做出量的分析，这是量的评价。

倘若观察学生行为表现，做出质的分析、说明和鉴定，称为质的评价。

课程评价的结果可以作为课程改进的依据。

由此可见，课程编订或研制，是一个周而复始的过程。在改进课程的时候，是要经过分析、设计、实施和评价。如小学为五年制，这个过程最好五年一次，即新编订的课程最好使用一轮以后再着手修订。

从实际方面说，学校课程的编订，首先要有一些先决条件。这个先决条件之一就是要了解国家的教育宗旨或者说党和政府的教育总方针。1982 年《中华人民共和国宪法》第四十六条的一句话："国家培养青年、少年、儿童在品德、智力、体质等方面全面发展"，可以看作具有最高法律依据的国家教育总方针。将来港、澳、台回归祖国，尽管实行一国两制，这个总方针应当可以被全国所遵守。先决条件之二就是要了解我国学制，如我国中小学的修业年限究竟各若干年，如何分段。小学是五年制还是六年制，初中是四年制还是三年制，高中是三年制还是二年制，等等。学制要根据儿童、少年、青年身心发展阶段和各级学校实现教育目标需要学完的课程来确定年限的长短和分段的适当，过长没有必要，过短也不行。所以，学制同课程有互相制约的关系。

学校课程的编订是一个科学研究过程，而不是单纯的行政事务。无论是确定课程设置，制定课程标准，还是编辑师生用书，都应当把它们看作科学研究工作，精心设计，精心施工，设计和施工的结果必然产生有关课程的文件。现在按照课程文件产生的先后，简单说明课程编订的程序。

<u>确定课程设置</u>　产生课程文件之一："课程规划"（现称"教学计划"）——编订课程规划是给某一级或某一类学校编订课程的第一道工序，一般应做好以下各项准备工作：

1. 分析学校教育目标；

2. 了解学生身心发展；

3. 了解学生已有程度（要查阅低一级学校的课程文件）；

4. 调查社会生活需要（要着眼于当地，也要着眼于未来）；

5. 调查个人生活需要（要着眼于未来）；

6. 确定采用的课程类型（一般的学科课程为主）；

7. 研究原有的课程规划（教学计划）。

做好以上各项工作以后，就可以编订新的课程规划，其中包括设置哪些学科，这些学科设置的起止年级或学期；各门学科各年级每周教学时数，每门学科教学的总时数；每年级同时开设几门学科，这些学科每周教学时数若干；适当平衡各年级同时并开学科数和每周教学时数；规定学生集体活动（班、团、队的组织生活）、课外运动（早操、课间操、体育锻炼、运动队等）、课外活动、公益劳动等的时间。

制定课程标准　产生课程文件之二：各科课程标准（现称“教学大纲”）。——这道工序同前一道工序是密切相关的，因为在确定各门学科教学时数的时候，就已经要考虑到各门学科课程标准对教学时数的要求。这些要求是由各门学科的目的、任务和内容决定的，如小学语文、数学占的学时数多，总是第一位和第二位，就是因为要儿童掌握读、写、算（所谓 Three Rs）的基本知识技能。同时编订各科课程标准的编者，也要有全面观点、全局概念，不能片面强调本门学科的重要性而要求占用过多的时间，一般都得按照课程规划的规定行事。各科课程标准的产生还要经过这样几个步骤：

（1）分析本学科的目的要求；

（2）考虑本学科的教材纲要；

（3）拟定各部分教材的教学时间；

（4）设计本学科参观、访问、调查、研究、实验、实习等实践活动的项目；

（5）结合教材的进度给上列实践活动安排适当的时间；

（6）考虑本学科的前后衔接（纵向联系）和本学科同其他有关学科的联系（横向联系）；

（7）研究如何寓思想品德教育于本学科的教材之中。

各学科课程标准要首先把本学科的目的要求讲清楚，列举教材纲要的同时就规定各部分教材所占的教学时间，各项实践活动要同各部分教材有机地联系在一起，要规定施教时的注意事项，要列出必须使用的最低限度的教学设备清单，要开列教师教学和进修用的参考书目等。

编辑学生用书　产生课程文件之三：教科书（又称“课本”）。——教科书是学生用书。编辑教科书应当是一项科学研究工作，编得好的教科书应当是科研成果，应当受到国家的奖励。因此，不能把它看作轻而易举的事，看作剪刀糨糊的事，应该把它看作一项创造性的劳动。

在采用学科课程的时候，教科书的编者要把一门科学变成一门学科，以便学生学习。因此对编者的要求相当高。现在先谈编辑教科书应采取的步骤：

（1）研究有关的课程规划和课程标准；

（2）研究古今中外有关学科的教科书；

（3）了解教科书适用年级儿童已有的准备程度；

（4）按照课程标准中的教材纲要选择适当的教材；

（5）在编写教材过程中，不要只考虑把现成的知识告诉学生，而要随时考虑到启发学生的求知欲，培养他们的学习兴趣，锻炼他们的自学能力，发展他们的观察力、思考力和实际操作的能力，同时形成他们科学的思想、观点和信念；

（6）考虑采用或绘制适当的插图，安排实验或实习作业，提供进一步思考的线索；

（7）将教科书稿送审，试用，修改定稿。

编辑教师用书　产生课程文件之四：教学指导书或教学参考书。——在教科书编好以后，还要考虑到教师教学的需要，编辑教学指导书或教学参考书。这要根据教师的条件来编辑，如对合格而称职的教师，需要多介绍一些本学科最新的科研成果及其在生活和生产中的应用；对基本合格的新教师，要偏重阐述教学目的的要求，指出教材重点、难点和关键以及教学方法的指导；对那些勉强任职的教师，又需要着重帮助他们掌握教材本身。因此，同一种教科书不能只有一套一样，教学指导书也不能每种课本只有一套。

一般来说，教学指导书应包括以下内容。

（1）说明本门学科总的教学目的和要求、本册教材在本门学科中的位置、学生已有的知识基础等。

（2）按课、按章节说明本课、本章节教材的具体教学目的和要求。

（3）把教材同这些目的、要求挂上钩，使每一部分教材的教学在教师心目中都有明确的目标。

（4）帮助教师掌握教材的重点、难点和关键。为了照顾大多数教师的需要，这部分宁可讲得详细一点；考虑到大多数学校设备简陋、参考资料不足，有必要对教材中的名词、术语做出必要的注释。

（5）帮助教师备课：准备实验仪器，课前先试做将要演示的实验，先画（写）好小黑板，准备好录音机、录像机和相应的磁带，绘制好幻灯片，写好片基等。

（6）对课本中的习题或作业，做出标准答案以及可能从不同角度、不同思路、用不同方法解答的方案等。

（7）列出对优等生的补充作业、对差生的辅导材料等。

（8）列举有关本课（章节）教材的参考资料，包括教材、教法或教具的参考资料。

（9）列出考查本课（章节）教材教学效果的测验题的标准答案。

（10）其他。

教学指导书要成为教师进行教学的帮手，要鼓励教师针对具体情况发挥教学中的创造性，而不要束缚教师的手脚；教师也不要过分依赖教学指导书而不努力备课和搜集最新的参考资料。教学指导书的编者应当现身说法，说明当教师要认识自己的不足，随时随地勤奋学习，进修提高，不能抱残守缺，不求进取，贻误学生。

设计和制作教具

教具也是广义的教材，是课程内容的一部分。学校课程的编订不能忘记这部分工作。

教具的种类很多，最常用的有图表、模型、标本、实物、幻灯机（片）、电影机（片）、录音机（带）、录像机（带）、闭路电视等。

现代化教具（电化直观教具）的使用，可以节省教学时间，增进教学效率，减轻师生负担，提高教学质量。应当争取有越来越多的学校装备现代化教具。

目前教育经费短缺，大多数学校教具设备简陋，需要教师开动脑筋自制教具。即使学校教学设备充实了，教师和学生少不了还要一起自制教具。因为自制教具的过程也是深入学习的过程，教师可以在自制教具过程中充实自己，小学高年级以上学生可以在自制教具的过程中培养自己的动手能力。

小学生可以为幼儿园儿童制作教具，初中生可以为小学生和幼儿制作教具，高中生可以为初中生和小学生制作教具。这些教具制作活动都可以作为劳动课和劳动技术课的教学内容。制作教具的收益，可以用来充实那些非买不可的教具。

实行分科教学，应有专科教室。理科的专科教室要同本科的实验室、教具室毗邻。现代化的教学手段不像轻便的教具便于携带，所以要有专科教室的设置。文科如外语教学要有语音演习室，史地教学也要有专科教室，陈列模型、放映电影，等等。

我国普通教育本来底子就薄，过去片面追求发展的速度而不注意质量，加上“文化大革命”的彻底破坏，至今还是社会主义建设中的极其薄弱的环节。不少学校有名无实，连“一无两有”尚未解决。若再不认真作为战略重点来从师资、经费、设备等方面大力充实、加强和提高，教育将会拖现代化建设的后腿。这是我们教育工作者应当关心的一个大问题。

（五）编制各科教育测验

这是课程编订的最后一道工序，如果不把进一步修订课程计算在内的话。

编制教育测验的目的，第一是看学生的学习效果，这是从测验题的答案中就可以直接看出来的。第二是看教师的教学效果，这也可以从学生的答案中反映出来。学生对测验题答对了，证明他们能够理解了，记住了，甚至能够应用了；反之就可以发现他们对哪些教材还未能正确理解和掌握，可以进一步分析造成的原因，先从教师的教上找原因，再从学生的学上找原因，研究改进教和学的方法。第三是评价课程、教材本身的得失。各科教育测验是评价课程的重要工具。

为了使教育测验能作为评价课程的工具，在编制测验的时候，首先要考察教育目标是否通过课程和教学得以实现了，各部分教材的教学目的和要求是否完满地达到了。其次要考查学生对教材中重点、难点和关键的掌握情况。最后还要考查学生通过教材的学习，是否增长了知识、技能、技巧，形成了思想、观点、信念，即是否实现了思想品德教育的任务。

测验题要求客观，既能客观地反映学生对教材掌握的情况，又便于教师（或测验者）客观地评定测验的结果。

通常用的测验题有以下几种形式。

1. 是非题或正误题。写出一句话，让学生判断它是对的还是错的，对的画加号（＋），错的画减号（－）。出这种题目时，对错的数目应当大致相等。这种题目的缺点是学生猜对的机会有一半。

2. 选择题。是非题也可以说是一种选择题，不过选择的范围只有两个，不是对就是错。选择题至少要有四个不同的答案让学生选择，不同的答案越多，学生猜对的机会越小。正确答案的次序要分配均匀，不要固定。

3. 填充题。写出一句话，但空出其中关键的词语，让学生填；或画出一幅图，让学生注出图中各部位的名称。这种题不容易猜对，不仅要求学生回忆事实的知识，而且要求学生能够再现已学的知识，所以有一定的难度。

4. 问答题。这种题不仅能测验学生对知识的记忆，而且能测验他们对知识的理解和运用，还能考查学生思维能力发展的情况。出题时要充分发挥这种题目的特点，不出只要求记忆的题目。它的缺点是评分难有客观标准。

5. 作业题。要求学生做实验，或完成一项作业（如测量学校操场面积，并制出平面图；统计某次考试成绩，并绘制成绩分配图）。这是考查学生对知识的理解和应用程度，特别是运用知识解决问题的能力。

测验题要具有效度（validity），即能真正测出所要测的事项；还要具有信度（reliability），即测验的结果是可靠的，重复同一测验可得相同的结果。

教育测验和心理测验也是一门学问，20 世纪 20 年代已经从国外引进，可惜我们已有多年不讲了。近十年来，教育科学研究恢复了，作为教育科研客观手段的教育测验和心理测验，已逐步受到重视，最近我社出版了华南师大的同志翻译的《心理与教育的测量和评价》一书，可供参考。

第三编

课程教材改革

课程改革的辩证法*

——正确处理学校课程改革中的各种关系

我国现在正处在改革时期，教育改革势在必行。在教育改革当中，学校课程的改革是重点项目之一。因为课程是实现教育目标的重要手段，是决定教育质量的重要环节。我们经常说，教育改革要按照教育科学规律办事，不能盲目从事。课程改革当然也要符合教育科学规律，不能随意乱来。

在这篇文章里，我想从马克思主义实事求是的原则出发，谈谈我国学校课程改革中应正确认识和处理的各种关系。这些关系有：一、理论与实践的关系；二、个人全面发展与社会现实需要的关系；三、传授知识与发展智能的关系；四、文与道的关系；五、巩固“双基”与吸收新知的关系；六、统一要求与适应差异的关系；七、文科与理科的关系；八、逻辑系统与心理系统的关系；九、直线前进与螺旋上升的关系；十、课内与课外的关系。现在分述如下。

---

* 本文载《课程·教材·教法》1985 年第 5、6 期。

一、理论与实践的关系

理论与实际结合是马克思主义的一个基本原则。在课程改革中，我们也要遵循这个原则。

所谓理论，是从实践中来又经过实践检验的东西，既不是人脑中所固有的，也不是从天上掉下来的。所以理论不是人的主观意志的反映，而是客观世界的规律的反映。说课程的改革要遵循教育规律，这就是说要在经过实践检验认为正确可靠的理论指导下改革课程，才能取得良好的效果。

如果我们按照个人的意志来改革课程，如果个人的意志是从实践中来而又经过实践检验证明是正确可靠的，那么，这个个人意志反映了教育规律，我们按个人意志办事，也就是按科学规律办事了。如果个人意志只是他的主观愿望，不符合实际情况，经不起实践的检验，那么我们就应当及早发现，及早更正。因为违反了教育规律，将会带来不良的后果。

例如，实用主义者主张课程应以儿童为中心，教材要完全按照儿童的兴趣和动机来选择，事事都要让儿童直接体验，从做的当中去学习。这种意见把儿童在教学过程中的主体作用推向极端，取消了至少忽视了教师在教学过程中的主导作用，是经不起实践检验的。因为课程、教材都是实现教育目标的手段，教育目标是按社会的需要制定的，完全按儿童的兴趣选择教材，是不可能符合社会的要求的，也不可能实现教育的目标。还有，人类的知识固然来源于直接经验，但是如果每一代人事事都要直接体验，那么人类的文化就会停滞不前，不能发展。正因为人类能传递间接经验，人类文化才能有今天的繁荣。现代学校课程教材中都是人类几千年来积累的间接经验，如果都要学生去直接经验一番，那是任何人一生也办不到的。因此，我不同意实用主义者的课程论。

有些人出于好心要减轻学生的学习负担，就提出精简课程的理论。课程应当精简而不应当烦琐，这个意见是对的，但是不能走向极端。因为我们最终要考虑的是要把学生培养成什么样的人，即要使课程教材的繁简由实现教育目标的需要来决定。不能不考虑教育目标，一味地精简课程。如把历史和地理的教材减少过多，不能实现对学生进行爱国主义教育的任务，岂非得不偿失？如把有关美育的学科减少过多，以致现在要开展“五讲四美”活动来补课，等等。这些都是在不正确的理论指导下改革课程造成的不良后果。

那么，怎样才能识别指导课程改革的理论是否正确呢？难道都要经过实践检验才能判定吗？

不是的，教育是有规律可循的。课程改革只要按照教育规律办事，是可以少走弯路或者不走弯路的。

第一，要考虑办学的指导思想。当前我国正处在全面开创社会主义现代化建设新局面的时期，城乡经济体制都在改革，要把一切不利于发展社会生产力，不利于实现现代化的东西废除掉，把能促进社会生产力发展，能促进现代化前进的东西建立起来。教育改革也是如此。“教育要面向现代化，面向世界，面向未来。”课程的改革以这个思想为指导，就不会发生方向性的错误。因为这是符合我国社会主义建设规律的。

第二，要考虑到教育方针和培养目标。课程改革的理论一定要有利于实现培养全面发展的人这个教育方针和目标，不能妨碍教育方针和目标的实现。我们要时刻不忘课程教材是实现教育方针和目标的手段。要依据教育目标来设置课程和选择教材。

第三，要考虑到儿童身心发展的程度。课程教材要适合学习者学习，必须能促进他们身心的发展，而不能延缓他们身心的发展，也不能超越他们身心的发展。课程的改革只有适合儿童身心发展的阶段，才能见效。“欲速则不达”，把儿童当成人教是不对的。政治课的设置是不是有成人化的倾向呢？政治教师要求学生死记硬背中央领导同志的报告也是不对的，需要改革的。把小学五年的教材分成六年来教的做法也是没有科学依据的。

第四，要考虑到有利于推广启发式的教学方法。以往教材的编辑是把现成的知识编入教材，教师照本宣科，学生被动接受，很不利于培养学生的自学能力。今后课程的改革，要引导学生学会自己求知。

以上都是教育实践对教育理论提出的要求，在课程改革中应当注意处理好理论与实践的关系。至于教师、教学设备应当具有一定的条件，一定的标准，不能作为改革课程考虑的因素。如果不具备应有的条件和标准，则应当设法改进，而不应降低课程的标准和水平。

从教材内容来说，也有个理论与实践结合或脱节的问题。我们不仅在课程编订的理论上要强调结合实际，而且在所有课程的内容上都要强调理论与实际一致。例如教材的选择，就有一个观点和材料的统一问题。我们必须善于用材料来反映观点，还必须善于用观点来统率材料。在中小学教材中，只能用大量的事实材料来反映观点，而不能直截了当地把观点教给学生。如果我们要培养学生爱国主义情感，一切教材可以从正面反映祖国的可爱、祖国必须爱、祖国如何爱，也可以从反面反映叛国的可耻、亡国的悲惨、祖国敌人的可恨，使学生从无数事实材料中得出爱祖国的结论。又如我们要培养学生辩证唯物主义观点，就要帮助学生认识世界，使它们从万事万物中懂得世界是物质的，物质是运动的，等等。只要我们使用的材料是符合客观真理的，经得起实践检验的，这样由各科教材中一点一滴地积累，学生就能逐步形成我们希望他们形成的观点。

二、个人全面发展与社会现实需要的关系

一般来说，教育的作用就是把一个生物的人、自然的人培养成社会的人、社会的生产力。我们都知道，人是社会生产力中最活跃、最重要的因素，一个社会生产力的强弱，决定于这个社会给人的教育程度的深浅和教育质量的高低。

马克思在《资本论》里说过："要改变一般的人的本性，使它获得一定劳动部门的技能和技巧，成为发达的和专门的劳动力，就要有一定的教育或训练。"① 马克思是把教育看作培养劳动力的必要手段的。在《资本论》中，马克思还说过："生产劳动同智育和体育相结合，它不仅是提高社会生产的一种方法，而且是造就全面发展的人的唯一方法。"②

我们曾据此把全面发展的人简单地理解为既能从事体力劳动又能从事脑力劳动的人，这种说法固然不能算错，但是很不完全。因为在现代

①②《马克思恩格斯全集》第23卷，人民出版社1972年版，第195、530页。

资本主义社会里，已经由于社会生产的需要，培养出既能从事体力劳动又能从事脑力劳动的人。这是因为现代科学技术的发展，使生产需要这样的劳动力。但是在资本主义社会里，这样的人能不能就算是全面发展的人呢？我看还不能算。

为什么不能算呢？因为这种人还受着资产阶级世界观的束缚。他们或许还信仰宗教，是个虔诚的基督教徒；他们或者是个极端个人主义者，精神上极为空虚；他们还可能唯利是图，贪得无厌，不知道剥削他人为可耻；如此等等。试问，这种人即使学会了体力劳动，又能从事脑力劳动，难道能算作全面发展的人吗？当然是不能的。

其实，恩格斯早在 1845 年写的《共产主义原理》一书中，就把人的全面发展看作消灭了私有制以后的最终成果。他说："由社会全体成员组成的共同联合体来共同而有计划地尽量利用生产力；把生产发展到能够满足全体成员需要的规模；消灭牺牲一些人的利益来满足另一些人的需要的情况；彻底消灭阶级和阶级对立；通过消除旧的分工，进行生产教育、变换工种、共同享受大家创造出来的福利，以及城乡的融合，使社会全体成员的才能能得到全面的发展；——这一切都将是废除私有制的最主要的结果。"①

由此可见，在存在着私有制的社会里，即存在着人剥削人的现象的社会里，人的全面发展还只是一种理想，不可能普遍实现。

只有在消灭了私有制、消灭了剥削制度的社会里，人的全面发展才可能普遍实现，才有可能把培养全面发展的人定为教育的目标。

---

①《马克思恩格斯全集》第 4 卷，人民出版社 1958 年版，第 371 页。

既然我们社会主义社会的教育，是以培养全面发展的人为目标的，我们的学校课程就应当力求实现这个目标。所谓个人全面发展，它的具体含义是什么呢？简单地说，就是有社会主义觉悟、共产主义理想和道德；有现代文化科学技术知识，既懂得现代生产的基本原理，又会使用现代生产的工具；有健康的体魄，能为保卫祖国和建设祖国打好体力的基础；有高尚的审美情操，善于辨别是非、真伪、善恶和美丑。

为了实现上述的目标，所以教育学里讲到要对学生实施德育、智育、综合技术教育、体育和美育。从教育学的观点来看，从培养全面发展的人的要求来看，这几方面缺一不可，任何畸轻畸重的做法都是不对的。因此我们在改革课程的时候，对于这些方面必须同等重视。

但是，同等重视并不等于要分量相等。在学校教育中智育占的分量多些是必然现象，而且正确实施智育也有助于其他各方面的发展；只是千万不要把智育当作学校教育的唯一任务，而忽视了其他。不仅如此，在智育范围内也要求各学科的全面发展，不能跟着高考“指挥棒”转。我们是在办教育，不是办升学预备班。在各学科之间畸轻畸重的做法也是不对的。否则，我们就难以实现教育的目标，不能促进个人的全面发展。

为了培养全面发展的人，列宁曾经反对过早的专业化，他主张在17岁以前，不宜对儿童、少年和青年实施专业技术教育。这是完全正确的。但是，他也曾根据俄国当时的情况，做出一些让步。例如他在《论教育人民委员部的工作》（1921年2月7日）中说：“既然我们不得不暂时把从普通综合技术教育过渡到职业综合技术教育的学龄从17岁降低到15岁，那么‘党应当认为’这样降低学龄标准‘完全’是由

‘我国的贫困和破产’所引起的一种实际需要，一种暂时措施。”①

这就是说，当个人全面发展的教育目标在同社会现实需要发生矛盾的时候，我们课程的设置，不能不处理好这二者的关系，不能不力求二者的统一。坚持一点不顾其他的做法是不对的。因为我们的教育总是在一定的社会现实条件下进行的，我国虽然已经消灭了私有制，消灭了剥削制度，但是由于生产力发展的不平衡，我们还需要有各种各样的劳动力。例如，目前我们只普及初等义务教育，并将逐步推行九年制的义务教育。现在，小学毕业生中有大量不升学的学生要走向生活，我们在小学阶段也可以适当安排带有职业性的科目，使他们能有一技之长。这些课程的安排，完全要因地制宜，如蚕桑地区可以教养蚕，刺绣出色的地区可以教刺绣，产竹的地方可以教竹编，畜牧地区可以教畜牧常识等。初中毕业生不升学的当然也很多，对于他们也应因地制宜，适当进行职业训练，使升不了学的毕业生可以有一技之长。20 世纪 50 年代的日本，初中虽然已经是普及义务教育了，但当时还需要有初中文化水平的人就业，他们的初中也曾设有职业选科。至于高级中等教育阶段，在最近 50 年内恐怕都要以中等专业学校和职业技术学校为主，这些学校，既要学习普通高中的文化科学知识，又要受到各种专科的职业训练。即使普通中学，也有一个双重任务问题，不能以为让学生多学了一点职业技能，就会影响他们升学。这样的看法是不对的。学一点职业技能（如汽车修理和驾驶），可以帮助学生加深对科学知识的理解。

总之，从个人全面发展的需要来看，虽然普通文化科学知识的教学

---

①《列宁论国民教育》，人民教育出版社 1959 年版，第 423 页。

最好达到高级中学毕业水平，但从社会现实需要来看，目前人人都要等到受完普通教育再接受职业教育是脱离实际的。所以要求两者的统一，即在普通学校课程中兼顾文化科学知识的学习和职业技能的训练。这应当是普通学校课程改革的一个方向。

三、传授知识与发展智能的关系

在教育史上，人文主义的课程论者为了维护古典语文在课程中的地位，提出过“形式训练说”，主张不顾课程内容的实用价值，而重视它的训练心智的功能。其实，这种思想由来已久，在古希腊就有人持这种见解。从课程的起源看，本来都是有实用价值的。由于教育脱离生产劳动，于是课程也就成为博雅教育的手段，直到19世纪，功利主义课程论者才又强调课程的实用价值。现在人们理所当然地重视课程的实用价值，我们强调的学与用结合，理论联系实际，都可以证明这一点。

近年来，由于科学技术的发展迅速，知识更新的周期缩短，在教学理论当中出现了重视发展学生智力和培养学生能力的倾向。这是一种进步的倾向，是值得提倡的。我们的课程不能只注意传授知识，还要同时让学生学会求知的方法，养成提出问题、观察问题、分析问题和解决问题的能力。这样，学生就不仅能获得教科书上现成的知识，而且自己可以去获得更多的知识。这个思想也是由来已久的。至少二百多年前卢梭（1712—1778）就说过：不要教给学生科学，而要让他们发现科学。所以现在美国布鲁纳提出的发现法，并不是新鲜的东西。尽管如此，这种思想对于我们改革课程，还是一种推动力量。

我们现行的课程，还是倾向于传授知识，传授的方法是把知识原原本本地告诉学生。这种课本的编法，不能帮助学生获得求知的本领，不利于发展学生的能力。学生获得的知识，仍然类似“口耳之学”，不能促进学生整个身心的发展。

我曾见到日本小学的自然课本，其中讲种子的萌发一课，要像我们过去编课本，无非在课文中把种子有单子叶植物的种子和双子叶植物的种子，种子发芽需要有适当的阳光、水分、温度和养料，等等，直接写下来，让孩子读。但是他们的课本却不同，只是让学生去做各种各样的试验，比较豆类种子和谷类种子萌发后的差别，比较在什么样的条件下，种子可以萌发，在什么样的条件下，种子不能萌发等，然后让学生自己得出结论。这种经过学生亲身体验获得的知识，不用背诵也忘记不了的。所以我们要求教师改进教学方法，首先我们要改进课本的编辑方法，使教师无法注入，学生无法背诵。学生必须动手去做，动眼观察，动脑思考，然后才能获得知识。这样，他们在获得知识的同时就发展了智能，学会自己求知的方法。我想，我们的课程改革应当注意这个方面。

四、文与道的关系

这里借用我国北宋理学家周敦颐的一句话：“文所以载道也。”他的意思是说文章必须阐明道理，否则即使写得很好，辞藻华丽而没有说明道理，也是无用的。他说的道理无非是儒家思想。我们现在借用来是概括地说明课程教材必须既有科学性，又有思想性。我们用“文”来指文化科学知识，而不是说的文章；我们用“道”来指马克思主义即辩证唯物主义和历史唯物主义。因为“文以载道”这四个字很概括，只要我们赋予它新的含义，就能继续为我所用。

但是，我们不能把这个含义理解得过于狭隘。在我们选择语文教材的时候，如果对这个含义片面理解，就很难选出可以称为范文的读物。请问，在马克思主义诞生以前，哪里会有宣传马克思主义的文章呢？即使在马克思主义诞生以后，也未必所有的好文章都是宣传马克思主义的。因此，我们要把文章放在时代的背景下来衡量，凡是同情被压迫者的、关怀劳动人民的、歌颂民族英雄的、发扬民族正气的、反映历史真实的、描写祖国壮丽河山的，固然可以入选；即使只是描写一事一地一物，抒发个人感情的，倾诉个人哀怨的，只要文辞优美动人，也未尝不可以入选。有人曾把文章根据思想性分为三类：有益的，无益也无害的，有害的。认为即使有害的反动的文章，在中学高年级也未尝不可以选教，以增进学生的辨别力、判断力和免疫力。因为学生步入社会，走向生活，是不可能不接触到有害的读物的。这个主张有一定的道理。

我们要加强爱国主义思想教育，不仅历史、地理、语文要负起这项任务，一切学科都有这个任务。这个任务不是外加的，而是教材本身所固有的。不要脱离教材去另搞一套。其他方面的思想教育都是如此。要把“道”融化在“文”中，浑然一体，所以有人把“文以载道”改称“文道统一”。这是很正确的。否则就叫作贴标签或者叫“穿靴戴帽”，效果不好，甚至产生反作用。我们说思想教育要潜移默化，就是这个道理。

我们要培养学生唯物主义思想，做一个无神论者。这也要靠传递正确的自然科学知识，而不能空口说教。学生只要掌握了自然科学知识，懂得了证据确凿的真理，自然就不会迷信鬼神了。在课程设计者和教材编辑者的心目中，虽然随时都要想到这个目的，但是在施教过程中却不需正面说教，而要让学生掌握知识，认识真理，让学生自己逐步树立唯物主义世界观。

科学性也是同思想性不可分割的，在思想上是唯心的东西，在科学上是不可能得到证明的。因此我们认为，科学上正确的东西，反映客观世界真理的东西，必然具有思想性。既然如此，说二者存在于一个统一体中也不算过分。

这个问题，过去议论得很多，现在人们强调发展智能，往往会忽视。然而它是具有永恒意义的。尽管不同的时代、不同的国家，对“道”的理解不同，但是都要讲“文道”的关系，都要以“文”来载“道”的。我们在课程改革中，不能只注意科学技术而忽视思想教育，理由是很明显的。

五、巩固“双基”与吸收新知的关系

“双基”指的是基础知识和基本技能。普通学校的课程主要属于“双基”的范围。

最初步的“双基”可以用读、写、算为代表，即所谓 3Rs（reading，writing，arithmetic）。现在扫除文盲，就是要求学会 3Rs，当然，3Rs 也有程度的高低。至今我们在普及初等教育当中还办简易小学，那简易小学的课程，也就只是以 3Rs 为限的。这同培养全面发展的人的目标相距还是很远的。

“双基”是相对来说的。小学课程对于初中课程来说，应是初中课程的基础；初中课程对高级中等学校的课程来说，应是普通高中、职业高中和中等专业学校课程的基础；高中课程对于高等学校来说，又是大学和专科学校课程的基础。目前我国的普通学校分三级，每一级都要为上一层级的学校打好基础。

这种情况也不是固定不变的。当我们只是普及初等教育即小学教育的时候，小学的课程应当有一个相对完整的体系，使小学毕业不再升学的人能够得到做一个中国公民起码应具备的知识、技能、技巧、思想、观点、信念、言语、行为、习惯。如果将来普及初中教育了，那么，小学和初中的课程就可以统一安排，适当提高这些公民修养的标准。当然，分别保持这两级学校课程的相对完整性也是适宜的，但是要注意到前后的衔接。过去小学学过算术，到初一还要再学一遍的做法是没有必要的。所以说适宜，是因为考虑到儿童和少年生理和心理发展的情况不同，分别保持小学、初中课程的相对独立性，如小学课程分科少些，综合性强些，初中课程分科比较多些，来适应不同年龄发展阶段的学生学习，也是必要的。

在经济发达、文化水平较高的大城市和开放城市，普及高级中等教育已经不是很遥远的事情了。这种情况对初中课程来说，不仅要考虑到公民修养的标准，还要考虑到为高级中等学校打好基础的问题，这两种任务并不矛盾，是可以同时完成的。许多国家把初中教育阶段看作定向阶段，要让学生决定今后走升学的道路还是就业的道路，升学是升文科学校还是理科学校，就业是就工业、农业还是商业、医药等，仿佛都要在这个时期就初步确定下来。事实上，许多孩子到高中学习的时候都未能定向，在初中就要求定向未免太早。所以初中课程的安排，还要为学生打好基础，打好接受完全普通教育的基础。真正把基础打好了，无论将来升学还是就业都不能算是浪费的。

现代化建设要求每个公民都能受到完全的普通教育，所以高级中等教育阶段虽然需要开始分化，即分为普通高中、职业高中或中等专业学校，但是应当争取在所有这些学校中，既要为完成普通教育打好基础，又要兼施一定的职业训练，即使普通高中也不例外。否则，双重任务如何完成呢?

以上是从各级学校课程设置来谈坚持“双基”教学的问题。下面再举例说明如何确定“双基”的内容问题。这是课程改革中更加复杂的问题。

怎样确定各门学科的“双基”内容呢?这应当是课程研究中的重点课题。例如小学语文识字量的研究，要研究常用的字和词汇，这只是确定“双基”的一个方面。此外，还要调查研究小学生需要能读、会写哪些体裁的文章，要掌握写作哪些应用文的技能，等等。又如小学数学，究竟需要掌握哪些运算技能，整数、小数、分数的四则运算，要学到什么程度?度、量、衡、面积、地积、体积的计算，要学到什么程度?这些也都需要做一番调查研究。社会常识和自然常识，一个公民起码应具备哪些?对于保持自己的健康和讲究公共卫生，一个公民起码应具备哪些知识技能?对于闲暇的时间如何合理利用?对音乐、绘画、书法、雕塑、木工、金工、电工、园艺等，有哪些爱好，有哪些特长?这些也需要因地制宜，做一些调查研究。最后，也是最重要的，一个公民至少应具备哪些思想品德修养？——所有这些都是分量很重的研究课题，是课程研究者应当致力的研究领域。要使我们对“双基”内容的确定，不仅继承传统，而且有科学依据，对学校培养目标做一些分析，对人们的社会生活、家庭生活、职业生活做一些调查研究，对各种年龄儿童身心发展情况多做一些了解，是很有必要的。

从为升学打基础来说，确定“双基”的内容还有必要注意同上一级学校和下一级学校的衔接问题。如初中课程既要同小学课程衔接，又要同高中课程衔接，重复不好，造成浪费；脱节也不好，造成学习上的跳跃前进，而不是循序渐进，会增加教学的困难。

在课程改革当中，还要考虑在传统的“双基”内容中是否有应删去的过时无用的材料？是否有应增加的新知识、新技能？这是一项很重要的工作。新陈代谢是世界上一切事物发展的规律。中小学课程中的“双基”当然也要新陈代谢，而不能数十年如一日，以不变应万变。虽然作为基础知识和基本技能来说，它们比较具有稳定性，但是，随着科学技术日新月异的发展，及时注意课程的更新完全是必要的。例如早年在生物学界，对遗传的物质基础是细胞核内的基因的作用，还只是一种学说，但是分子生物学的发展，遗传工程的研究，已经把这个学说应用于农业和医学了。我们的生物教材不能不对此做出反应。

现在进一步说说随着社会发展的需要，普通学校课程中要吸收新知识的问题，如人口教育问题、环境教育问题、法制教育问题等。在普通学校增加这些新知识是完全必要的。但是，每吸收一项新知识就要增设一门学科的做法，恐怕是不可取的。强调吸收这些新知识重要的人，往往希望增设新学科来专门讲授。如“人口教育”就已设了新课，编了课本。但是，从课程设置的整体来考虑，这样增设起来，课程门类繁多，会对学生的学习造成困难。因此，我主张应尽量在原有学科内，适当加强吸收新知识，如人口教育可以在地理、生物和历史等学科中涉及，甚至语文教材中也可以选择有关的文章进行人口问题的教育，数学教材中也可结合人口教育出适当的例题和习题。其他如环境教育和法制教育都是如此。小学自然，中学化学、物理，中小学地理等学科，都可以讲到环境污染的危害，都可以进行环境教育。甚至语文教材中也可选择有关环境教育的文艺作品，以加深学生的印象，培养学生的感情。至于法制教育在政治、语文、历史等学科里都可以进行。将来随着社会的发展，需要吸收的新知识越来越多，如果都要增列专门的科目来教学，不但没有必要，而且效果未必都好。如果原有学科中都渗透了新知识的材料，渗透了新知识教育的精神，效果也许会更好。

此外，课外活动应当是课程的组成部分。在适当的条件下，组织学生进行人口教育、环境教育、法制教育的调查，要比增设一门课给学生的教育深刻而广泛得多。我们应当经常考虑到新知识是在一定社会条件下产生了需要，才被吸收到课程内容中来的。如果直接去做些社会调查，让学生从现实生活中接受生动活泼的教育，教育的效果会更好。这当然需要有仔细的规划和适当的安排。

为了迎接新技术革命的挑战，电子计算机的教学已经提上了议事日程。据报道，有的地方试验，小学生也可以学会运用电子计算机甚至能编程序。所以，在有条件的地方和学校（所谓条件，一是人的条件，有指导教师，二是物的条件，有电子计算机设备），不妨先作为一项课外小组活动。在少年宫、在青少年科技活动中心里，也可以组织这样的活动小组，先培养出一批能操作电子计算机、能编程序的小能人来。

六、统一要求与适应差异的关系

任何国家的课程都有统一的要求，因为任何国家的教育都有个统一的目标，对课程没有统一的要求就不可能实现统一的教育目标。但是，实现课程统一要求的方法却是各不相同的。

有些国家特别强调统一性，用公布统一的课程标准、编印统一的教科书的办法来实现统一的教育目标。苏联是这样，我国从新中国成立到1958年，也是这样。由国家规定采用统一课本的教科书制度，称为“国定制”。

有些国家也强调统一性，也公布统一的课程标准，但是教科书可以多种多样，经中央教育行政部门审定后，各地方可以根据自己的需要选用。这样的教科书制度称为“审定制”。如我国在新中国成立以前就是这样，日本现在也是这样。

有些国家并不公开强调统一性，没有统一的课程标准，也不编辑统一的教科书，甚至每一位校长和教师都有权决定教学内容。但是，国家要用考试的办法来统一要求，英国就是这样。英国用考试的办法来授予普通教育证书。有普通水平的和高级水平的两种。前者在学生受完普及义务教育以后的16岁时进行，后者在受完文法中学第六学年的课程以后进行。这种考试实行单科计分，每科都必须及格，而不平均各科考试成绩。美国也用标准测验来统一学生的学业程度。

由此可见，各国实现统一要求的办法虽然各不相同，但是课程总得有大致统一的要求。当然，各国在实现统一要求的同时也不得不考虑适应个别差异。个别差异有两种含义：一种是地区的差异，另一种是学习者个人的差异。课程要适应地区性差异是个方针问题，而课程适应个人差异是教学方法和技术问题。我们这里先谈如何适应地区性差异的问题。

在幅员辽阔的国家如我国，各地区自然条件不同，社会条件（即经济、文化发展水平）也不一样，要在全国采用统一的课本，的确不易适应地区的需要。所以 1958 年中共中央和国务院在《关于教育工作的指示》中提出了统一性和多样性相结合的方针，是完全正确的。课程要有统一性，才能实现教育目标；课程要有多样性，才能适应不同的需要。所以除了由国家统一编订课程标准，规定各级学校应达到的最低程度，还要由地方编辑乡土教材作为学习的补充。目前编辑乡土教材的地区还不多，应当提倡。

为了给地方学习乡土教材留有足够的时间，全国统编教材的分量可以酌量减少。乡土教材可以有两种类型：一种是文化型的，讲本省（自治区、直辖市）、本市、本县甚至本乡、本镇的历史、地理、政治、经济、文化、教育等方面的内容；一种是职业型的，针对本地区的特点讲农、工、商或林、牧、渔等方面生产的情况，为学生毕业后就业做初步的思想准备。乡土教材还是进行爱国主义教育、鼓励学生继承革命传统的依托，各地方可以把编辑乡土教材列为一项重要的教育科研任务，并对编得好的乡土教材给予奖励。

课程要适应学生的个别差异问题，现在我们还重视不够。要解决这个问题，我们可以从几个方面入手。

一是在课程设置上要留有余地，不要安排得过满，要设置选修科目，让学生选修。在目前情况下，我国从初级中学起都可以设置选修科，有供准备初中毕业后不升学的学生选修的学科，如农村中学可设作物果树栽培、家禽家畜饲养、手工编织等职业性的选修科；也可设文、史、地、数、理、化、音、体、美等方面的选修科，来发展学生的爱好和特长。

二是开展多种多样的课外活动。课外活动和课内活动都属于课程的范围。我们目前重课内教学轻课外活动的倾向，不利于发展学生的才能，不利于培养人才。应当从小学起就开展各种课外活动，不要以为只有念书才是学习，只有做书面作业才是学习，在课外活动中，学生同样可以学习到很多知识技能，并且比课内学习更能增长才干。当然课外活动要有组织、有指导地进行。

三是在各学科内适应个别差异。现在实行的班级教学制度，一班四五十人，我们总是假设他们的学习基础大致相同，学习能力大致相若，学习进度基本一致，才好进行集体教学。其实不完全是这样，有学习快的，有学习慢的。这就要在班级教学当中适当照顾，让学习快得多学一点，或多读点课外读物，或多做点习题及其他作业；给学习慢的进行个别辅导，帮助他们跟上一般水平的同学。也有实行分组教学的，但不宜固定分组，因为在小组内学生学习情况仍然会分化。这是个技术问题，这里就不多说了。

七、文科与理科的关系

在普通中学高中的课程设置问题上，几十年来一直存在着一个文理分科还是不分科的问题。

过去有些国家，不仅实行文理分科，而且实行文理分校。最早的文科中学是1538年德国斯图谟（J. Sturm，1507—1589）开办的。这种学校因注重古典语文（拉丁文、希腊文）的教学而得名。最早的实科中学是1708年德国席姆勒（C. Zemmler）创办的，他的学校名为“数学、机械学、经济学实科中学”。这种学校因偏重自然科学的教学而得名。文科中学和实科中学都是普通中学，毕业生都有机会升入高等学校学习。但贵族资产阶级子女一般都入文科中学。

现在即使还保留着文科中学、实科中学的名称，实际上课程设置已经同过去大不相同了。主要是文科中学减轻了古典语文的教学，增加了自然科学的教学。大多数学校都不按文实分科来命名了。在一所学校里分文理科的也不多见。如法国的国立中学分四组，A组偏重哲学和文学，B组偏重经济和社会，C组偏重数学和物理，D组偏重数学和自然科学。这种分组也不是固定不变的，也在不断改革中。完全不分科的是苏联。但苏联从20世纪70年代起在中学高年级也设置了选修科。

关于高中文理分科问题，我在1979年写的《学制改革问题的探讨》[①] 一文中曾经提出自己的看法，我是不赞成高中文理分科的。因为普通高中给予受教育者以完备的普通教育，它既为受教育者升学打好基础，又为受教育者就业打好基础。苏联教育经济学的研究认为，受过完全普通教育的工人，劳动生产率要比未受过完全普通教育的人高25%，而且学习新技术花的时间也少10%。况且现在高等学校也出现文理科

① 见《论教育规律及其他》，湖南教育出版社1983年版，第161—162页。

互相渗透的现象。美国麻省理工学院的学生要选人文学科和社会学科72学分8门课，约占总学分的1/4。因此在高中课程设置上就实行文理分科是不适宜的。

当然，我并非主张“一刀切”。应当规定高中学生必须学习的最低课程标准，不仅包括文科、理科，而且包括德育、智育、体育、美育、劳动技术教育的所有学科。在这个基础上，开设若干选科，有满足学生文科爱好的，有满足学生理科爱好的。当然也应有各种适合当地需要的职业选科。应当防止学生过早偏科的现象。

课程改革应当把握住一个中心思想：我们办教育是为了培养人，培养劳动者，培养社会生产力。即使向高一级学校输送新生，也仍然是培养劳动者，不过是准备将来从事比较复杂劳动的劳动者。我们社会主义国家的劳动者应是全面发展的劳动者。我们要把学生从死读书本的环境中解放出来，更要从只读升学考试所考的课本中解放出来，扩大学生的眼界。

课程改革更应当面向现代化，面向世界，面向未来。如果我们只让学生死读几门升学考试的学科，而不教给学生自己求得知识的方法，特别是如不注意培养学生的求知欲望，培养学生的求知习惯，我们就不能完成教育的任务。主张文理分科的同志有些是从学生应付升学考试的需要出发的。但是课程改革却不应违反教育规律而倒退。

八、逻辑系统与心理系统的关系

逻辑系统就是科学本身的系统，心理系统就是适合学生学习的系统或者叫作学科系统。学校课程的设置有一个处理好逻辑系统与心理系统的关系问题，一门学科教材的安排也有一个处理好逻辑系统与心理系统的关系问题。一般来说，科学与学科（science and subject）的分别，就在于前者是按照逻辑系统编排的，而后者是按照心理系统编排的。

在心理学特别是儿童心理学和学习心理学的研究取得成果以前，课程和教材基本上都是按照逻辑系统编排的。科学与学科最多在程度的深浅上和分量的轻重上有些区别，在体系上都是一样的，都是从概念出发，讲到原理、原则、公式，再来求证。科学的可贵之处恰恰在于它的概括和抽象。但是在学校教学中，学生的感性认识还不够丰富，抽象思维能力尚未形成或正在形成，对这种从概念出发而不是从事实出发排列的教材，学习起来一定会感到困难，从而学习的效果不好。因此，从每一门学科来说，需要按照学习心理的要求，将这门科学的材料，重新组织成为适合学生学习的教材。教材所包含的知识都符合科学的原理原则，即保证了它的科学性；教材排列的顺序，却是合乎学生学习的心理，即保证了它的可教性或便利性。这种心理系统对于较低年级的学生来说更加必要。

教材的心理系统的要求应当符合马克思主义认识论。认识论要求从感性认识上升到理性认识，要求实践、认识、再实践、再认识，不断提高。因此，强调心理系统，强调从实际出发编辑教材，不能只停留在感性认识上，而是要帮助学生从感性认识上升到理性认识。因此，学科教材的排列虽然是心理体系，这是为了便于学习，而学习的结果应当逐步接近逻辑体系，即科学本身的体系。因为我们教学的任务就是要使学生掌握科学基础知识，这也是发展学生逻辑思维的途径。凡是学生有了足够的感性认识，也有一定的理性认识做基础，那么就可以逐步让学生接受逻辑系统较强而心理系统较弱的教材，以培养学生接受间接经验的能力。

由前人积累的教学经验总结出来的一些教学规则，我们也应当正确理解，不能把它看作绝对的东西。这些教学规则有：由易到难，由简到繁，由近到远，由浅到深，由具体到抽象，等等。我们应当知道这些规则里说的难易、繁简、远近、深浅都是相对的，而且是互相制约的。例如内地幼儿园的儿童甚至能对我国东北鄂伦春族人的生活感兴趣，仿佛不符合由近及远的规则。但是鄂伦春人过的冰天雪地的渔猎生活又切近生活，比较具体，容易理解，因此虽远却近。特别是现代化的教学手段如电视、电影、录音、录像、幻灯等普及以后，打破了时间、空间的限制，缩短了宏观、微观的距离，小至细胞分裂和原子核的裂变，大至宇宙空间的日月星辰，都可以呈现在学生面前，为学习难的、繁的、远的、深的、抽象的东西提供了便利条件。我们在课程改革当中要考虑到这些条件，更好地把教材的心理体系和逻辑体系结合起来。

以上讲的是一门学科。各门学科之间是不是也有一个逻辑系统与心理系统的关系问题呢？也是有的。大致来说，对于小学儿童，学科的设置不宜多，教材的内容不宜过于分化。例如，在中学设置的历史、地理等学科，在小学合并为一门社会常识就可以了；在中学设置的物理、化学、生物等科，在小学合并为一门自然常识就可以了。甚至在小学一、二年级，为了集中完成识字教学的任务，及早培养儿童阅读能力，社会常识和自然常识也可不单独设科，而合并在语文课中进行。这也可以说是在课程设置上的心理系统吧？

我国古代的教育专著《学记》里就提出教学“当其可之谓时”“不陵节而施之谓孙（顺）”。这比西方夸美纽斯（1592—1670）提出教学的适应自然原则要早一千六七百年。这就是说，我国早就提出了教学的循序渐进原则。现在看来，这个“序”有两方面的含义，一是科学知识的序或者说学科教材的序，一是学习心理的序。这些序也不是固定不变的，随着教育工艺学（educational technology）的发展，今后这两个序都会有新的发展。但无论如何，在课程改革中，考虑这两个序、这两个系统，考虑二者的结合、二者的协调，都是非常必要的。

九、直线前进与螺旋上升的关系

在课程设置和教材编辑工作中，存在着直线前进和螺旋上升的问题。这个问题是随着讲究课程编订工作的心理系统产生的。在只强调逻辑系统的时候，就是说只考虑教学内容本身或者说教学以学科为中心、以教材为中心的时候，也不大会产生直线前进还是螺旋上升的问题。换句话说，当时除直线前进外，是不曾考虑还可以采取螺旋上升这种课程设置和教材编辑的方式的。

只有在考虑到教学不光是把教材传授给学生，还要考虑到学生能不能接受，怎样才能接受时，才产生了课程编订工作中的新问题。夸美纽斯在提出适应自然原则的时候，就开始考虑到教学内容可以随着儿童身心的发展而逐步扩大和加深的问题。对于同一个课题的教学，不是“毕其功于一役”，而是可以随着学生年龄的增长和理解程度的加深，逐步扩大教材的广度，增加教材的深度。这种安排教材的方法，过去称为圆周式的排列，也有人称为循环式的排列。因为圆周式、循环式都不能反映教材扩大和加深的含义，所以我们采用“螺旋式”这个名称。

例如小学算术教材中的四则运算的教材，可以有整数四则运算、小数四则运算和分数四则运算。我们不可能把整数、小数、分数四则运算同时教学，只有在教完整数四则以后，教小数四则，教完小数四则以后，教分数四则。从四则运算来说，这就是螺旋上升了。再就整数四则运算来说，还可分 20 以内、100 以内、10 000 以内和多位数等四则逐步上升，而不是按加、减、乘、除那样直线前进。这是在一门学科之内实行螺旋上升。

又如历史科，小学历史可以按年代先后，讲重要历史事件和历史人物的故事。初中中国历史可以讲各个社会发展阶段人民的生产和生活，并按年代先后，讲各个朝代的兴衰和更替，讲中国长期封建社会中农民起义推动历史前进，讲中国人民创造的灿烂文化，等等。高中中国历史可以增加社会发展规律的知识，并讲有关经济史、政治史、文化史、科技史、军事史方面的知识。这是从一门学科的课程设置上，实行了螺旋上升的原则。

过去曾有一个时期，有些同志认为直线前进是多快好省的办法，而螺旋上升是少慢差费的办法。这种看法是不正确的。直线前进看起来是节省了时间，但是从完成教学任务来说，从实现教育目标来说，都可能造成浪费。仍以历史为例，如果按照现行教学计划，初中只讲本国史，高中只讲外国史，那么初中毕业生如果不升学，就不可能学到外国史的知识，他的知识就不完全，有缺陷，不符合面向世界的要求。况且初中学生的理解能力有限，关于社会发展规律的知识，他们还不一定能懂，对中国人民创造的灿烂文化在世界历史中的地位，也无从领会（因为初中不讲外国史，无法比较）。所以看起来是节省了时间，实际上降低了质量，是得不偿失的。当然，没有必要的过多的重复是应当避免的，如小学算术四则运算循环过多，看不到儿童有举一反三的能力，推迟了教学进度，延缓了儿童的发展，那是应当改正的。

采用螺旋上升的办法设计课程，是符合学生认识能力发展规律的。因为人的认识能力是逐步发展的，不可能一次完成。人的认识要经过实践、认识、再实践、再认识的过程，这种过程是循环往复的，是没有止境的。为什么我们却要求中小学学生的认识能够“毕其功于一役”呢？

除了适应认识能力的发展之外，还有一个需要螺旋上升的理由是我们的中小学是分段设立的。目前，我国大多数地方还只普及了小学教育，小学生应当具备比较完全的自然常识和社会常识，所以小学课程中要设置这样的学科。初中又是一段，初中毕业生不升学的很多，所以初中学生也应当具备一定的比较完整的知识，现在初中学生就缺少外国史知识、三角学知识等，这是课程设计的直线前进带来的缺陷。

语文教材的排列也不能采用直线前进。假如从体裁来说，学生每学期学习的范文中，应当包含记叙文、说明文、议论文、应用文、诗歌等，而不能讲完了记叙文再讲说明文，讲完了说明文再讲议论文，等等。体育教材也是如此，各年级都要有体操、田径、球类、游戏等各类教材，要逐步扩大和加深，不能直线前进。

直线前进在某些学科还是可以采用的，如生物学科，初中学习植物学、动物学、生理卫生学，到高中学习生物学。这可以说是直线前进。

同时生物学也可以说是初中学习生物科目的扩大和加深。

总之，直线前进和螺旋上升的关系要妥善处理，不能偏废。

十、课内与课外的关系

“课程”一词的概念，并不限于日课表上排列的学科，也包括课程标准以外的种种学习活动。“课程”一词的概念，也不仅指用课堂教学（班级教学）形式所进行的各种课业，还包括在课堂以外小组活动甚至个人活动中所从事的各种学业。因此，我们研究课程改革不能把眼光只限制在现行教学计划所规定的学科范围以内，甚至只集中注意语文、数学、物理、化学、外语等科，而应当通盘规划，从培养目标来研究学科的设置和教材的选择，从儿童的发展来研究学科的深度和广度、教材的体系和排列。还应当看到课程和教材总有一定程度的稳定性，而当代社会是不断发展的，科学技术是不断进步的，单靠课内的教学是不足以适应社会发展的要求的，所以必须组织各种各样的课外活动，作为课内教学的补充。

课外活动之所以必要，还因为课内教育是集体进行的，是整齐划一的，很难适应每一个学生的兴趣、爱好和特长。为了发展学生多方面的兴趣，使每个学生的特长都有所发挥，应当组织各种各样的课外活动，来满足学生发展的需要。

现在有一句话：“课内教学打基础，课外活动出人才。”这话有一定的道理。由于过去谈课程改革，不大重视课外活动的开展，今后从培养人才出发，应当重视课外活动。

有些学生长于组织才能，在班会、少先队、共青团的活动中可以让他们充分发挥出来。教师在辅导这些活动的时候，不要发号施令，而要让学生自己做主，自己出主意想办法，负责这类活动的学生干部不应只由少数人担任，应当尽量有较多的学生轮流参加。最好不由教师指定，而由学生选举，以培养学生的民主作风。

学生的课外阅读活动、科技小组活动、社会调查、编辑墙报、绘制挂图、采集并制作标本、制作模型等同课内教学关系比较密切的活动，实际上可以是课内学习的延伸，各学科教师应当分别承担辅导的任务，并同学生一起活动。我们的教师要从备课、上课、改作业的小天地里走出来，率领学生走到自然界和社会的广阔天地里去。

学生体育活动更是体育课的补充。现在体育课并不是每天都有，但是锻炼身体是每天应当风雨无阻地进行的。除了每天的课间操之外，必须让学生根据自己的爱好，参加一两种球类运动或田径运动。目前，体育受物质条件和师资的限制，发展很不平衡，在课程改革中应当注意为此创造条件。当然，其他各科也有师资、设备的问题需要在教育改革的过程中妥善解决。

参加各种文娱活动是学生提升才艺的有效途径。应当组织音乐、绘画、雕塑、戏剧、朗诵、摄影、舞蹈等多种多样的活动小组，吸引学生参加。我国过去用“弦歌之声，不绝于耳”，说明教育发达的状况。现在学校里音乐活动未能开展，连“弦歌之声”也很少听到了。我们应当把学校办成学生的乐园，让学生把学校看成是自己最可爱的家。一定要开展各种各样的课外活动，来活跃学生的生活。一定要矫正因片面追求升学率而把学校办得死气沉沉的不良现象。

*　　*　　*

在课程改革当中正确处理好上述各种关系，是比较复杂而且繁重的工作，需要有专门的研究。现在许多国家把课程教材的研究看作教育科学研究的核心，原因大概就在这里。我相信，只要我们在课程改革当中遵循教育科学规律，我国学校的课程教材必将会越来越完善，必将为培养一代又一代有理想、有道德、有文化、有纪律的社会主义新人，作出越来越大的贡献。

坚持教育同生产劳动相结合的方针 改革我国普通高中课程的设想*

一、我国普通高中课程需要改革，是因为我国高中教育存在着严重的缺点。据许多高等学校教师反映，近年来入学新生中不少人思想觉悟不高，自学能力较差，懒于动手动脑，可造之才不多。又据许多接受高中毕业生的用人单位反映，不少高中毕业生参加生产劳动时不仅缺乏劳动知识技能，而且怕苦怕累，拈轻怕重，纪律观念淡薄。这就是说，高中教育为高一级学校输送合格新生的任务未能很好地完成，为社会培养后备劳动力的任务完成得更加不好。

二、高中教育是基础教育的最后阶段，也应是普通教育的完成阶段。它不仅应为升入高等学校学习的人打好基础，更要为步入社会各行各业从事生产劳动、服务性劳动的人打好基础，因为后者的人数占总数的3/4到4/5。据苏联教育经济学家统计，受过完全中等教育的工人劳动生产率要比未受过完全中等教育的工人高25%，学习新技术所需时

* 本文是作者向国家教委基础教育司召开的普通高中课程理论研讨会提交的书面发言稿，原载《课程·教材·教法》1990年第8期。

间要节省10%。[①] 这证明高中教育对于参加生产劳动是有社会效益和经济效益的。普通教育应在高中阶段完成，这是欧洲许多国家如英、德、法、苏等国的惯例；美国因为中学教育实行自由选课制，许多升入高等学校学习的人没有受到完全的普通教育，所以在大学一、二年级还开设许多普通教育的学科，以资补习。这种措施，不足为法。

三、从理论上看，义务教育是国民基础教育，最好能给全体国民以完全的普通教育。所以列宁主张在17岁以前最好不要实施职业教育。[②] 但是这要有很高的社会生产力的发展水平才能办到。苏联至今虽然实施十一年制的义务教育，但最后两学年开始分化为三：一是完全中学的十、十一年级，二是中等专业学校，三是职业技术学校。可见苏联的义务教育的后两年是在三种不同的学校里实施的，只有完全中学继续实施普通教育，后两种学校已开始实施职业教育了。所以义务教育阶段包含职业教育是可行的，不仅苏联如此，联邦德国也如此。同时，根据苏联1984年的法律[③]，即使完全中学的最后两年，并非单纯实施普通教育，也渗透了职业教育的因素。所以他们称之为劳动综合技术普通教育。

四、我国的高中教育目前不属于义务教育，应当给学生以完全的普通教育，这是没有疑问的。但是这种普通教育不应当只是“博雅”教育，而应当是同生产劳动相结合的劳动综合技术普通教育。马克思把教育同生产劳动相结合看作提高社会生产的一种方法，造就全面发展的人

---

① 参看［苏］达依诺夫斯基著，徐长瑞译：《高等教育经济学》，人民教育出版社1983年版。

②《论教育人民委员部的工作》，《列宁全集》第32卷，人民出版社1958年版，第113页。

③《苏联普通学校和职业学校改革的基本方针》，载《发达国家教育改革的动向和趋势》，人民教育出版社1987年版，第90—113页。

的唯一方法。[1] 教育同生产劳动相结合，应当如列宁的理解[2]，是现代化的生产劳动同教育相结合，而不是笨重的体力劳动同教育相结合。我认为，认真而正确地实行教育同生产劳动相结合，是我国各级各类教育改革的必由之路，特别是改革我国高中教育的必由之路。从积极方面说，非如此不足以落实“教育必须为社会主义建设服务，社会主义建设必须依靠教育”的方针；从消极方面说，非如此不足以根除片面追求升学率的积弊。

五、《中华人民共和国宪法》（1982）第四十六条规定：“国家培养青年、少年、儿童在品德、智力、体质等方面全面发展。”这是我们制定教育目标的最高法律依据。1957年毛泽东提出的教育方针，使受教育者在德、智、体几方面都得到发展，成为有社会主义觉悟的有文化的劳动者，还是值得重视的。因为在我们社会主义国家，凡有劳动能力的人都应当是劳动者，不是以体力劳动为主的劳动者，就是以脑力劳动为主的劳动者。近年来由于对这个方针执行不力，甚至完全没有执行，以致许多高中毕业生缺乏劳动观念，没有养成爱劳动的国民公德，这往往是高中教育为人诟病的原因之一。因此，我设想，改革我国高中课程的指导思想应当是认真执行教育同生产劳动相结合的方针，培养能为社会主义建设服务的劳动者。这种劳动者应当有社会主义觉悟、共产主义理想和道德；有现代文化科学技术知识，既懂得现代生产的基本原理，又会使用现代生产的简单工具；有健康的体魄，为保卫祖国和建设祖国奠

① 《资本论》，《马克思恩格斯全集》第23卷，人民出版社1972年版，第530页。

② 见《民粹主义空想计划的典型》，《列宁全集》第2卷，人民出版社1959年版，第402—431页。

定体力的基础；有高尚的审美情操，善于辨别是非、真伪、善恶和美丑。这也可以说是完全的普通教育应达到的目标。

六、根据上述的指导思想和培养目标，高中课程可以分为五类。

（一）德育课程　从高一到高三，三年都设公民课，内容除对义务教育阶段进行的“五爱”国民公德教育、学生守则和行为规范教育、国情教育继续加深外，着重进行工人阶级的阶级观点、群众观点和集体观点、劳动观点、辩证唯物主义观点的教育，四项基本原则的教育，公民权利与义务的教育，法制教育，人口教育，生态教育和环境保护教育等。

（二）智育课程　从高一到高三，三年都开设语文、外语、数学、理科、社会几门课，义务教育阶段应当要求现代汉语基本过关，具有听、说、读、写能力，高中应在此基础上提高听讲记笔记的能力、写读书笔记的能力、写发言稿的能力、写各种应用文的能力，养成写日记的习惯；并通过系统地学习中国古典文学的代表作或其片段，了解中国古代文化（包括经、史、子、集）的博大精深，产生学习、整理、研究和批判继承的愿望以及爱国主义情感。

外语要求能有一门外国语达到听、说、读、写初步四会，不管是高中起始学外语的，还是有初中学外语基础的，在高中毕业时都要能进行日常生活的简单会话，能读懂浅近书报，能写简单的信件。

数学要求在初中数学的基础上进一步学习代数、几何、三角等知识和计算技能，微分积分的初步知识，概率论的初步知识，统计学的初步知识，计算机的初步知识，为接受职业训练和升入高等学校学习打好基础。

理科从高一到高三各设生物、物理和化学一学年。另外设选科两学年，可选生物和化学各一学年，或选物理和化学各一学年，分别为准备从事或学习农科、医科的和准备从事或学习理科、工科的学生打好基础。

社会科高一、高二要设两门历史必修课，分别讲中国近现代史和外国近现代史。高三设一年历史选修课，讲中外文化简史。高中地理设必修课和选修课各一年，着重讲人文地理。

（三）体育课程　从高一到高三，都设体育课，着重体育知识、技能的教学和操练；课间体育活动在课间休息时进行，防止学生长时间从事书面作业，造成近视眼或其他疾病。体育锻炼按《国家体育锻炼标准》规定的项目经常进行，力求达标和超标，除非身体有残疾，不达标的不得毕业。

（四）美育课程　在初中美育课的基础上，高中应组织若干美术、音乐等课外活动，如书法组、朗诵组、写生组、摄影组、国画组、西画组、歌剧队、话剧队、歌咏队、西乐演奏队、民乐演奏队，等等，学生从入学开始就应自选参加一种，直至毕业。中途兴趣变更可以在升级时调换。最多可允许参加两种活动。

（五）劳动技术教育课程　我们把劳动技术教育理解为马克思、列宁提倡的综合技术教育，即多种工艺教育，而非单一技术教育，即职业教育。但结合我国实际，它应具有职业技术教育的因素。目前高中教育脱离生产劳动的现象、劳动技术教育形同虚设的现象必须彻底改变。马克思曾经强调：“在合理的社会制度下，每个儿童从 9 岁起都应当像每个有劳动能力的成人那样成为生产工作者，应当服从普遍的自然规律，这个规律就是：为了吃饭，他必须劳动，不仅用脑劳动，而且用双手劳动。”① 他还规定 9—12 岁的儿童每天劳动2 小时，13—15 岁每天 4 小时，16—17 岁每天 6 小时。这是他规定的儿童少年劳动时间的最高限额，是保护儿童少年的措施，因为在资本主义制度下童工的劳动时间太长。马克思主张儿童少年应当参加生产劳动，他认为这是自然规律；但又必须对劳动时间加以限制，并使劳动和教育结合起来。

目前我国高中阶段的学生是 15—18 岁的青年，应当使他们懂得服从这条简单明了的自然规律。我建议首先要把现在加在学制、课程上的“全日制”三个字去掉。“全日制”是跟“部分时间制”“半工半读制”相对而言的。我觉得，要彻底改革高中教育，非破除这个全日制的观念不可。因为有人借口全日制学校而不让学生参加生产劳动。

半工半读制，不一定是一半对一半（4 小时上课，4 小时劳动），也可以是 6 小时上课，2 小时劳动，还可以 5 小时上课，3 小时劳动。从高中学生的年龄来看，让他们每天参加生产劳动的好处多，整天学习的害处大。只要认识统一了，师资、设备、组织、调度上的一切困难都是可以克服的。现在列举一些适合高中学生从事的劳动项目如下。

1. 修缮校舍；2. 修理教具；3. 绿化美化校园；4. 修路（校内、校外）；5. 绿化道路和原野；6. 烹饪；7. 缝纫及服装设计；8. 整理学校的图书仪器；9. 制作教具；10. 制作玩具；11. 修理和驾驶汽车；12. 修理和使用各种农机具；13. 修理家用电器；14. 设计和安装照明电路或农田喷灌设备；15. 经营种植业；16. 经营养殖业；17. 经营来料

---

① 《临时中央委员会就若干问题给代表的指示》，《马克思恩格斯全集》第 16 卷，人民出版社 1964 年版，第 216—217 页。

加工业；18. 经营室内装修美化业务；19. 生产各种市场需要的小商品；20. 其他。

高中学生从事生产劳动，虽然以求得教育效益为主，但同时可以取得经济效益。在目前教育经费不足的情况下，可以用来购置学校各种设备，可以补助教师生活费（教师指导并同学生一起参加劳动，理应得到报酬），还可以本着按劳付酬原则补助学生集体和个人的学习费用（包括课外活动所需的经费），等等。

七、以上五类课程中，我对劳动技术类讲得比较多，是希望通过实施劳动技术教育，使我国高中教育能很好地同生产劳动结合起来。其实各类课程彼此都应当是相互联系的整体，不是各自孤立的。如德育的实施仅靠一门课是远远不够的，应当如列宁所说："应该使培养、教育和训练现代青年的全部事业，成为培养青年的共产主义道德的事业。"①因此，我们学校里的一切教育活动和教学活动，都应当是实施德育的途径。换言之，我们在实施智育、体育、美育和劳动技术教育的过程中，都应当同时进行德育。

再如，智育的实施也不是孤立的，除在各科教学中必须适当进行思想品德教育、思想政治教育这个大家所熟知的原则外，在德育、体育、美育、劳动技术教育实施的过程中，往往都包含着智育的因素。

美育与德育的关系也很密切，我国近代著名教育家蔡元培曾经主张依靠美育来完成德育②，是很有道理的。只有伴随着美育实施德育，才

---

①《青年团的任务》，《列宁选集》第 4 卷，人民出版社 1972 年版，第 351 页。

② 见《对于教育方针之意见》，高平叔编：《蔡元培教育文选》，人民教育出版社 1980 年版，第 1—7 页。

能为道德情感的培养、道德意志的锻炼和道德行为的养成，打下牢固的基础。

体育也离不开美育，体操、舞蹈、游泳等都讲究身体造型的美、动作和谐的美，连军事体育也要讲究整齐划一的美。至于健康的身体是学习和劳动的必要条件，那就更不用说了。

值得强调的是劳动技术教育。马克思把教育同生产劳动相结合提到培养全面发展的人唯一方法的高度，我们如果要培养全面发展的人，就应当研究如何恰当地把二者很好地结合起来。既不能只顾劳动不要教育，也不能只顾教育不要劳动。总之，我们要设计出整体优化的课程就不能没有生产劳动，就不能没有同智育、体育放在对等位置的生产劳动。（马克思把教育理解为智育、体育和综合技术教育三件事，这是在资本主义社会向资产阶级提出的对工人阶级的教育要求，不可能想象向资产阶级提出让他们对工人阶级进行道德教育的要求。）我们现在应将生产劳动放在同德育、智育、体育、美育对等的位置。假如说生产劳动是一条腿，德、智、体、美四育则是另一条腿。只有两条腿走路，才能使我们目前的普通高中教育走出困境。

八、这里还要讲讲活动总量问题。活动总量中动脑和动手的可以互相调剂，或者说脑力劳动可以同体力劳动互相调剂，互为休息。如果有这样的认识，我设想各类课程可以这样安排：

（一）语文教学活动（包括预习、听讲、课外阅读、写作练习等）平均每天一个单位时间（或一节课、一小时，下同）；

（二）外语教学活动（包括预习、听课、会话、阅读、写作等）平均每天一个单位时间；

（三）数学教学活动（包括预习、听课、练习等）平均每天一个单位时间；

（四）社会（公民、历史、地理）教学活动（包括参观、访问、调查、听课等）平均每天一个单位时间；

（五）理科（生物、物理、化学）教学活动（包括预习、听课、参观、实验等）平均每天一个单位时间；

（六）体育教学活动（包括上课、课外锻炼等）平均每天一个单位时间；

（七）美育教学活动（包括课内外的美育活动）平均每天半个单位时间；

（八）生产劳动（包括服务性劳动）平均每天不少于两个单位时间。

这样，活动总量虽然比课程表（教学计划表）上的规定要多些，但若把课外作业时间加起来，恐怕只少不多，不会增加学生学习负担，而且不仅各类活动彼此可以调剂，每类活动中也是可以有不同的作业互相调剂的。这样可以学得主动、活泼，不致整天忙于读写，不必应付“题海战术”。

九、新的高中课程准备从 1996 年开始实施。从现在到 1996 年还有整整五年时间，在此期间可以为所有高中建立劳动基地，城市学校能自己建设工厂、车间的可以及时建设，不能建设的设法与附近工厂挂钩，和建筑工程队挂钩。农村学校可以自己建立种植园、养殖场的可以因地制宜自行建设，也可同乡镇企业、村办企业挂钩。要保证所有高中学生都能参加劳动，并且掌握一技之长，取得合格证书，方能毕业。

建设劳动基地可以从无到有，从小到大，以生产收益投入再生产，逐步扩大生产规模。要根据当地资源、学校劳动基地现有设备及市场销路，适当确定产品的种类。最好能选择同数学、物理、化学、生物等学科教材有联系的劳动项目，以便所学的生产基本原理知识有实地应用的机会。选择劳动产品，必须既考虑教育效益，又考虑社会效益，经济效益虽然也要考虑，但要放在次要地位。千万不可只顾赚钱而选择有碍学生身心健康发展的劳动项目或产品。

十、在这五年里，还要有计划地为普通高中实行教育同生产劳动相结合加紧培养师资。目前的高等师范学校还不一定能完全胜任这类师资的培养，要在工科院校、农科院校等专科高等学校里开办师资培训系，既要培养本科生，也要培养大专生，还要根据本地需要，举办一些短期培训班。劳动技术课的师资问题解决了，基地设备问题解决了，按教育同生产劳动相结合的方针来改革我国高中教育的设想才有落实的希望。

十一、说到这里还只是就事论事，关起普通高中的大门来谈改革它的课程，还没谈到影响目前我国高中办学模式和办学方向的高考“指挥棒”问题。如果不谈这个问题，不处理好悬在高中师生头上的这根“指挥棒”，一切改革的设想都将成为空话。因此，谈改革普通高中课程必须兼谈改革高等学校的招生考试制度。既然现行高考制度未能做到真正择优录取，改革当然是必要的。但这是个很复杂的问题，改革起来并非易事。现在只谈几点原则性的意见，使高校招生制度能对高中课程改革起促进作用。

（一）要使高等学校录取的新生，都是在品德、智力、体质等方面全面发展的学生，不能只考几门课，而要对德、智、体、美、劳诸方面详加考核，重视平日的行为表现。可以将本文第五点所述教育目标按五育加以分析，列出许多具体项目，以便逐项考核。学生可以自我评定，同学间可以互相评议，家长和教师应当认真评定。评定时都要以具体的行为表现为依据，还要看长期的一贯的表现，就是说把教育目标实现与否的评价过程，贯彻到教育过程的始终。

（二）实行推荐与考试相结合的办法，各省、自治区、直辖市都有一批名牌高中，可以有领导、有计划地授权这些高中按照学生各项成绩和本人志愿，推荐他们升入适当的学校。品学兼优、五育并进的可以推荐到全国重点高校。高等学校对推荐来的学生逐个审查，认为有必要考试的可以考试，如果考试结果与推荐书不符，可以拒绝录取。

（三）非名牌高中办得好的也可以授予推荐权，要使具备推荐条件的学校越来越多。一般高中也可能培养出优秀的学生来，要根据平日全面考核的情况，使他们受到推荐的待遇。如果学校推荐的学生有 1/5 以上因名不副实被高等学校拒绝接受，学校的推荐权将被取消。

（四）高中毕业生中没有被推荐而得到教育合格证书（包括操行合格、学业合格、体育达标）和劳动合格证书的，可以按自己的志愿报考本地高等学校，毕业后回本县本乡服务，改变目前高校毕业生极少回县回乡服务的状况。

（五）高校招生数大于推荐数时，可自行命题考试，补足学额。对报考学生要求有教育合格证书和劳动合格证书。考试科目要全面，考文科的也要考数、理、化、生，投考理科的也要考历史、地理，改变目前过早偏科的现象。

（六）学生毕业后愿意就业的，凡有两种合格证书的，学校都可以向用人单位推荐，并鼓励学生到基层服务，到农村服务。

对义务教育课程规划的几点建议*

随着《中华人民共和国义务教育法》的施行，国家教委于1986年10月公布了《义务教育全日制小学初级中学教学计划（初稿）》（以下称“课程规划”）。

这个课程规划是在调查研究的基础上制定的，曾经多方面征求意见，比原有的小学和初中的课程规划有许多改进，如提出了制定课程规划的指导思想，规定了小学和初中的培养目标，列举了课程规划的制定原则，重申了教育同生产劳动相结合的方针，要求培养全面发展的社会主义公民，等等。这些说法都是同社会主义两个文明建设的要求相适应的。

但是，如果仔细分析就可以发现，还存在着的一些重要问题足以使以上的说法落空，或者不能完全实现。这些问题归纳起来说，就是这个课程规划还是一个以准备学生升学为主要任务的规划，不是一个以准备学生走向生活参加社会主义建设为主要任务的规划。

---

* 本文载《课程·教材·教法》1988年第1期。

我国是在小学教育尚未完全普及的情况下，提出分期分批普及九年义务教育的要求的。小学毕业生（特别是农村的小学毕业生）中还有许多学生不能升学，初中毕业生中不能升学的学生就更多了。义务教育既然是人人必受的基础教育，就应当以培养学生走向生活、参加社会主义建设为主要任务，不能以培养学生升学为主要任务，由于多年来习惯势力的影响，这次新公布的课程规划，还没有跳出以准备升学为主的窠臼，没有突破学科中心课程的框架。

学校课程是实现培养目标的手段，学科中心课程的主要优点是有利于传授系统的科学知识，主要缺点是不利于结合生活实际需要。义务教育的主要任务是培养有社会主义觉悟的、有文化的、身体健康的劳动者，或者说要培养德、智、体、美全面发展的社会主义公民，过分强调学科的系统性是不利于完成这个任务的。

因此，我的第一个建议就是适当采用综合课程的设计，减少学科门类，使教材内容更易于接近生活实际。具体来说，可以把初中的生物、化学、物理三科合并为自然科，同小学的自然科衔接起来，加深学生对一般自然规律的认识、对人与自然界相互关系的理解，激发学生利用自然、控制自然、改造自然、保护自然的志趣。还可以把初中的思想政治、历史、地理三科合并为社会科，同小学的社会科衔接起来，帮助学生从事实材料中初步认识社会发展的规律，理解个人与社会的相互关系，了解公民的权利与义务，树立建设社会主义祖国和保卫社会主义祖国的理想。无论自然科还是社会科，采用综合课程以后，要打破学科界限，围绕社会主义建设（包括生产和生活）中的问题来选择教材和组织教材，而不再把各学科的知识分门别类来讲授。这样，法制教育、人口教育、生态教育、环境保护教育等都可以很方便地作为社会科和自然科的教学内容，而不必考虑增设科目。初中自然和社会两科的综合教材应作为教育科学研究的课题，认真研究编订。

我的第二个建议是改革初中思想政治课的设置，可以设每周一学时的思想品德课，同小学的思想品德课相衔接。现在设置的“社会发展简史”课程在初中二年级开设，对历史知识尚少的十四岁左右的儿童讲抽象的社会发展规律，他们显然是很难理解的。不如增加历史（综合课程社会科中的有关历史知识）教学的时间。只要我们的历史知识是按历史唯物主义观点来讲的，让学生理解社会发展规律是不难的。与其让学生囫囵吞枣地死记硬背一些政治经济学和哲学的名词术语，不如让他们从大量的社会历史事实中得出自己的结论。

我的第三个建议是加强劳动技术课的课程设置和学科教学。这个课程规划从小学三年级起开设劳动技术课，直到初中毕业。这是一个大的改进。但有两处又说可以集中安排，这是不合适的。为了使儿童从小就养成动手劳动的习惯，建议从小学一年级起就设置劳动技术课。培养动手操作能力，有助于智力的发展，这是许多教育家公认的。不仅如此，劳动技术课还具有职业定向或职业指导的作用，使学生认识工、矿、农、林、牧、渔、建筑等各行各业生产劳动的情况，获得从事多种生产劳动的初步的、简单的经验。劳动技术课还应当具有综合技术教育的作用，同自然科的学习结合起来，使学生认识各行各业现代生产劳动的最基本的原理，学会使用各种现代化生产的简单工具。劳动技术课教材的研究编订，也应列为一项教育科研项目。

我的第四个建议也是与培养学生走向生活有关的，是初中设置职业选修课的问题。既然我们的教育要为社会主义建设服务，修完九年义务教育的学生又有很多人不再升学，我们的学校就应为他们获得一技之长，能参加社会主义建设做好准备，打好基础。农村初中要根据当地需要开设农业生产方面的选修科，也可以根据乡镇企业的需要开设工业生产方面的选修科。城镇初中要根据社会需要开设商业、服务行业的选修科。大城市的初中学生升学的比例大，但只要有人不升学，就应为他们开设适当的职业选修科。当然，初中毕业生升学多的学校，也可以开设文化课的选修科，如文言文、外国语等。现在规定的四年制初中选修科时数很少，三年制初中甚至没有具体选修科时数，这样，设置职业选修科的规定可能会落空。此外，农村小学也可以给学生教授一些农业生产知识，但不宜把自然课改为教农业常识（如这个课程规划的说明所说）。因为小学自然常识的教材范围很广，包括使学生认识上至天文，下至地理，从生物到非生物，从有机界到无机界的种种事物和现象，如果不教这些只教农业生产知识，会使未来的农民眼界狭隘，对自然界缺乏必要的常识，这是不合适的。

我的第五个建议是对少数民族的义务教育课程规划要另行安排。因为有本民族文字的少数民族需要实行双语教学，即同时学本民族语文和全国通用的汉族语文。在学制和课程方面都要另行设计。这里不多说了。

以上只是就课程规划如何脱离以培养学生升学为主的轨道，转入以培养学生成为社会主义公民准备参加社会主义建设的轨道而提出的几点建议。愚者之虑，未必合辙。谨献刍荛，聊供采择。

学校课程教材不能“一刀切”*

为了保证教育事业能对建设高度文明、高度民主的社会主义国家发挥应有的作用，在教育理论和实践方面有许多问题需要研究解决。学校课程和教材就是亟待研究解决的重要课题之一。

学校课程和教材是实现教育目标的重要手段。为了保证教育目标的实现，现在许多国家都把课程的研究和教材的建设，当作教育科学研究的中心任务。我国长期以来对教育科学研究不够重视，又把制定课程和编辑教材当作一项行政事务，因此，课程的制定科学依据不足，设置的学科时分时合，教材的内容时增时减。特别是在极“左”思潮的影响下，把对进行德育、美育和劳动技术教育至关重要的学科，如历史、地理、音乐、美术和手工劳动等大量削减，造成的不良后果已经是有目共睹了。

况且，我国幅员广，人口众，民族多，各地方的经济文化发展极不平衡，生产的种类繁多，教育的程度悬殊，对学校课程和教材的需要，理应有所不同。所以我们的课程和教材，在保持思想政治方向统一和各

---

* 本文载《师范教育和教育科学》，（陈侠编，人民教育出版社 1985 年版）。

级学校课程标准的前提下，应有多种多样的安排，才能适应全国各地的需要。但是，现在学校的课程和教材，还是“一刀切”，过于整齐划一，缺乏必要的灵活性和适应性。

学制和课程有密切的关系，学制的单一造成了课程的单一，学制的长短决定着课程的繁简。由于教育的周期长，课程的设置需要相对稳定。要有相对稳定的课程必先有相对稳定的学制。过去若干年里，学制变动频繁，课程的设置不能稳定，教材的编写不断更新，教育的效果未见提高，实在是一大憾事！我们知道，学制的长短不仅决定于一个国家生产发展的水平，也受现代科学文化发展程度（或者说当代文化建设的要求）的制约，还要按照青少年儿童身心发展的状况来适当分段，并非可以随意决定的。若要开展课程研究，最好先经过缜密的调查研究，把学制基本上确定下来。只有学制确定以后，课程才好安排，教材才好编订。课程标准应由中央统一制定，教材可以由中央和地方分别编写。

小学是普及教育。小学需要有全国统一的最低限度的课程标准。小学既要有全国通用教材，又要有地方乡土教材。通用教材也不能只有一套，最好有分别适应城市和农村采用的两套。这两套教材取材内容可以分别适合城乡需要，但是，深浅程度应大致相当，并且都应给教学乡土教材和补充教材留有余地。随着工农业生产的发展，随着小学教育的认真普及，应当力求缩小城乡差别，特别是缩小教育文化水平的差别。所以小学教材的统一性要大于多样性，程度不宜过分悬殊，都要能够达到最低限度的课程标准，以便能为受过小学教育的所有国民，打好文化科学知识的初步基础。

初级中学将首先在城市和经济发达的农村逐步普及。照我国目前生产发展的情况来看，初中课程除设共同必修科外，最好酌情设置职业选修科。特别是农村初中都要根据当地需要，增设农业、林业、牧业、渔业、商业或工业等选修学科。共同必修科的教材也要不止一套，既要有全国通用的统编教材，也要有适应各地方经济文化需要的地方教材；至于职业选修科的教材，完全要由各地结合实际需要自行组织人力编辑，经省、自治区、直辖市一级教育行政部门审定后采用。这样，初中毕业生如不再升学，也可以学得为人民服务的一技之长。

高级中等教育的结构本来就应该是多种多样的。单一的结构是不合理的。普通高中学生的人数在全部高级中等学校学生中应占少数（四分之一到三分之一）。普通高中也要有的偏重普及，有的偏重提高；有的侧重文科，有的侧重理科，不要整齐划一。现在形式上的整齐划一造成了程度悬殊的后果。这种现象再也不能继续下去了。普通高中本来就有双重任务，既要为高等学校输送合格的新生，又要为各行各业培养合格的后备劳动力。为了加强就业前的训练，普通高中也有必要适当地设置职业选修科。至于中等专业学校、职业学校、技工学校等，除了强调专业训练做好就业准备以外，也要教给学生高级中等教育程度的文化科学基础知识，使他们今后可以适应现代化的要求继续深造。高级中等学校的教材，更应当改变“一刀切”的状况，既要有不同程度的、不同侧重点的普通文化学科的教材，又要有培养各行各业中等专门技术人才的各种职业学科的教材。普通文化学科和中等师范学校的教材由中央和省一级地方的教育行政部门负责编审；各行各业专门学科的教材，要由中央各专业部的教育行政单位负责编审。

总之，我国教育要能适应社会主义现代化建设的需要，首先必须力求适合广大人民生活和物质生产的需要。人民生活和物质生产的需要是多种多样的，因此，在学校课程和教材的建设上，必须大力改变“一刀切”的现象。希望全国教育科学研究单位积极开展课程教材的研究工作，并在取得研究成果的基础上，组织力量，针对城乡各地经济文化发展的需要，编订出多种多样的有助于发展生产和提高文化的课程和教材，争取在三五年内使学校课程教材出现新的面貌。

关于初中理科采用综合课程的设想*

一、从学校课程的几种类型谈起

20 世纪以来，学校课程出现了多种类型。但归纳起来，不外乎下列四种。

（一）学科课程，又叫分科课程。它是最古老的一种课程，有悠久的历史。如中国古代的“六艺”：礼、乐、射、御、书、数，可以说是六门学科；古希腊的“七艺”：语法、修辞、逻辑、算术、几何、天文、音乐，也是七门学科。近代的学科课程是捷克教育家夸美纽斯（1592—1670）根据他“把一切知识教给一切人”的思想提出来的。他主张 6—12 岁的儿童入国语学校，学习读法、书法、算术及初等几何、自然、地理、手工和唱歌等科；12—18 岁的青少年入拉丁语学校，学习语法、修辞、逻辑、数学、天文、物理、历史、地理、伦理、神学等科。所谓百科全书式的课程，就是从他开始的。以后经过赫尔巴特（1776—

---

* 本文载《浙江教育科学》1989 年 6 月号。

1841）和斯宾塞（1820—1903）的补充和发展，形成了近代学校课程的基本框架。我国在20世纪初兴办学校时引进的课程，就是这种学科课程。目前我国和世界各国普遍采用的，也是这种类型的课程。

这种课程的思想基础是把教育看作对人的未来生活的准备，目的在于使人人能够学会保持健康，获得职业，履行公民的权利和义务，善于抚育子女，绵延种族，能够利用闲暇时间从事高尚的娱乐活动，即能过完善而美满的生活。它的优点是能够系统地传递人类文化遗产，保证学生获得组织好了的知识和技能，为升学或就业打下基础。它的缺点是分科过细，脱离实际，不易引起学习者的兴趣和需要；教材既有重复，又有脱漏，教学不当，容易枯燥乏味，效果不好。为了纠正这些缺点，于是在20世纪初叶产生了另一类型的课程。

（二）活动课程，又叫生活课程、经验课程、设计课程或随机课程。它同学科课程完全对立，主张教育就是现实生活，而非为未来生活做准备，认为教育是经验的不断改造，主张课程完全可以打破学科的划分，以儿童活动为中心，按照儿童的兴趣和需要来选择和组织教材。因此，教材不能预先由教育者规定，只能按受教育者当前的动机随机采用，并按照设计活动的过程（动机→目的→计划→执行→检查）来进行教学。大家都知道，这是美国实用主义哲学家、教育家杜威（1859—1952）及其弟子们对学校课程提出的一项革命性的变革。他认为传统的课程是以学科、教材、书本为中心的，主张课程应以儿童、生活、活动为中心。他要求由做而学，在做中学，反对只由读书而学习。

这种课程的优点是充分尊重受教育者的权利，按照他们的动机、兴趣和当前需要来施教，教材容易结合儿童生活实际，学习过程生动活泼，有利于发展智力、培养能力。但是它也有无法克服的缺点，就是难以实现社会规定的教育目标，不能保证受教育者掌握基础知识和基本技能，不利于传递文化遗产，不能为学生升学或就业做好一定的准备。

（三）核心课程，又叫轮形课程。这是赞成杜威的教育思想而企图克服他完全以儿童为中心的缺点，设计出来的一种以社会为中心的课程。它同活动课程不同的地方是学习的内容根据社会生活的需要来选择，教育者可以预先规定学习的中心课题，然后围绕着这些中心课题让学生展开参观、实习、调查、研究和阅读等活动，获得有关这个课题各方面的知识。所以它同活动课程一样，依然取消了学科，只是按既定的课题来选择教材。课题范围由近及远，由小到大，如研究交通运输问题，从陆路、水路到航空，从本地、本省、本国到全世界，研究政府职能就从基层政府、地方政府到中央政府，螺旋式地前进。

核心课程的倡导者主张小学还可以采用活动课程，中学以上可以采用核心课程。核心课程同活动课程不一样的地方是提出以社会生活需要为课程编制的中心，而不是以儿童当前生活需要为中心；教材内容可以由教育者预先设定，而非由受教育者来决定。它虽然克服了活动课程的一部分缺点，但没有解决全部课程问题，也难以实现教育目标。它比较有利于教学“社会研究”课，而不大便于教学“自然研究”课，因为它的着眼点本是以社会问题为中心的。

（四）综合课程。主张保留学科课程的优点而设法克服它缺点的教育学者，受到活动课程的挑战以后，主张采用综合课程以减少分科过细、脱离实际的缺点，加强知识的有机联系，避免重复和脱漏，加强知识同实际需要的联系，增进学习者的兴趣和动机。这种课程，从它综合程度的深浅，可以有以下几种。

1. 相关课程，仍保留学科界限，只是强调学科之间的联系。这是综合程度最浅的一种。如加强化学与生物的联系、物理与数学的联系等。苏联学校实行学科课程，但近年公布的各科教学大纲，强调学科之间联系，向相关课程接近，就是为了避免学科之间彼此孤立、知识割裂的缺点。

2. 融合课程。把相邻学科的知识融合在一起教学，如将动物、植物、人体生理融合为一门生命科学，把化学和物理融合为一门物理科学，体育与卫生保健融合为一门健康科学等。

3. 广域课程。同融合课程相似，扩大学科领域的范围，使一门学科包括的知识面更广。如人口科学包括生物、数学、地理、思想政治等几门学科的知识，环境科学包括地理、化学、生物、物理等几门学科的知识，小学的唱游包括音乐、体育方面的知识，小学美工包括美术、劳动等方面的作业等。

有人把核心课程和活动课程也包括在综合课程之内，认为它们打破了传统的学科界限，是更高层次的综合。这种说法忽视了不同的指导思想，把它们混为一谈是不合适的。因为综合课程的出发点是为了更好地传递人类文化遗产，更好地实现教育目标，还适当保留一部分学科，只是减少分科过细所带来的缺陷。

20 世纪 60 年代以来，由于自然科学的发展出现互相交叉、互相渗透的趋势，产生了边缘学科、交叉学科等，促进了综合课程在自然科学教育方面的发展。这种综合课程是从高等教育方面提出的要求。我们以上说的几种课程类型是在中小学教育方面采用的。最近看到有些研究生研究中学理科综合课程，在论文中从高等教育方面的要求谈起，以为综合课程起源于20世纪60年代。其实在中小学教育中，综合课程在20世纪20年代就出现了。我国1923年公布的《新学制课程标准纲要》，规定初中设自然科，高中设科学概论，都是综合理科课程，是从美国学来的，可以证明。

二、初中采用综合理科课程的理由

我认为我国初中自然科学教育，需要改变目前分科课程设计，而采用综合课程设计。理由如下。

（一）从教育目标来看。学校课程是实现教育目标的工具。所以有的课程研究者说它处在教育事业心脏的位置①，其重要性可以想见。过去我们把各级普通学校都办成了升学预备班，教小学生是为了使他能升入初中学习，教初中生是为了使他能升入高中学习，办高中更是只为高等学校输送合格新生。说这种办学方针是我国过去持续1 300年之久的科举制度的遗风，恐怕不算过分。为了培养学生升学，于是课程的安排就沿着学术的轨道前进，对初中学生分别讲动物学、植物学、生理卫生学、物理学和化学就是这种课程的具体表现。现在，我们要彻底转变办学思想，明确认识教育是培养对社会有用的劳动者的。普通学校不能仅以培养学生升学为目的，要以培养社会主义社会合格的公民为目的。这种公民不能只会读书不会劳动，只有书本知识没有实践技能。特别是初

① Taylor and Richards，*Introduction to Curriculum Studies*，1985，p. 2.

中已经是义务教育的一个阶段，今后人人都要受这种教育，初中的课程应当改弦更张，使学生学了有用，才能适应培养目标的要求。因此，从学术性的分科课程转变为实用性的综合课程很有必要。

（二）从社会需要来看。目前我国教育尚未普及，文盲众多，在许多农村地区，初中毕业生就是当地的小知识分子了。可惜由于过去办学方向不对，许多初中和高中毕业的回乡知识青年，读了9～12年书，却没有一技之长：既无农、林、牧、副、渔的生产知识，也没有到乡镇企业去劳动的技能。这也是产生新的“读书无用论”的原因之一。教育要为生产服务是古今中外办学的一条规律，即使培养学生升学，也是为了他们将来能从事更复杂的生产劳动，而不是脱离生产劳动。过去我们把教育仅仅看作阶级斗争的工具，是违反教育规律的。教育起源于劳动，教育作为一种社会现象出现伊始，它就是传授生产经验的工具。随着科学的进步，生产经验越来越丰富，国民经济对教育的依靠就越来越密切。在生产逐步走向现代化的过程中，仅仅小学毕业生的一点文化科学知识，不足以应付生产劳动的需要，于是许多发达国家早就延长了义务教育的年限到初中阶段，有些已达到高中阶段。许多国家不惜大量投资普及教育，就是因为发展生产的需要。因为没有一定文化科学知识的人，就不能参加现代化的生产劳动。我国正在现代化建设的过程中，把义务教育年限延长到初中阶段是必要的。但是如果不转变办学思想，不从以培养学生升学为主转变到以培养学生走向生活为主，那么毕业生再多也不能形成新的生产力，无助于现代化建设。所以必须将初中学术性的分科课程改为实用性的综合课程，才能适应经济和社会发展的需要。

（三）从学生特点来看。初中学生正处在少年期。虽然少年的神经系统在结构和机能方面日渐完善，可以进行某种程度的逻辑思维，但还处在由形象思维向逻辑思维的过渡时期。因此，他们能学习一些比较系统的科学知识，但过于抽象、过于概括的知识则无论在理解上还是记忆上，他们都还有些力所不及。现在许多初中学生感到学习困难，除其他条件如师资、设备不足外，未尝不是初中课程的设置分科过多，又强调系统的文化科学知识，而很少考虑学生身心发展的特点所致。我们教育上的重要缺点之一，就是成人化的倾向。这是近代以前教育的通病。即把少年儿童当成人来教，以为成人能懂的道理少年儿童也能懂得。目前最突出的例子就是在初中二年级开设“社会发展简史”课，在学生还没有多少历史知识的时候，给他们讲高度抽象、高度概括的社会发展规律。教师越讲得简单，学生越难以明白。在自然科学教育方面是否也有成人化的倾向呢？我看分科太多太细、过于强调知识的系统性，就难以避免这种缺点。按照学生身心发展的特点来施教，是近代（不光是现代）教育家们努力了三百多年的事情。现在有些教育学者更认为是否这样做是尊重或不尊重儿童少年权利的问题。20 世纪 50 年代末和 60 年代初美国理科课程改革失败的原因，就在于片面考虑提高教学内容的难度，而很少考虑适应教育对象的特点。比起分科课程来，综合理科课程是更适合初中学生身心发展特点的，是更尊重受教育者的权利的。

（四）从科学发展来看。20 世纪中叶以来，科学在继续分化的同时，出现了综合研究的趋势。世界本来是一个整体，我们所以要把它分成生物、非生物，有机界、无机界，上至天文，下至地理，分门别类来研究，无非是为了可以比较深入地认识它，从而利用它、改造它。分科研究的结果，发现各门学科研究的对象之间存在着空隙和隔膜，同时也有彼此交叉、互相渗透的现象，所以产生了边缘学科、交叉学科，使科学从分化走向综合。其主要表现是科学知识本身反映客观世界的规律有共同性，同时研究科学的过程和手段也有共同性。这样，过去学科与学科之间的界限就打破了，各学科之间的鸿沟也填平了。既然自然科学的发展出现了综合的趋势，我们教学生学习的时候，就没有分门别类去教的必要。特别是对初学者，可以让他们按世界的本来面目去认识它，即从整体上去认识它，而不必一部分一部分孤立地去认识它。这也是初中理科课程应当综合化的一个理由。

有人认为初中是基础教育，应当为学生进一步学习打好基础。这种意见是对的。初中理科课程实行综合编制，正是为了给他们打好坚实的基础。因为综合课程更加结合生产和生活的实际，学生学习起来更容易掌握，更有兴趣，因而可以学得更加牢固。采取综合理科课程，不但要让学生学会许多有用的知识，还要让他们学会许多有用的技能，比学习分科课程要全面而扎实得多。这是进可以攻（进一步攻读）退可以守（守一技之长）的办法，何乐而不为呢？

三、关于初中综合理科课程的设想

我国现行义务教育课程规划还有缺点，主要是“这个课程规划还是一个以准备学生升学为主要任务的规划，不是一个以准备学生走向生活参加社会主义建设为主要任务的规划”。这一点我在《课程·教材·教法》1988 年第 1 期发表的《对义务教育课程规划的几点建议》中说过。在那个建议里，我曾提出“适当采用综合课程的设计，减少学科门数，使教材内容更易于接近生活实际”。我主张初中设综合理科，“把初中的生物、化学、物理三科合并为自然科，同小学的自然科衔接起来，加深学生对一般自然规律的认识、对人与自然界相互关系的理解，激发学生利用自然、控制自然、改造自然、保护自然的志趣”。——那个建议只提出了要求，没有把它具体化。现在这个建议我想提得具体一点，但仍然只是一个初步的轮廓。

我设想，初中改用综合理科课程，首先要确定几条原则。

（一）取消原来的学科划分，打破原有的学科体系，不停留在相关课程的水平上，要使科学知识围绕着中心课题融合起来。

（二）结合生产和生活的需要选择综合理科教学课题，这些课题既要具有普遍性，又要具有本乡本土的特色，以激发学生为家乡经济和社会发展服务的愿望。

（三）以选出的理科教学课题为中心，重新安排教学内容：把每个课题涉及的理科知识逐一详尽地列举出来，力求按照学生学习心理兼顾教材的逻辑顺序，排列教学课题的先后。

（四）尽量遵循理论联系实际、由近及远、由易及难、由浅入深、由简至繁、由感性到理性、由具体到抽象的教学规则，组织理科教材。

（五）包含现有初中理科教材的主要内容，关键性的知识绝不能缺漏，也不能降低难度。

原则确定以后，下一步就应当通过调查研究，拟定出初中综合理科教学的课题。调查研究的范围以生产和生活所需要的自然科学技术知识为主，兼及国内外初中综合理科的教材。我这里闭门造车，结合物质资料生产和人们社会生活需要，举几个初中综合理科课题的例子。

例一：人们的生活资料是怎么取得的？

这是一个大题目，下面还可分为许多小题目，如人们的食物是怎么取得的，人们的衣服是怎么取得的，等等。小题目下面还可以再细分。以这样的课题为中心来组织教材，讲衣、食、住、行、用等生活资料的来源及生产，就可以涉及植物、动物、化学、物理许多方面的知识。

例二：人们的生产资料是怎么取得的？

这也是一个大题目，下面还可以分为许多小题目，如农业生产资料有哪些，各自的来源和制作；工业生产资料有哪些，各自的来源和制造；等等。这些小题目还太大，还可以继续细分，使它具体化。以这样的课题为中心来组织教材，讲各行各业生产资料的来源及生产，就可以涉及种子、化肥、农药、能源、交通、矿冶、机械等多方面的知识。

例三：怎样预防疾病？怎样预防传染病？

例四：为什么要节约用水？

例五：为什么要节约能源？

例六：为什么要把计划生育定为基本国策？

例七：为什么植树造林是公民的义务？

例八：为什么要保护益鸟益兽和珍稀动物、植物？

例九：为什么要防治环境污染？怎样防治？

例十：什么叫生态平衡？怎样保持生态平衡？

这些题目比较具体，就不一一说明了。

围绕着这些课题来学习理科知识，学生学了有用，学习兴趣就高，效果必然较好。但现在有的课本为了照顾知识的系统性，反而把结合生产和生活的知识用小字排印，教师可教可不教，学生可学可不学，岂非本末倒置？

究竟怎样安排初中综合理科课程比较合适？怎样编辑初中综合理科教材比较妥当？这是一个需要认真研究的问题。有的学校实验初中综合理科教学，不是从结合生产和生活实际出发，而是把几门学科的内容抽象和概括起来，讲“自然科学概论”，这是不合适的。大学文科可以开设这门课，那是为了扩大文科学生的眼界，让他们在已有高中程度的理科知识的基础上，进一步认识自然科学的全貌和发展趋势。在初中，学生还缺少自然科学的基础知识，教师怎能脱离实际去教抽象的理论呢？应当了解初中的教育目标，了解当地社会的需要，了解初中学生的身心发展状况，了解他们毕业后的去向，然后才能编制出比较适当的初中综合理科教材来。

根本的问题在于教师。现在初中教师能真正胜任一门理科（生物、化学、物理中的一科）教学的恐怕也不算多，要教综合理科，准备更加不足。因此师资的培养机构（包括高等师范学校和教育学院）要及早为培养教初中综合理科的师资做好准备。过去培养初中师资的师范专科学校开设理化专修科，是培养毕业生到小规模的初中去能教两门课，这种设想是好的。现在要培养能教综合理科的师资，比一位教师能教两门课的要求高得多。首先是理论联系实际的要求高了，知识面的要求广了。其次是对师范院校师资的要求也高了，不能只专一门，而要有广博的素养。从国外的经验看，可以实行协同教学，原来分别教生物、化学、物理的教师，现在联合起来教一门综合理科，大家互相协作，取长补短，这个困难是可以克服的。

还有一个问题是教材。综合理科的教材也需要各门学科的专家合作编写。但不能各自为政，各搞一块，而要按照课题的要求，把科学知识真正综合成为整体，还知识以本来面目。只要我们认识到综合理科教学的优越性，势在必行，一定能克服困难，编写出完善的初中综合理科教材，为千百万青少年造福。

关于小学、初中社会科学课程改革的设想*

一、现行的规定和存在的问题

1986 年 12 月，国家教育委员会公布《义务教育全日制小学初级中学教学计划（初稿）》，规定了小学和初中实施社会科学教育的学科：小学设思想品德课和社会课，初中设思想政治课、历史课和地理课，并说明各科设置的目的。

“思想品德课　进行以爱祖国、爱人民、爱劳动、爱科学、爱社会主义为中心的社会公德教育和社会常识教育，从小培养良好的思想品德和行为习惯。”

“社会课　使学生初步认识常见的社会事物和现象，获得初步的历史、地理等社会生活常识，受到爱国主义教育。”

“思想政治课　进行道德、民主和法制、纪律教育，进行社会生活和社会发展规律以及社会主义建设常识的教育，培养爱国主义思想和社

* 本文写于 1989 年 9 月。原稿在作者生前未曾发表，后编入《课程论重建与教育科学研究》（吕达、刘立德主编，人民教育出版社 2017 年版）。

会主义人道主义的道德品质，以及高尚的审美情趣。初步树立社会主义民主、社会主义法制和纪律的观念，对我国社会主义社会的实际情况和发展方向有一个初步的认识，培养学生对社会的责任感。”

“历史课　学习中国历史的基础知识，使学生了解中国历史的重大事件、主要人物和历史发展过程，学习一些世界历史的知识。城乡和民族地区还要学习一些本地、本乡、本民族的历史知识，进行初步的历史唯物主义和爱国主义、国际主义教育。”

“地理课　学习中国地理（包括乡土地理）和世界地理的基础知识以及地球、地图的初步知识，了解一些人与地球环境的关系，初步具有阅读并运用地图和地理图表的能力，进行爱国主义和国际主义教育。”

在教学计划表中分别规定“五四”制小学一至五年级每周设思想品德课各 1 节，三至五年级每周设社会课各 2 节。“五四”制初中一、二年级每周设思想政治课各 1 节，三、四年级每周设思想政治课各 2 节；历史：一、四年级每周各 2 节，二年级每周 3 节；地理：一年级每周 3 节，二年级每周 2 节。“六三”制小学一至六年级每周设思想品德课各 1 节，四至六年级每周设社会课各 2 节。“六三”制初中一至三年级每周设思想政治课各 2 节；历史：一至三年级每周各 2 节；地理：一年级每周上学期 2 节，下学期 3 节，二年级每周 2 节。

这样的规定可能存在下列问题。

（一）小学思想品德课每周只有 1 节，时间间隔过长，许多需要小学儿童养成的文明行为习惯，缺少反复实践的机会，不易收到品德教育的实效。

（二）小学社会课从三或四年级才开始，不能及早帮助儿童认识社会生活，并受到社会常识教育。

（三）初中思想政治课分设公民、社会发展简史、中国社会主义建设常识三门科目，分别在各年级教学。看起来很受重视，实际上难以收到预期的效果。特别是在学生还没有多少中外历史知识基础的时候，讲社会发展简史，想让学生理解抽象的社会发展规律，这不仅破坏了从具体到抽象的认识规律，而且不适合少年学生心理发展的特点。中国社会主义建设常识也容易同现代史地知识重复。

（四）四年制初中三年级不设历史课，大约是因为避免同思想政治课中的社会发展简史同时教学，但是历史课的连续性却被打断了。

（五）地理包括中外地理的基本知识，安排的学时不多。

二、改革小学社会科学课程的设想

这个教学计划是“初稿”，与之配套的各学科教学大纲是“初审稿”，还在征求意见，准备修订。我想趁此时机提几点改革的设想，供修订者参考。

（一）改每周1节的思想品德课为每周多次品德教育时间。对小学儿童进行思想品德教育，不能一曝十寒，而要“天天讲”，反复实践。建议停开每周1节的思想品德课，改为每周设6次晨会、夕会（或称早会、晚会）。晨会于每日上课前举行，每次10～15分钟，夕会于每日下午放学前举行，每次5～10分钟，均由班主任主持，分班在教室活动，作为思想品德教育时间。晨会的内容除检查出勤状况和卫生健康状况外，主要是德育中心谈话，报告重要时事等。德育中心谈话是根据《小学德育纲要》，把《小学生守则》《小学生日常行为规范》和思想品德课的要求，每周以一项为中心，以讲故事、介绍典型事例、介绍模范人物等方式作简明扼要而又生动具体的谈话，是晨会的主要内容。夕会主要表扬一天中的好人好事，也指出缺点与不足。这样的品德教育活动，比较及时与经常，似乎比每周1节思想品德课收效更加显著。①

思想品德教育要贯彻在学校的整个活动中，特别是各科教学中，重在潜移默化。每周1节的思想品德课，最多只能起一种灌输道德知识的作用，或者说起一种“晓之以理”的作用，但“动之以情”（培养道德情感）还要靠更多的教育活动来提供机会，至于“导之以行”（指导道德实践）就更应该结合具体事例来进行。所以，即使有了每天早晚2次的品德教育时间，也还需要有其他活动（不仅各科教学）的配合。20世纪60年代末，西方课程论学者提出潜在课程或隐蔽课程（latent or hidden curriculum）的概念，就是重视学校环境（包括学校传统、规章制度、信念、价值观等校风）对学生潜移默化的影响，这种意见是可取的。我们的学校绝对不能由于“创收”“自我改善”而把学生引向“一切向钱看”的唯利是图的泥潭和深渊；相反，应当用艰苦奋斗、勤俭节约、积极进取、奋发向上、追求崇高的共产主义理想的精神来不断教育下一代。

（二）把小学社会课的开设时间改为从一年级起到毕业止。1988年11月国家教育委员会颁发的《九年制义务教育全日制小学社会教育大纲（初审稿）》（简称《大纲》）规定的教学内容，有三部分：1. 认识周

① 作者写过一篇《开好晨会夕会》，在《师范教育》1988年第5期发表，可供参考。

围社会；2. 认识祖国；3. 认识世界。第一部分的内容，完全可以在小学一、二年级教学。特别是其中认识家庭、邻里、学校和本乡本土的内容，不能迟到学生入学两三年以后再教。认识祖国的范围也可以由近及远，由小到大，即由县到地区到省再到全国，应是三至四年级或三至五年级的主要社会教材。认识世界要在认识祖国的基础上，从祖国的邻邦讲起，再扩大到亚洲和其他各洲与我国交往较多的国家，主要在毕业班级进行。

举例来说，小学生入学后，他的生活范围从家庭、幼儿园扩大到学校，他的活动领域也逐渐扩大到他所处的社会。他从入学开始就要往返于家庭、学校之间，理应从一年级起就让他们知道遵守交通规则（如过马路要走人行横道），注意交通安全（如不在马路上玩耍），遵守公共秩序（如排队上车）。这些都要从小训练起。学生上课进教室，下课出教室，不能争先恐后，要训练他们排队。这些事，光口头讲是不行的，还必须反复训练，养成习惯。现在我们社会公共秩序不佳，不守纪律的现象随处可见，许多人不懂得尊重老人、妇女和儿童，这固然与“文化大革命”时期反对培养人的文明行为有关，但未尝不可以说是我们近年来放松思想政治教育的后果。

又如，我曾见到一本美国小学二年级的英语课本，里面就介绍了世界文化名人中国的孔夫子。相反，我国的小学生不到小学高年级就不知道孔子为何许人。孔子对中国文化的发展作出了不可磨灭的贡献，在世界文化史上有崇高的地位。我们当然不能像《河殇》的作者那样对祖国光辉灿烂的文化采取民族虚无主义的态度。像孔子这样的人物，对中小学学生不是只讲一次，而是可以随着他们理解能力的提高介绍多次的。

小学社会从一年级开设，还可以有充分的时间来帮助儿童认识社会。按《大纲》规定，认识周围社会用两个学期，认识祖国用三个学期，认识世界用一个学期。现在增加了四个学期的时间（六年制小学增加六个学期），可以把认识周围社会的范围扩大到乡土史地的学习，可以包括县、市的乡土教育内容（用四个学期）；认识祖国可以用四个学期到五个学期，认识世界可以用两个学期或一个学期。六年制小学还多两个学期可以分用于认识祖国和认识世界（各增一学期）。

总之，小学社会课是一门重要的学科，负有培养学生爱国主义情感和民族自尊心、自信心、自豪感的责任，应当重视、研究和加强。师范学校和教师进修学校要积极为小学社会科培训师资。有条件编写教材的地方，首先要为编好本地区使用的小学社会教材而努力。

三、改革初中社会科学课程的设想

初中社会科学教育的改革是一个复杂的问题，涉及政治课的变更，困难就更大。但是，我们从义务教育的要求出发，从实际效果着想，从教育规律考虑，以他山之石为借鉴，似乎可以做一些改革的尝试。

现在初中自然科学教育和社会科学教育分别采取综合课程，都在实验当中。我赞成采用综合课程。我在《关于初中理科采用综合课程的设想》一文中列举过几点理由，虽然着重谈的是自然学科采用综合课程的理由，对社会学科基本上也是适用的。综合的初中社会科学课程，其学科名称可以叫作“社会”，这样既简单又明了。不必叫作“社会科学概论”，那是高等学校理工科为扩大学生眼界开设的一门课，要建立在学生已有高中社会学科知识的基础上。初中是义务教育阶段，是小学教育的继续，同小学一样开设社会课就行了。

问题在于教学内容。怎样把三门政治课和中外史地知识综合起来，选择适当的教材来教学，既能实现教育目标，又能适合少年身心发展的特点，以满足社会对一个合格公民的需要，的确是应该认真研究的重大课题。这需要课程研究工作者和教材编辑工作者在共同认识的基础上通力合作。有了共识（承认采用综合社会课的必要），一切困难就会迎刃而解，否则事情就很难办。

最大的思想障碍是这样一种观点：只有单独设立政治课，才算加强了思想政治教育；不设政治课，就是不重视思想政治教育。其实不然。四十年来，我们的中学政治课从科目设置到教材编写，变动频繁（有人计算，平均每年一次），但收效不大。在高等学校招生考试中，政治课得分优秀的，并不能表示他思想进步，觉悟高，只能表示他记忆能力强，应对能力高。在考卷和考分中是不能测试出考生的真实思想情况和政治觉悟的。高中政治课的效果不理想，初中政治课的效果也可以想见。应当确信，只有各科教学同时进行思想政治教育，才是真正加强了思想政治教育。《课程•教材•教法》1982 年第 3 期和第 4 期曾重点介绍过这方面的经验，编者还写了导言①，可供参看。

我设想在初中各年级开设社会课，四年制初中每周 5 节，三年制初中每周 6 节，同时停开政治、历史和地理，把公民、社会发展简史、中国社会主义建设常识和历史、地理的内容融合起来教学，是可以办到

① 载 1982 年第 3 期第 1 页，当时用的是“思想品德教育”一词。

的。这门课是小学社会课的扩大和加深。它打破了原有学科界限，避免重复和缺漏，针对培养社会主义国家合格公民的需要，不妨以专题为中心来组织教材。

应当说，由五门课变成一门课，难度相当大。它不仅要把历史教学大纲①由古及今、由中及外的教材体系打乱，而且要把地理教学大纲②由整体到部分、由外及中的教材体系打破，何况还要把公民知识、社会发展规律知识和中国社会主义建设常识融合进来呢！就历史、地理教学大纲来看，无论是由中及外还是由外及中，都自成体系，这是学术性的分科课程的特色，适合于培养学生升学之用。义务教育以培养合格公民为任务，可以改用实用性的综合课程。只要我们不受分科教材体系的束缚，组织成一门综合社会教材的办法还是有的。

事实上，历史教学大纲是把教学内容分为基础知识、思想教育和能力培养三部分的，要求教师全面发挥历史教育的功能。一部分公民知识和社会主义建设常识，全部社会发展史的知识，都可以同历史教材融合起来。地理教学大纲除列举知识教学内容的要点外，也注意列出基本技能训练和思想政治教育的要求，还结合改革开放的形势，讲中国社会主义建设的现状和前景。这样，中国社会主义建设常识同地理也可以融合起来。当然，原来因为另外设有政治课，为避免重复而在史地教材中有意识地从略的部分，在设立综合社会课以后需要统一考虑，适当加强。

根据本文开始引述的初中思想政治课的设置说明，这门课还要进行道德教育、民主和法制教育、纪律教育、社会生活教育等，这些不能完

①② 均指九年制义务教育全日制初级中学的该科教学大纲，下同。

全融合在原有史地两科教材里，要另立专题来教学。至于说明中要求的“培养爱国主义思想和社会主义人道主义道德品质，以及高尚的审美情趣”等，在综合社会课及文学艺术等科教学中都是可以实现的。

初中综合社会课教学专题的确定，还要依据宪法和各项法律以及《中学德育大纲》《中学生守则》《中学生日常行为规范》等。这里不再赘述。

四、一个颇不成熟也不全面的方案

国外有些国家的中小学为实施社会科学教育而设置的综合课程，名为“社会研究”。“社会研究”讲的内容虽然同我国国情不合，但是如何组织教材，我们可以从中得到一点启发。

现在，我想借鉴国外经验，结合我国实际，对初中综合社会课提几点具体的设想。

（一）初中社会课教学的总目的可以概括如下：初步认识人类社会关系，对祖国的过去、现在和未来有一个大致的了解，发展社会主义公民的责任感。

（二）初中社会课教学的着重点可以归纳如下。

1. 初步认识人与环境之间和人与人之间的相互作用，了解一些国家、民族之间的交往和活动，景仰中国古代光辉灿烂的文化，理解中国近代落后的根本原因。

2. 初步认识人与地球、国家、政府、政党、机关、团体、学校、企业……之间的相互关系，了解今日中国社会的社会主义性质和社会主义制度的优越性，了解走社会主义道路是中国人民经历几十年革命斗争后的正确选择，了解中国公民的权利和义务，正确理解民主和法制的关系。

3. 初步认识人类活动的时间（历史）和空间（地理）及其文化的多样性，了解社会发展的动力及其规律，正确认识家乡和祖国的前途和命运，立志献身家乡和祖国的社会主义建设。

4. 初步学会一些认识社会的方法。

通过上述重点的教学，要求学生在品德、智力、情感等方面，获得最理想的，即最适合我国社会主义建设需要的发展。

（三）初中社会课教学的内容，或者说应达到的具体目标，可以包括知识的学习、技能的训练、情感和态度的培养以及社会活动的参与几方面。这里仅以知识的学习为例，列举几条，可做设计综合社会课一部分教学专题的框架。

1. 人们满足基本生活需要的手段和方法。人们在家庭、邻里、社会、国家或世界上相互依存、相互对抗（主要讲阶级斗争）或相互争衡的情况。

2. 本县（市）、本省（自治区、直辖市）、本国的历史（如中国远古的人类活动、悠久的历史、光辉灿烂的文化、优秀的历史人物、汉唐明清的封建盛世、重大的农民起义和历代的民族战争等）、地理（如中国的城市、物产、气候、交通、名胜古迹等）和政府机构。

3. 本县（市）、本省（自治区、直辖市）、本国的政治、经济和法律制度。

4. 本县（市）、本省（自治区、直辖市）、本国的教育、科学、文化组织及其活动。

5. 某些发达国家或发展中国家的地理位置、中心城市、文化传统，对人类文明的贡献，与其他国家的关系等。人类经验的共同性和多样性。

6. 社会关系领域的问题：民族和种族平等，男女平等，教育机会平等，就业机会平等，在法律面前人人平等。人们为争取这些平等的斗争。保卫世界和平，反对侵略战争。

7. 本地和外地、本国和外国的各种社会机构及其功能：运输、交通、生产、分配、消费、储存、资源的保护和利用等。

8. 宗教信仰和道德信念的多样性对人们生活方式的影响。

9. 人们同自然环境和文化环境相互作用的方式方法：人口问题及其对策，能源问题及其对策，生态平衡问题及其对策，环境污染问题及其对策等。

10. 近代中国受殖民主义、帝国主义、封建主义和官僚资本主义的侵略、奴役、剥削、压迫的惨痛事实及中国人民的反抗斗争。

11. 中国人民在中国共产党领导下团结奋斗，推翻“三座大山”得到解放，并成立初步繁荣昌盛的社会主义国家的成功经验及失误的教训。

12. 其他。

（四）初中社会课的教学应走出教室，引导学生从事社会调查，自觉认识社会。调查的项目很广泛，举例如下。

乡土历史，乡土地理，乡土资源，本地人口，本地民族，本地政府，政党，选举制度，居民委员会，村民委员会，人民代表大会，政治协商会议，公安局，检察院，法院，监狱，人民武装部和民兵组织，农业、乡镇企业、建筑业和工矿企业的生产，商业设施，金融机构，消费及分配，物资供销和储存，居住状况，居民职业，教育设施（包括幼儿园、各级各类学校和工读学校、成人学校等），文化设施（包括图书馆、博物馆、美术馆、天文馆、展览馆、影剧院、音乐厅等），大众传播媒体（包括报社、广播电台、电视台等），交通运输，公用事业，环境卫生设备，体育运动设施，公共娱乐设施，健康服务，社会服务，生态环境，城市（乡镇）建设规划，其他。

这些项目范围很广，但因各地情况不同，仍可能挂一漏万。如在有森林资源需要保护的地方，就可以调查《中华人民共和国森林法》的执行情况；如在草原牧场需要退耕还牧的地方，就可以调查牧场改为农田后沙漠化的情况；如在干部违法占用良田造私房的地方，也可以调查他们给当地人民造成的经济损失和造成的不良政治影响等。总之，社会调查是学习社会、认识社会的好办法，要结合专题的学习，有目的、有计划、有步骤地进行。

最后还要说说师资问题。初中实行综合社会课以后，在有能胜任这门课教学的师资以前，可以由原任历史、地理和政治课的教师组成这门课的教学小组，实行协同教学。这在国外也有先例可援，我们不妨一试。

第四编

中小学教材

中小学教材建设的回顾和建议*

中国共产党和人民政府历来是重视教材建设的。早在抗日战争时期，陕甘宁边区人民政府教育厅就设有教材编审科，主持中小学和干部学校的教材编审工作。华北解放不久，华北人民政府教育部就设了教科书编审委员会，中华人民共和国成立以后，这个教科书编审委员会并入中央人民政府出版总署编审局。为了使新解放区的学校教学不致中断，党和政府在接管旧学校以后，仅仅取消了国民党“党义课”和“公民训练课”，其余学科允许暂用原课本或老解放区的课本进行教学。1950 年 7 月，教育部和出版总署第一次联合公布了中小学秋季教科用书表。其中所列书目，一部分是老解放区的课本，一部分是经审查允许采用的旧课本，有些是经过改编的。

为了加强教材建设，1950 年 12 月 1 日，人民教育出版社正式成立；出版总署编审局的一部分改组为这个出版社的编审部。人民教育出版社是教育部的直属单位，由教育部直接领导，主管全国中小学和师范

* 本文载《南京师院学报（社会科学版）》1981 年第 2 期。

学校教科书的编辑出版工作。回顾一下三十年来教材建设工作，对于我们今后搞好教材建设，为祖国的“四化”培养合格人才，可能是有益的。

一

1951 年，教育部先后召开了第一次全国中等教育会议和第一次全国初等教育及师范教育会议。两次会上分别通过了《中学暂行规程》和《小学暂行规程》，规定了中学和小学的课程设置，从此，编辑新的课程标准（即教学大纲）和教科书有了一个依据，并在两三年内编成了新中国成立以后的第一套中小学教科书。

当时，编辑这套教科书的指导思想是向苏联学习。这固然有它的客观原因，但是学习的时候不少地方犯了生搬硬套的错误；不过，我们总算有了一套新编的中小学教材，纵有缺点错误，以后修改也有了依据，所以成绩还是值得肯定的。

1957 年，毛泽东同志提出：“我们的教育方针，应该使受教育者在德育、智育、体育几方面都得到发展，成为有社会主义觉悟的有文化的劳动者。”1958 年，党中央和国务院发布了《关于教育工作的指示》，确定了“教育为无产阶级政治服务，教育与生产劳动相结合”的教育工作方针。——所有这些，都对修订教材提出了任务。新编的教材，确实也在不断地修订之中，力求适合新的经济形势和政治形势，适合教育方针的要求。但是，没有料到 1958 年的“教育大革命”冲击到全国采用统一的课程标准和通用教材。从 1958 年到 1960 年，各地响应“教育大革命”的号召，缩短学制，精简课程，自编教材。原来中小学的修业年限共十二年，有的地方甚至缩短为七年，仿佛修业年限缩得越短就越显得革命。经过一段混乱以后，党中央及时纠正了偏差，重新肯定了中小学修业年限为十二年，允许少数实验学校试行十年一贯制。

从 1961 年起，人民教育出版社调查研究了中小学教学的实际，编出了两套教材，一套供十二年制的学校采用，一套供试行十年制的学校采用。这两套教材也是在总结 50 年代编写教材经验的基础上，根据党的教育方针编写的。据使用十二年制教材的多数学校反映，这套教材的教学效果良好。当然，也有说它分量重、程度深，加重了学生负担的。谁知到了 1966 年，这套教材竟又成了“革命”的对象。

我国普通中学有双重任务，一是为高等学校输送合格的新生，二是为各行各业培养合格的后备劳动力。我们认为，要完成这两项任务，特别是完成前一项任务，必须有一个标准，也就是要求学生达到什么程度，才可以接受高等教育。这在国际上大体有个一致的要求。如果不管能不能达到这个要求，片面强调缩短学制，精简课程，势必会影响国家建设人才培养的质量。随着社会生产和科学技术的发展、社会生活的进步，越来越多的知识，原来在大学里教的，现在已经下放到中学里教；原来在中学里教的，现在也有可能下放到小学去教了。不考虑这些因素，光从缩短学制、精简教材和减轻学生负担出发，是不能妥善解决课程教材问题的。

至于学生负担的轻重，固然同教材的深浅繁简有关，但首先取决于教师水平的高低。这个水平，不仅指教师的专业知识水平，也包括他的教学工作水平。指责教材编得不好，当然无可非议，因为教材本身的确还有许多应当改进的地方。但如不切实提高师资的质量，特别是不重视教育科学的研究，光拿教材来开刀，是不公正的。实践证明，有了好的教师，即使教材编得不那么好，他教出来的学生程度也可能是好的；教师水平不高，即使有好的教材，他也很难教出程度好的学生来。

二

1966 年到 1976 年的十年浩劫，我国教育事业遭到极其惨重的破坏和摧残。人民教育出版社编辑通用教材的工作，停顿了十一年之久。到 1978 年 8 月，在党中央的亲切关怀下，经过两三年的努力，新编的一套全日制十年制中小学各科试用教材逐步得以出齐。

这套教材，是依据 1978 年 1 月教育部公布的全日制十年制中小学暂行教学计划编辑的。在十年浩劫之后，这个暂行教学计划在恢复教学秩序、统一修业年限等方面具有积极意义。但它还存在不少缺点，主要还是在片面强调缩短学制、精简课程和学工、学农、学军，这是极“左”思潮流毒的反映。如小学不教社会常识（史地知识），只开设政治课。中小学分为三段（小学五年，初中三年，高中二年），而课程设置采取直线式，小学毕业生对祖国历史、地理茫然无知，初中毕业生也没有一点世界历史的知识。忽视美育学科，初中二年级起就不学音乐、美术等课。这些缺点都是显而易见的。

现在这套十年制中小学教材刚刚编好，社会上和教育界又感到中小学学制有恢复为十二年的必要，至少高中要恢复为三年。看来形势逼人，新编一套十二年制或十一年制的新教材的任务已经提上了议事日程。

三

回顾三十年中小学教材建设的历程，我们有几点感想和希望。

第一，全国应采用统一的课程标准和统一的教材，以利于实现全国统一的教育目标，使全国同一级学校的教学有统一的标准，并便于学生的转学和升学。我国少数民族地区的学校用本民族语文进行教学，有必要把通用教材译为民族语文作为课本，力求做到社会主义内容和民族形式的统一。由于我国幅员辽阔，各地情况不同，为了适应地方不同的需要，各地可以在省（自治区、直辖市）教育行政部门领导下，编辑乡土教材，作为对通用教材的补充，或代替通用教材的一部分内容。

第二，要编出相对稳定的教材。1958 年以来，学制变动频繁，教材不能稳定，质量难以提高。学制每变一次，课程的设置和教学的时数都要跟着改变，课程标准和各科教材也就要重编。这样的改变如果确有实验的根据、科学的理由，当然是不可避免的。但是，过去往往是在缺乏教育科学实验依据的情况下，听凭“长官意志”，对教材改来改去。这是我们应该吸取的教训。

第三，教材建设要以教育科学研究为基础，遵循教育工作规律。编者既要有专业知识，又要懂得教育理论和方法。那种认为编辑教材可以只凭剪刀糨糊办事的观点是荒谬的。例如，教材是实现教育目标的重要手段，为了使教材的选择确实有助于实现教育目标，首先就要对教育目标进行分析研究，然后才能按照教育目标的要求，选编适当的教材。教材必须既容易为儿童所理解和接受，又促进他们身心的发展。为此必须对各年龄阶段儿童的生理特点和心理特点有确切的了解，这就要对儿童进行观察研究，特别要研究他们的学习心理。没有科学研究是不能编好教材的。因此，教材编写机构要参加教育实验，使用教科书的教师要研究教材，这两股力量要结合起来。

第四，教材建设要把科学变成学科，也要进行研究。从知识的海洋中选出最基本的要素，并将这些科学基本知识传授给学生，才能为他们进一步深造打好基础。但是这些知识要素应当怎样组织起来，以学生容易接受的方式教给他们，各级学校同学科之间前后如何衔接，各门学科之间彼此如何联系，这些都是需要细致研究的课题。

第五，我们的教材要用辩证唯物主义和历史唯物主义的观点来统率事实材料，以利培养儿童科学的世界观。三十年来，我们在这方面虽然取得了一些经验，但还需要进一步研究，特别要避免贴标签、简单化等形式主义的做法，使学生学了教材能够潜移默化，经过自己的深思熟虑而得出应有的科学结论。

第六，要编出详细的教师用书。教学质量的高低，教材只是条件之一，教师才是决定的因素，为了补救目前师资质量不高的情况，除了抓紧开展教师在职进修工作提高教师水平外，每册教材都应当编辑详细的教师用书，辅导教师教学。这项工作最好动员全国各地的优秀教师同教材编者合作，以求提高教学参考书的质量。

第七，为了搞好教材建设工作，应当培养一支又红又专的教材编辑队伍。当前，首先要充分发挥老年和中年编辑干部的作用，但也要及早培养一支年轻的编辑队伍。他们要有较高的马克思主义理论修养，要熟悉本专业的最新科学成就，还要有一定的教育实践经验和教学理论知识；除了解本国教材编辑的经验外，还要了解国外中小学校同一学科的教学内容，以利吸取外国教材编辑的经验，不断提高我国中小学教材的水平；特别要有献身教材建设的决心，真正能够全心全意地、任劳任怨地长期坚持做好这项艰苦细致的工作。

中小学教材建设的若干问题*

新中国成立以前，在老解放区如陕甘宁边区和苏皖边区，新解放区如东北解放区和华北解放区，就很重视中小学教材建设，设立了教材编辑机构，配备了教材编辑干部，出版了中小学课本。新中国最早的教材编辑机构是中央人民政府出版总署编审局的第一处。这个处的前身是华北人民政府教育部教科书编审委员会。1950 年 12 月 1 日，人民教育出版社成立，出版社的编审部就是由出版总署编审局第一处的原班人马组成的。人民教育出版社既是教材编辑机构，又是教材出版机构，还是教育科学著作的编辑出版机构。为了搞好中小学教材建设，国家设立这样的机构很有必要，它直接受教育部领导，是教育部的直属单位之一。当然在出版业务方面，也要受出版总署（国家出版事业管理局，今国家新闻出版署）的领导。

教材建设是学校教育的三大基本建设之一，同校舍设备建设、师资

---

* 1990 年 4 月作者曾应邀先后在南京师范大学和杭州大学对教育系的研究生以及浙江省教育科学研究所和浙江省教研室的部分同志讲过这个问题。现在发表的是经作者修改过的讲稿，也是作者在人民教育出版社工作四十年的经验总结之一，原载《课程·教材·教法》1990 年第 11 期。

队伍建设并列，它的重要性是不可低估的。不仅因为没有教材，学校教育就无法实施，而且因为教材决定着教育方针的执行和教育目标的实现。

四十年来，人民教育出版社不仅承担中小学教材建设的任务，而且承担幼儿教育、师范教育、成人教育等项教材建设的任务，为了繁荣教育科学，还出版了马克思主义教育基本理论、教育学、教育史、教学法、教育管理和心理学等专著以及教育经验总结等书。各方面的经验教训可以总结的很多。我这里只从教育学或者说课程论的角度，根据四十年来个人的所见、所闻、所思、所行，谈谈中小学教材建设应当考虑的若干问题。

第一，教材建设要把统一性和多样性紧密结合起来。

中国是统一的多民族社会主义国家。中小学教育（特别是小学和初中阶段的义务教育）是全国人民都要接受的教育。为了维护祖国政治、经济和文化等方面的统一，求得多民族社会主义国家的巩固和发展，中小学教材必须具有统一性。所谓统一性主要是指立场、观点和方法的统一，要用马克思主义的立场、观点和方法来统率教材的编写工作，例如，坚持四项基本原则，坚持教育同生产劳动相结合，坚持德、智、体、美、劳全面发展等；其次要求基础教育阶段各级学校，在文化科学知识的广度和深度上，应达到最低限度的统一标准。过去认为只有采用同一种教材、同一种课本才能保持统一性。但是，中国幅员辽阔，各地方经济、文化发展很不平衡，为了适应各地方的特点，使教育能更好地为当地的社会发展和经济繁荣服务，中小学教材又必须具有多样性。因此如何把统一性和多样性结合起来，是中小学教材建设首先应当考虑的问题。

四十年来，对这个问题也有过几次反复。新中国成立之初，教材采用国定制，即由中央政府统一规定各级学校各年级各学科使用的教材，全国学校必须采用。少数民族地区，也把中央政府规定的教材，翻译成少数民族语文，供少数民族学校使用。50 年代初，新疆维吾尔族、哈萨克族的学校，因翻译的全国通用教材供应不及时，曾经借用过苏联出版的这两种民族文字的课本。谁知这种课本的开始两课的课文是："祖国。我们的祖国是苏联。""首都。我们的首都是莫斯科。"这显然是不合用的。有了这个教训，我们就应当知道教材统一性的重要。但是全国使用统一的课本，难以适应各地方的情况和需要。1958 年 9 月 19 日，中共中央、国务院在《关于教育工作的指示》中提出了统一性与多样性相结合的原则，同时允许各地方自编教材。但由于准备不足，效果欠佳，很快就恢复了仍由中央编辑通用教材。

"文化大革命"的十年间，教育事业遭到严重破坏，教材建设也不例外。在当时一片混乱的情况下，对原有教材，只准批判，不准再用。到"复课闹革命"时，各地方不得不按照自己的学制，花费大量人力、物力、财力自编教材。这些教材只有多样性，没有统一性。所以拨乱反正以后，又恢复由中央统编中小学教材。

80 年代中期，为了克服全国统一采用同一种课本的缺点，又提出各地方、各单位、各个人可以编辑教材，只要经过中央政府的教材审查机构审查通过，就可以作教材使用。于是便从国定制改为审定制，同时提出"一纲多本"原则。"一纲"（指各科教学大纲，即课程标准）是为了保持统一性，"多本"（课本可以有多种）是为了实现多样性。这次的改革，不像“教育大革命”和“文化大革命”中从一个极端（统一性）走向另一个极端（多样性），而是力求兼顾两个方面。我个人认为，在我们社会主义国家，保证教材的统一性非常必要，要在保证统一性的前提下使它具有多样性，否则会重蹈前两次“大革命”的覆辙。还有，编辑教材不是一件简单易行的事。在人力不足的情况下，不必每个地方都自编教材。这也是应当强调的。

无论是采用国定制还是实行审定制，政府都必须设有教材编审机构。但前者的重点是编，后者的重点是审，编审都要依据一定的标准。

第二，教材建设必须制定课程标准（包括现在说的“教学计划”和“教学大纲”）。

制定中小学课程标准在我们国家是中央政府的任务。联邦制的国家多半由各邦、各州分别制定。没有统一的课程标准就难以实现统一的教育目标。这在我们社会主义国家是不可想象的事。

课程标准包括两部分：一是课程设置，要按照总的教育目标规定设置的教学科目，各科教学的起止年级，各学科每周教学的时数以及课外活动等的时间安排。二是各科课程标准，要按照设置这门学科的要求，规定它的教学目标、教材纲要、时间分配、实验实习作业以及教学注意事项等。

制定课程标准不仅要有各门学科的专家参加，还要有教育学家（包括课程研究人员）和有经验的教师参加，同时要由精通教育科学、明了教育方针、真正熟悉国情的教育行政干部领导。这样制定的课程标准，才能兼顾制约学校课程的知识、儿童、社会三大要素，而不致有片面性。

第三，教材建设必须培养教材编辑干部。

任何工作都不可能不学而能，教材编辑工作尤其如此。过去的教材编辑干部都是在工作中培养起来的，一面工作（编辑教材）一面学习（学习编写教材的理论和方法）。这是一种手工业艺徒制的方式，中间免不了有许多尝试错误，有许多盲目性，走许多弯路，常常要返工，在时间精力上有许多浪费。

今后要抓紧对教材编辑干部的培养。现在教育部设立了课程教材研究所，建议也赋予它培养教材编辑干部的任务。招收师范大学本科毕业生中有志于献身教材编辑工作的青年，经硕士研究生考试合格，研究三年，各科考试及格，毕业论文答辩通过，可以授予硕士学位。

研究生修习的学科，可暂定如下：马克思主义哲学、教育目标分类学、教育史、教育心理学、学科心理学、课程论、教学论、普通编辑学、教材编辑学、中国普通学校课程及教材研究、外国普通学校课程及教材研究等。

可从具有师范大学本科毕业学历、现任教育出版社的助理编辑中招收在职研究生。研究生须有较强的汉语写作能力及一种外文的翻译能力。教材编辑干部还可以由师范大学研究生院设置相应的专业来培养。

第四，教材建设要重视教育科研的作用，打好教育科研的基础，并对编出的教材认真审定，严格把关。各地方要经过调查研究首先编好乡土教材。

我在拙著《课程论》里，曾提到我国中央政府教材编辑机构的负责同志，积三十年之经验，认为教材编辑工作，是一项具有教育科学研究性质的工作，必须在科学研究的基础上才能做好。在该书的《学校课程编订的趋势》一讲中，又强调课程的编订和实施都要建立在教育科学研究的基础上，并列举了课程研究的若干课题。这些课题虽然只是举例，却都与教材建设有关。凡参加编辑教材的同志，都应当设法利用已有的研究成果，如果国内没有研究成果可以利用的，要向国外借鉴；或者觉得已有的研究不合国情，就要自己去调查研究或实验研究。有了科研成果做依据，再制订教材编辑方案，认真编写教材。千万不要抄抄写写、剪剪贴贴，把原有的课本改头换面，当成自己的东西。这样不仅破坏了写作道德，还触犯了法律。

我在这里还想强调一点，现在教材建设放权给各地方，各单位甚至个人，即地方、单位和个人都可以编辑教材，只要通过审定，就可当教材使用。为了保证教材的统一性和一定的质量，审定工作必须认真做好，否则后患无穷。因为教材是“皇帝的女儿不愁嫁”，只要教育行政部门同意做课本用，是有利可图的事。千万不能只图经济效益而忽视了社会效益即教育效益。这是关系到子孙后代的大事，万万放松不得。

还有一点顺便说说，既然各地方编教材是为了结合地方实际，所以各地方首先应当编辑的是乡土教材。过去通用教材在这方面照顾不到，是一大缺陷。今后通用教材都要给教学乡土教材留有余地。因此，地方有责任先将乡土教材编出来，应当先集中力量研究编好各年级各学科的乡土教材和适合地方需要的劳动技术教材、职业选科教材等。

第五，教材建设要充分考虑学习者的条件，避免成人化的倾向。

我在《课程论》第五讲“制约学校课程的各种因素”中，把“儿童身心的发展”列为重要因素之一，要求教材建设要适合学生学习，必须考虑到各年龄阶段儿童生理和心理发展的特征。第十讲谈到学校课程编订和实施应当正确认识和处理好各种关系的时候，曾经说过教材建设在考虑统一要求的同时，要适应个别差异，包括地区差异和学习者个人的差异。第八讲谈到教材的选择和组织的时候，也曾具体说到“选用的教材学生是否有接受的可能”“教材的组织是否符合循序渐进的原则”“是否符合学生的学习心理规律”等等。其他还有许多论述都跟这个要求有关，可以说，这个思想是在全书中都注意贯彻的。

关于这个问题我这里还想说以下几点。

一是中小学教材建设要注意反对成人化的倾向。这是个老问题，但并不是很容易解决的。目前我们政治课的安排就有这种倾向，让历史知识不多的孩子去学社会发展简史就是一例。1978 年曾规定在小学四、五年级开设政治课，更是对教育科学忽视的表现。现在规定小学一、二年级不开手工劳动课也是对这门课做了成人化理解的结果。幼儿园的孩子还可学美工，为什么小学生反而不能学了？

二是教材建设要注意创造易于学习者学习的条件。有些教材在没有现代化教学设备的时候，教师难讲，学生难懂。但有了现代化的教学设备，教学双方就容易多了。既然我们不能自甘落后，需要迎接世界科学技术日新月异的发展，我们学校的课程和教材就要适当吸收最新的科学技术知识。为了使这些新知识易于学习，不能不考虑充实学校的现代化教学手段。

三是教材建设要同时注意培训合格而又称职的教师。教师的素养如何同教学质量关系密切。同样的教材，由素养较好的教师来教，学习者便能接受，由素养较差的教师来教，学习者便不能接受。因此，在发现教师说教材“深、难、重”的时候，除了认真考虑教材是否超出学习者所能接受的条件外，也要认真考虑一下教师是否称职的问题。对于不称职的教师要抓紧培养提高。进一步说，随着科学技术的发展，教师的进修提高应当是一项常规性的任务，不要等到落伍以后才进行培训。

第六，教材建设要有利于采用启发教学而不利于照本宣科。

在教学中废止注入式，提倡启发式，也是一个老问题，但是至今未能很好地解决。谈到启发式的老祖宗，还要数到我国的孔夫子。他说过“不愤不启，不悱不发”[①]，这就是“启发”名称的由来。他还提出“学而不思则罔，思而不学则殆”[②] 这句名言，也可以说是一条教学规律（“学思结合”）。后来的教育学家多有发挥，如，北宋的张载和南宋的朱熹都提出学习必须有疑难需要解决，有疑难就要动脑筋思考，然后才能学得进去。清初的王夫之更将学与思相互促进的作用说得很精辟：“学非有碍于思，而学愈博则思愈远；思正有功于学，而思之困则学必勤。”[③]

因此教材的编写要从引起学生的疑难入手，或者从观察、操作等入手，而不要一开始就把现成的结论教给他们，不但自然科学方面的教材必须如此，社会科学方面的教材也应当如此。

过去，我们只要求教师不要采用注入式，不要照本宣科，现在从教材的编辑入手，使教师无法采用注入式，可以说是釜底抽薪的办法。这样，就要求教师对教材确能融会贯通，有“给学生一杯水，自己有一桶水”的本钱。因为引起学生的疑难以后，他们会“海阔凭鱼跃，天高任鸟飞”，张开想象的翅膀任意翱翔。做教师的没有足够的准备就难以应

① 《论语·述而》。

② 《论语·为政》。

③ 见《中国古代教育史资料》，人民教育出版社 1980 年版，第 394 页。

付裕如了。这也是一般教师习惯于注入而不喜欢启发的重要原因。如果教材编得非要他启发不可，还要对教师进行适当的帮助。

具体的帮助就是把教师教学用书编得更加能适应启发教学的需要，不仅帮助教师掌握与教材有关的多方面的知识，而且辅导他们采用启发教学的步骤和方法。当然主要是教材本身要首先不利于注入，否则，强大的惰性仍难改变过来。

第七，教材建设要重视实践环节，调动学习者的积极性。

我在《课程论》第九讲谈过课程的编订和实施要符合马克思主义认识论的要求。教材建设要重视实践环节，就是这个要求的具体化。

马克思主义者强调理论要结合实际，理论是行动的指南，理论要经得起实践的检验，实践是检验真理的唯一标准。这些对我们编写教材有重大的指导意义。

学习是学习者自己的事情，只有把他们的积极性充分调动起来，他们才能学得进去，学习才有效果。现在有些教材的编者或者教师，都喜欢发挥自己的主导作用，夸夸其谈，讲得很多；但是若学习者身在课堂，却“一心以为有鸿鹄将至”，思想开小差，注意力不集中，那么讲的效果必然不会好。所以要千方百计，调动学习者的积极性，以尊重他们的主体地位，这样才能产生良好的效果。

在教材中重视引导学习者实践，是调动他们积极性的最好办法。

如果这科教材，估计学生的感性认识不足，可以首先从增加学生的感性认识入手。让学生先参观、调查、观察、实验，从这些实践活动中，得到应有的知识。

有些教材可以一面指导学生去做，一面帮助他们从中获得应有的知识。如种植、饲养、制作、绘画等，需要进行较长时间的观察、操作。从边学边做中获得的知识是终生难忘的。

有些教材可以让学生阅读多种图书，搜集丰富的参考资料，比较、对照、归纳、演绎、检验教科书中的结论。

有些教材可以让学生参观、游览、调查、研究，扩大自己的视野，加深对书本知识的理解，补充甚至修正书本中的结论。

因此，新的课本、新的教材就不限于给予学习者现成的知识，而包括学习者经过实践自己获得的知识。这些知识经过教师的帮助，应当由学习者用简练的、准确的语言，自己写到课本里去。

第八，教材建设要把好科学关、思想关和文字关，并力求适合于教和学。

我们编辑教材必须以辩证唯物主义和历史唯物主义为指导思想。我们所说的教材要具有科学性，就是要具有真理性。我们所要求的真理，是经得起实践检验的，是以实践为检验的唯一标准的。现在有些人喜欢讲价值，我看，我们的真理观也就是我们的价值观。

本来，教材要具有科学性似乎是不成问题的事情，但是有许多违反科学性的事例，使我们不能不对此加以强调。如，日本侵略中国，假如从 1894 年的甲午战争算起，到 1945 年日本战败投降，整整五十年之久。尤其是 1931 年“九一八”事变以后到 1937 年发动大规模的侵华战争，是全世界人民有目共睹的十足的武装侵略。但是前几年日本的历史教科书中还不承认侵略中国这个铁的事实。它的教材就违反了科学性原则。如果不承认过去侵略中国的历史，要谈中日两国人民世世代代友好相处，就是一句空话。

当然，适合儿童欣赏水平的神话、童话、寓言等，只要有一定的教育意义，仍然可以用作教材。不能因为这些故事的内容是不真实的而拒绝采用。

根据教学的教育性原理，各科教学在教给学生知识、技能、技巧的同时，都在形成他们的思想、观点和信念。这些思想、观点和信念，在教材编者和教师来说，应当是有意识地要他们形成的，但在学习者来说，却是无意中获得的。我们强调应在各科教学中进行思想政治教育，强调学校中的一切活动都是德育的途径，就是因为这样自然而然形成的思想品德比起直接的道德说教来，可以产生根深蒂固的效果。教材的编者应当在选择教材时有计划地采用能进行思想品德教育或思想政治教育的材料，当然不要“穿靴戴帽”，硬贴标签，而是要使教材具有感染力，能使学习者自然形成我们希望的某种情感和态度。我在《课程论》第十讲中谈到“文与道的关系”时，就是说教材建设要兼具科学性与思想性，这里不再详述。

关于教材的文字必须规范化，这是不言而喻的。学生学语文，不仅从语文学科中学，也从其他学科中学。我国古代文史不分，历史书也可以当文学书来读。如司马迁的《史记》，从内容来说是一部历史，从文字来说又是极好的文学作品。我们现在语文课占的时间偏多，而历史课占的时间偏少。我们如果能把各科教材都用优美的文字写出来，未尝不可以让学生从各科教材中去学习语文，效果也许还会更好。

因此，教材的文字不仅要明白晓畅，条理清楚，而且要词句优美，文情并茂，富有感染力。这样不仅可以让学生从中学到各门科学知识，而且能学到各种各样的语文表达方式，学到活的语文。课本编得好，还能使学生产生对这门学科的兴趣，吸引学生从事这门科学的深造。高中课本尤其具有这样的作用。

教材编者的心目中要时刻记住自己编的教材是给哪一年级、什么年龄的学生学的，不能见物（教学内容）不见人（教师和学生，主要是学生）。语文、数学这两门工具课的教材应当是衡量各科课本文字深浅、内容难易的标尺。在小学尤其如此。各科课本的文字最好要比同年级的语文教材略浅，以便学生能够自学，而不致发生文字上的障碍。在需要用到数学知识的地方，最好是学生已经学过的，如最好在学生已学过代数方程式以后，再教化学方程式。这涉及各科教材的纵横、交叉、联系、衔接等问题，需要仔细研究，使所编教材既便于教，又便于学。

第九，教材建设要力求配套成龙，逐步做到现代化。

在印刷术发明以前，教材要靠抄写。手抄本容易出错，就把当时的教材“五经”刻在石碑上，名曰石经，作为标准教材。我国东汉时的《熹平石经》是最早的一部标准教材。

有了印刷的书籍以后，教材就是书本。随着科学技术的进步和教育事业的发展，这个观念渐渐打破了。教材不限于书本，还有其他一些东西；书本也不仅限于学习者使用的，还有教育者使用的，等等。

现在的教材，不仅有供学习者读的，还有供他们看的、听的、既看又听的、写的、画的、做的，等等。这样的教材才能使学习者“五官并用，四肢齐动”，充分调动他们的积极性，增强教学效果。

很久以来，我们的教材还停留在一本学生用的课本和一本教师用的参考书上，有的学科有些挂图、地图册等。近年来，增加了录音磁带、计算器、学习机等。今后为了使我们的教材现代化，中央政府的教材编辑机构准备力求使教材配套成龙，即不仅有学习者用的教科书、练习册、地图册、识字卡等，还有教师的教学用书，其中把教科书照样印在上面，除教学参考资料外，还留有教师写备课笔记的地方。此外，还有幻灯片、录音带、录像带等，力争到 90 年代中期就逐步做到现代化。

因此，为了便于采用现代化的教材，中小学设置专科教室已经提到议事日程上来了。现在只有少数中学设有语言演习室（或译“语言实验室”），这是语言教学的专用教室，其他各科都有设专科教室的必要，否则放映幻灯、教学电影、闭路电视、录像带等都不方便。有了钢琴设备就得有专用的音乐教室，有了写生设备就要有专用的图画教室。更不用说自然科需要各科实验室，社会科需要各科图片资料室，这些都应当同专科教室结合起来。

只有教材现代化了，教育才能现代化；只有教育现代化了，我们才能在培养社会主义现代化建设人才方面，取得事半功倍的效果。

教材编辑工作中的教育学*

课程教材研究所正式成立了。课程教材研究所的研究人员也是人民教育出版社的编辑干部。人民教育出版社编辑干部的主要任务是编辑中小学和师范学校的教材。为了做好这项工作，编辑干部除了必须掌握本专业的知识以外，还应当了解一些教育科学知识。所以课程教材研究所成立后，要举办教育科学讲座，帮助新参加教材编辑工作的同志了解一些必须了解的教育科学知识。教育科学的范围很广，包括教育学、心理学、教育史、教学法等，今天我只谈谈做教材编辑工作必须了解的教育学知识。

我虽然搞了五十年的教育工作，其中三十多年是搞教育科学书籍的编辑工作，但是对这个问题并没有仔细研究过。过去我们常说，好的教材要具有三性，即科学性、思想性和教育性。但是怎样才能做到这一点，也没有做过系统的研究。现在人民教育出版社的领导同志非常重视

---

* 这是作者 1983 年 9—10 月为课程教材研究所举办的学术讲座准备的讲演稿。1985 年 5 月 9 日讲过其中的第一、二部分和第三部分的第四节，原载《师范教育和教育科学》，人民教育出版社 1985 年版。

在研究的基础上编好教材，这是我们的事业兴旺发达、更上一层楼的标志。现在让我来谈“教材编辑工作中的教育学”这个问题，我感到义不容辞，尽管没有研究，也得前来献丑。好在我们都是一条战线上的战友，讲得不对的大家可以批评指正，以达到互相学习、共同提高的目的。

这个问题我想分三部分来谈。

一、教材编辑工作是什么性质的工作？

二、教材编辑干部应具备什么基本条件？

三、教材编辑工作需要掌握哪些教育学知识？

前两部分只是简单地提一提，重点放在后一部分。

一、教材编辑工作是什么性质的工作

首先要说编辑工作的性质。社会上对于编辑工作不大重视；对于当编辑的人不大瞧得起，不像听到工程师、医师那样肃然起敬。这也许是从旧社会遗留下来的一种错误观念。前几年有人宣扬“人才学”，竟然在《人民教育》杂志上，公开诋毁教师和编辑，说他们尽管知识渊博，但终身没有自己的发明创造，只能教书、编书，不曾成名，不算人才云云（见 1979 年 10 月号第 11 页），就是那种错误观念的表现。有些人认为编辑工作只不过是“剪刀糨糊”的工作，只要把现成的文章剪剪贴贴就可以编成一本书。其实，即使如此，也得有一定的鉴别能力，一定的取舍标准，并不是可以随意做好的。有人瞧不起编辑，说“千古文章一大抄”，认为当编辑不过是个“文抄公”，搞的是文字搬家的游戏。社会上“文抄公”并非没有，但编辑绝不是“文抄公”。相反，当编辑要有敏锐的眼光，识破“文抄公”，揭露“文抄公”，使这类文坛败类不敢投机取巧。也有人把编辑工作看作雕虫小技，认为编辑只要熟悉语法修辞，熟悉汉字简化字表，熟悉标点符号使用法等就行了，没有什么大学问。这种看法太片面了。这同当一名医师要会测脉搏，会量体温，会使用听诊器一样，只不过是要掌握的起码的本领。正确的看法应当是：一般书籍的编者是作者同读者之间的桥梁，把原稿变成书，编者要付出辛勤的劳动。有人说编辑应当是作家的老师，这话有一定的道理。因为任何一本书稿，如果不经过编辑加工，就拿去同读者见面，必然会有大大小小的错误。例如，有的作者把马克思（1818—1883）说成是亚当·斯密（1723—1790）、李嘉图（1772—1823）的同时代人，有的作者把欧洲资本主义萌芽期提前到 12、13 世纪（应为 14、15 世纪）。编辑的任务就是要消灭这些错误。所以有人说编辑是无名英雄，这话也是有道理的。我们当了编辑就要甘当无名英雄。同志们，没有千百万无名英雄，就不会有今天的新中国。所以天安门广场上竖立了人民英雄纪念碑，那些人民英雄不都是无名英雄吗？顺便说说，当无名英雄绝不能搞个人英雄主义，绝不能处处以作者或译者的老师自居，绝不能不懂装懂，把作者或译者正确的稿子改错了。这一点，特别值得我们初当编辑的同志们引以为戒！

总之，一般书籍的编辑工作，要把好三关：政治关，科学关，语文关。所以当好编辑，必须具有政治的敏感、科学的智慧和语文的修养。只有这样，才能做一名称职的编辑，做好宣传工作的喉舌。

现在说说教材编辑工作的性质。我们人民教育出版社中小学和师范学校各科教材的编辑是教材编辑，实际上是作家兼编辑，一身而二任焉。仅从这一点说，任务是艰巨的，工作是繁重的。有人认为，教材编辑工作就是科学普及工作；科学知识比较艰深，学生难懂，仿佛我们只要把这些艰深的知识通俗化，以学生容易了解的形式表达出来，就可以完成教材编辑的任务了。这样的理解是不全面的。科学普及工作的对象除了儿童还有成人，主要是成人。成人的感性知识比较丰富，他们吸收科学知识又各有不同的目的。而教材主要是以儿童、少年和青年为对象的，它要实现一定的教育目的，它要适合不同年龄的儿童学习，它要遵循“教”和“学”的规律，因此，教材的体系是学科的体系，而不是科学的体系。怎样把科学的体系变成学科的体系？哪些是学生必须学会的科学基础知识？这些知识要按什么顺序安排？这些问题都不是可以随意决定的，而是要进行教育科学研究的。

所以说，教材编辑工作是教育科学研究工作。现在各国的教育科学研究都以课程教材的研究为中心，这是因为科学技术的发展突飞猛进，在普通教育阶段怎样把科学基础知识教给学生，使他们适应科技迅猛发展的新时代，的确是个值得认真研究的课题。此外，课程教材是实现教育目标的手段，怎样通过教材培养出在品德、智力和体质等方面全面发展的人，培养出有理想、有道德、有文化、有纪律的新一代，不经过缜密的科学研究，探寻出规律性的知识，来指导课程的编辑和教材的选择，是不行的。

教材的编辑工作是一项专业，建议师范大学研究生院要设置教材编辑专业的硕士点，招收大学本科毕业的文理科学士，专门从事普通学校教材编辑工作的研究，为我们培养新生力量和后备军。对已具有硕士学位或有经验的年轻的编辑干部，继续从中培养博士研究生。我们课程教材研究所有条件时应自己培养。这样才能从组织上加强教材编辑的科学性、教育性和思想性，提高教材编辑的质量。

二、教材编辑干部应具备什么基本条件

我想，根据教材应具有思想性、科学性和教育性这三个主要要求，提出我们教材的生产者应具备的六个条件。

第一个条件是我们必须坚持四项基本原则，以马克思列宁主义、毛泽东思想为选材、立论的指导思想。在四项基本原则中，党的领导是核心，指导思想是基础。党的领导之所以伟大、光荣、正确，来源于马克思列宁主义、毛泽东思想。离开了这个指导思想，党的领导就要发生偏差。十年动乱已有深刻的教训，不必多说。走社会主义道路需要有社会主义觉悟，不懂得马克思列宁主义、毛泽东思想的基本原理，就不可能有社会主义觉悟。现在为什么有些人搞不正之风，腐化变质，大搞资产阶级损公肥私、损人利己的一套，挖社会主义的墙角，说到底，就是因为他们头脑里没有马列主义、毛泽东思想，或者是把马列主义、毛泽东思想当装饰品，对人是马列主义（就像《人到中年》里的秦波），对己是利己主义。至于坚持人民民主专政，要求在人民内部讲民主，对人民的敌人要专政。没有马列主义、毛泽东思想，分不清什么是人民，什么是敌人，不保护人民，反而包庇纵容敌人，这怎么能坚持人民民主专政？所以毛泽东同志说："领导我们事业的核心力量是中国共产党，指导我们思想的理论基础是马克思列宁主义。"教材编辑工作是意识形态

工作、宣传教育工作，更加离不开这个指导思想。马克思主义的精髓是辩证唯物主义和历史唯物主义。我们在教材的选择和编写工作中，必须时时想到是否符合这个科学的观点。我认为，坚持四项基本原则，以马克思列宁主义、毛泽东思想为选材立论的指导思想，不仅是教材的思想性所需要的，而且是教材的科学性和教育性所不可缺少的。这是因为马克思主义是科学，违反了马克思主义的基本原理，也就不称其为科学了。马克思主义最讲究实事求是，教材适合儿童学习，是教材的教育性所要求的，所以教材的科学性和教育性都离不开马克思主义的指导。

第二个条件是我们必须具有“五爱”公德和共产主义理想，并注意在教材中把“五爱”的思想和共产主义理想贯彻始终。老一辈无产阶级革命家已经为我们开创了走向共产主义的康庄大道，我们的任务就是要培养一代又一代共产主义事业的接班人。我们的目标是要培养在品德、智力、体质等方面全面发展的人，培养有理想、有道德、有文化、有纪律的新一代。但是共产主义理想是不能凭空产生的，我们不能好高骛远，光喊口号，只背教条，要踏踏实实地从爱国主义教育做起。爱国主义教育是共产主义教育的起点。共产主义理想是要解放全人类的，首先得从爱人民做起。譬如说，看到广大人民处于文盲状态，我们就不能不忧心忡忡，因为在“一个文盲的国家里是不能建成共产主义社会的”(列宁语)。现代化建设要靠科学，科学技术知识的传递要靠教育。我们如果爱科学就要爱我们的教育事业，爱我们的教材编辑工作。因为这是科学领域里的启蒙工作啊！社会主义社会是按劳分配，不劳动者不得食的社会，社会主义社会的成员（除了丧失劳动能力的以外）都应当是劳动者；不是偏重于体力劳动的劳动者，就是偏重于脑力劳动的劳动者。

我们要教育学生爱劳动，自己首先就要爱劳动。社会主义是我国当前的社会制度。只有消灭了私有制，即消灭了剥削制度赖以存在的生产资料私人所有制，才是名副其实的社会主义。只有消灭了剥削，才能进一步消灭贫困。我国进入社会主义的历史还不长，中间又受了极左思潮的干扰，导致工作中出现了失误，社会主义制度的优越性还没有充分发挥出来，但是同三十几年以前相比，已经取得了前所未有的成就。“只有社会主义能够救中国。”这是颠扑不破的真理。我们必须坚信这些，实践“五爱”公德，才能很自然地以此来影响教科书的小读者。

第三个条件是教科书的编者要有渊博的学识。学识和知识不同，学识是经过消化吸收化为自己血肉的知识。这是我想赋予它的含义。我们教科书的编者不是编书匠，就像教师不应当是教书匠一样。我们应当成为本门学科的专家，不但对自己专攻的学科的知识掌握得深湛，要“渊”，而且对非自己专攻的学科的知识掌握得广泛，要“博”。19 世纪，科学分门别类越分越细；20 世纪，科学除了继续分化外，又有互相综合的趋向。新兴的跨学科的科学日渐增多，文科、理科也都互相渗透。我们如果只看到自己专攻的一门学科而看不到这种各门学科相互综合和彼此渗透的趋势，眼界就未免狭隘了。美国麻省理工学院，顾名思义是一所理工科大学，但是在学生必修的学科中，要有四分之一的人文学科或社会学科。日本东京工业大学的课程设置也有类似的情况。学理工科的人要有文科的知识，学文科的人也要有理科的知识。这是当今的一个趋势。因此，教材的编者应有广博的文理科知识，这是不言而喻的。我们出版社的第一任社长叶圣陶先生说编辑要成为杂家，当然不是要求我们像先秦的杂家那样“兼儒墨，合名法”，兼容并包各家各派的学说，而是要求我们要有广博的、多学科的知识。杂家之说不过是个比喻罢了。

第四个条件是教科书编者要了解本门学科的前后衔接与各门学科之间的彼此联系。举个最浅近的例子，如果小学数学教材的编者不了解小学语文教学的进度，在低年级小学生还识字不多的情况下就让他们去解用文字说明的应用题，那就会给学生造成很大的困难。又如，初中学生还没有学过解一元一次方程式，就让他们学习解化学方程式的习题，这是未能照顾到各学科之间的联系。一篇语文教材，往往有时放在小学高年级教，有时放在初中教，如《曹刿论战》有时放在初中教，有时放在高中教，都缺乏科学根据。还有高中生物学要有初中植物学、动物学、生理卫生学等的基础知识，如果初中不教这些科目，到高中教生物学势必发生困难。这类问题，我们教材编辑都应当了解。

第五个条件要忠于人民教育事业，了解党的教育方针、各级各类学校的培养目标、教育科学的一般规律以及教学过程的特点和规律。只口头上说忠于人民教育事业是不够的，教育事业要按照教育规律办事，就像经济事业要按经济规律办事一样，所以真正忠于人民教育事业就要按教育规律办事。规律是客观存在的，不以人的意志为转移的。按规律办事就要从实际出发，理论联系实际，实事求是，而不能盲目地不加思考地随波逐流。

第六个条件要热爱教材编辑工作，愿意献身于这项工作。这样才能立志以毕生的精力来研究它，做好它，为祖国下一代提供最好的精神食粮，为社会主义精神文明建设贡献全部力量。但是，只有安心教材编辑工作，才能热爱这项工作。只有热爱，才能刻苦钻研，精益求精。我想对热爱教材编辑工作提出三点要求：一是要能够“乐事”，即乐于从事自己的事业；二是要能够“乐育”，即乐于培育人才，我们编教科书虽不同学生见面，但学生读了我们编的书成了国家有用的人才，我们应当感到欣慰；三是要“乐成”，即乐于看到书籍的出版，共同享受成功的愉快，这样才能在加工他人书稿的时候，也能殚思竭虑，提高书稿的质量。

三、教材编辑工作需要掌握哪些教育学知识

题外的话讲得很多，也许同志们已经听得不耐烦了。现在讲到正题，却又有“一部二十四史，不知从何说起”之感。说真的，理论来源于实践，要把教材编辑工作同教育学知识联系起来，必须在编辑教材的实践中，自觉地运用教育学的研究成果，并且总结经验来丰富教育学的理论，这并不是一件容易的事情。我一向孤陋寡闻，还没见到有人这样系统地做过。因此，要想把这个问题讲得简明扼要，说在点子上，对教材编辑工作中所要求的三性（思想性、科学性、教育性）有所增强，使教材的编者在工作中多一些运用教育学知识的自觉性，还需要进行一番创造性的劳动。

我自己虽然是学习教育学的，又从事教育书籍的编辑工作多年，但是真正自觉地运用教育学知识来指导自己的编辑工作还是近几年的事。以前虽然也知道要用马克思列宁主义、毛泽东思想来指导编辑工作，但是实际上是“唯上、唯书、而不唯实”。经过十年动乱以后，头脑清醒一点了；经过“实践是检验真理的唯一标准”的讨论，思想解放一点

了；党的十一届三中全会以来正确的路线、方针、政策，使一向被人瞧不起的教育学，逐渐受到人们的重视，开始能够发挥作用了。只是在这样的条件下，我才能够比较自觉地这样做。有些不重视教育学的人，不分析三十多年来我国教育学的处境，却要求我们搞这一行的马上拿出成果来，拿出具有中国特色的社会主义的教育学来，未免强人所难。科学知识需要一点一滴地积累，哪能一蹴而就呢？提出这样要求的人，事实上不是否定教育学的存在，就是对教育学工作者将一军。真正爱护教育学，就要像园丁保护幼苗那样，给它松土、施肥、浇水、剪枝，才能有助于它的茁壮成长。轻视、嘲弄、打击、排斥都是要不得的！

我反复考虑，在一两次讲演里要谈一点教育学知识，只能讲这样几个问题：（一）教育的本质；（二）教育的目的；（三）教育的内容；（四）教育的方法。——我讲的多半是一些普通常识，没有多么大的学术价值。但是其中有我个人的一些见解。

第一，讲教育的本质，就是要回答“什么是教育”这个问题。古今中外回答这个问题的人很多，这里无法介绍。我国最早使用“教育”一词的是孟轲：“……得天下英才而教育之，三乐也。”（《孟子·尽心上》）五十多年前，我初学教育学，课本里引了许慎《说文解字》里的注释：“教，上所施下所效也；育，养子使作善也。”意思是很明显的。英语education一词是从动词educate变化而成的，educate有“引出”的意思。我们今天来理解教育，大可不必这样咬文嚼字。按照传统的说法，学校教育是有目的、有计划、有组织、有步骤地培养人的一种人类特有的社会活动。

党的十二大把教育作为国民经济建设的战略重点之一，这是非常正确的，也是非常必要的。过去若干年，我们只把教育看作阶级斗争的工具，没有看到教育是促进社会生产力发展的不可缺少的手段。认为只有在国民经济发展的基础上才能发展教育事业，没有看到教育是国民经济高度发展的必要前提。因此把教育片面地看作消费事业，而没有看到教育投资是一种生产投资。即使有人看到教育是培养国家建设人才的手段，也只重视发展高等教育事业，却没有看到教育首先是提高人民科学文化水平的手段，只有全国人民的科学文化水平提高了，才能发展整个社会的生产力，提高劳动生产率，也只有如此，高等教育的质量才有保证。

因此对于“什么是教育”这个问题，我们可以用今天的话来回答说，教育是物质文明建设的基础，是精神文明建设本身。

为什么说教育是物质文明建设的基础呢？我国的社会主义物质文明的建设包括工业的现代化、农业的现代化、国防的现代化和科学技术的现代化，简称“四化”。这“四化”当中，科学技术是关键。没有现代化的科学技术，其他一切都谈不上现代化。而科学技术要靠教育来传授。所以邓小平同志早在1975年就说过教育落后会拖“四化”的后腿。1978年在全国科学大会上又重申教育是“四化”的基础。这里说的“四化”主要是物质文明建设。所以说教育是物质文明建设的基础。

从教育的起源和发展来看，它是同人类的物质资料的生产分不开的。人是劳动创造的。一切动物只能顺应自然，唯有人能劳动，因而能改变自然，以取得生活资料。因此说人类最基本的实践活动是生产活动，因为生产活动是取得生活资料的手段。在生产劳动中，人类年长的一代把自己的经验传授给年轻的一代，这种活动就是最初的教育活动。

所以说教育起源于传授生产劳动经验的需要。简单地说就是教育起源于劳动。如果没有这种教育活动，人类生产经验就不能积累，不能提高，生产活动也将停滞不前。无论从古代原始的落后的生产方式来看，或者从现代先进的生产方式来看，都是一样的。越是现代化的先进的生产，所需要的教育基础就越深越广，劳动者所需要具有的教育程度就越来越高。换句话说，我们要建设高度的社会主义物质文明，必然需要有具备深湛科学技术知识的工程技术人员和高度熟练技术的工人和农民。教育正是培养和造就此类人才的不可缺少的条件。

在目前世界上，所有发达的国家，或者说现代化的国家，不管是社会主义国家还是资本主义国家，不仅高等教育水平高，而且普及义务教育的年限长，一般都已普及了十年左右的义务教育。我们要真想实现现代化而不是假想实现现代化，就必须在教育方面奋起直追，改变教育领域里重高等教育轻普通教育的现象，对发展高等教育和普及初等义务教育、扫除文盲，至少予以同样的重视。头重脚轻是站不稳的啊！

为什么说教育就是精神文明建设本身呢？精神文明建设大体上包括思想建设和文化建设。教育所从事的首先就是这两项工作。我们要培养品德、智力、体质等方面全面发展的人，没有教育办不到；或者说要培养有理想、有道德、有文化、有纪律的新一代，没有教育也办不到。我们知道，共产主义理想是精神文明的核心。培养共产主义理想不是光凭口头说教就能济事的。共产主义是科学，没有科学知识，包括自然科学、社会科学知识，人们是不可能真正具有共产主义理想的。我们说的社会主义觉悟，也不是喊几句口号唱几首歌就能养成的，没有社会发展规律的知识，没有历史唯物主义观点，没有消灭私有制的信念，社会主义觉悟也是不可能有的。目前之所以还有不良的社会风气，贪污盗窃、投机倒把、偷税漏税、走私贩私等丑恶的资本主义现象之所以不断出现，正是人们缺乏共产主义理想、缺乏社会主义觉悟的一种表现。我们在用严刑峻法来制裁这些犯罪分子的同时，应当反省我们是不是忽略了教育这个力量。是不是教育在十年动乱中被严重破坏因而更加容易出现这些不良现象？这是值得深思的。再举一例，杭州的灵隐寺，我30年代初期第一次去游览的时候，见到烧香拜佛的只是一些年老的小脚女人。50年代中期第二次去，几乎看不到有人烧香拜佛。80年代初却看到有不少年轻人也在那儿虔诚地求神拜佛，这使我感到很痛心。回想我们自己为什么不信鬼神，无非因为从小就受到一点自然常识的教育，现在教育不普及，师资质量低，教育有名无实，以致封建迷信思想反而有所抬头，这同精神文明建设的要求差距不是太大了吗？这还是我们汉民族地区，情况尚且如此。在少数民族地区，教育同宗教的矛盾更加尖锐，宗教同我们争夺下一代的斗争更加激烈。

要搞好精神文明建设必须扎扎实实地办好教育事业；特别是初等教育，必须保质保量地普及，然后逐步提高。“文明礼貌月”活动、“五讲四美”活动也要搞。那只是如同扫除文盲一样，不过是补课性质，不能以为光靠运动就行的。教育比再教育容易，补课有点类似再教育，往往事倍功半。

总之，说教育是物质文明建设的基础和精神文明建设本身，可以对党的十二大把教育定为国民经济的战略重点有正确的理解。从教育的发生和发展来看，教育作为生产斗争工具的职能是绝对的、经常的，而教育作为阶级斗争工具的职能是相对的、有限的。“文化大革命”期间

《红旗》杂志上发表了上海大批判写作组的文章，批判苏联教育学，说人们是为了阶级斗争的需要才办教育的。这违背了历史，到将来共产主义社会消灭了阶级和阶级斗争，难道就不需要办教育了吗？这显然是一种奇谈怪论，胡说八道，是不值一驳的。

前面已经说过，从教育的起源来看，人类是为了传授生产劳动的经验才需要教育的；从教育的发展来看，到了阶级社会，人们是为了巩固阶级的统治，为统治者培养所谓治术人才才需要教育的。但是，即使在阶级社会，人类仍然不能没有生产活动，教育传授生产经验的职能永远是存在的。

在中国的奴隶社会和封建社会里，统治阶级办教育的目的主要教人"明人伦"，就是要人不"犯上作乱"，不造反；要处理好人与人之间的关系和彼此应遵守的行为准则，就是所谓"父子有亲，君臣有义，夫妇有别，长幼有序，朋友有信"。从汉代起，教育的内容主要是儒家经典："五经""四书"。这种教育是脱离生产劳动的。

在欧洲，中世纪教会统治一切，教育权掌握在教会手中，教会是为了传播宗教教义和培养神职人员才办教育的。当时世俗封建主要靠武士来保卫，他们的教育是武士教育。这些都是脱离生产劳动的。到了近代，工农业生产发达了，大机器工业发展了。没有文化就不能从事生产活动，教育又逐步明显地同生产劳动结合起来。教育要培养"发达的和专门的劳动力"了。马克思在《资本论》里说："要改变一般的人的本性，使它获得一定劳动部门的技能和技巧，成为发达的和专门的劳动力，就要有一定的教育或训练，而这就得花费或多或少的商品等价物。劳动力的教育费随着劳动力性质的复杂程度而不同。"不仅在资本主义社会里有这种需要，社会主义社会更加有这种需要。因为社会主义社会解放了生产力，随着生产的发展，推动着科学技术的发展；科学技术的发展，又促进生产力的发展和劳动生产率的提高。教育在这个循环往复或者螺旋式上升的过程中，起着必不可少的作用。所以说教育的本质是培养人，教育的职能首先是为生产劳动培养人，其次才是为管理或统治来培养人。就是说教育首先是生产斗争的工具，促进社会生产力发展的工具；其次才是阶级斗争的工具，在我国就是巩固人民民主专政的工具。

关于教育是什么这个问题，近年还有过是上层建筑还是生产力之争。因为各执一词都无法自圆其说，最后不了了之了。我想这里没有必要介绍。我认为，我们作为教材编辑者，能够了解教育同社会主义现代化建设的关系，了解教育既是物质文明建设的基础，又是精神文明建设本身，不仅可以重视教育事业，重视教材编辑工作，而且懂得了教育的起源、发展、本质和职能，对于研究课程的编订和教材的选择，就可以统观全局，有一点远见卓识，有广阔的视野，不囿于本门学科的范围，不限于传授知识、技能、技巧（虽然我们在这方面还需要加强），而且要兼顾到培养观点、信念和行为习惯。这也是教材同科普读物应有的区别，虽然后者也不排除兼顾这两方面。

第二，讲教育的目的，就是要回答“我们的教育要培养什么样的人”这个问题。这就是通常说的教育方针和培养目标问题。

三十多年来，我们关于教育方针的提法有过不少，从新中国成立初期，教育部党组书记、副部长钱俊瑞同志根据党中央和毛泽东思想提出的“教育为生产服务，教育向工农开门”，到社会主义三大改造基本完成以后毛泽东同志提出的“我们的教育方针，要使受教育者在德、智、体几方面都得到发展，成为有社会主义觉悟的有文化的劳动者”和“教育必须为无产阶级政治服务，必须同生产劳动相结合”，再到十一届六中全会通过的《关于建国以来党的若干历史问题的决议》里的“要加强和改善思想政治工作，用马克思主义世界观和共产主义道德教育人民和青年，坚持德智体全面发展、又红又专、知识分子与工人农民相结合、脑力劳动与体力劳动相结合的教育方针”。有人统计过，不下十种不同的提法。教育界往往感到众说纷纭，莫衷一是。所以 1982 年在讨论《中华人民共和国宪法》（简称《宪法》）修改草案的时候，我曾建议在《宪法》里写上一条教育方针，以后就以此为准。现在《宪法》公布了，其中第十九条、第二十四条、第四十六条都是同教育直接有关的。具有方针性的条文是第四十六条的“国家培养青年、少年、儿童在品德、智力、体质等方面全面发展”。这可以说是各级各类学校共同的培养目标，也就是说我们办的教育要能够培养出这样的人来。

为了充分理解提出的问题，我想把《宪法》的这几个教育条款做一点分析说明。

《宪法》总纲第十九条：“国家发展社会主义的教育事业，提高全国人民的科学文化水平。

“国家举办各种学校，普及初等义务教育，发展中等教育、职业教育和高等教育，并且发展学前教育。

“国家发展各种教育设施，扫除文盲，对工人、农民、国家工作人员和其他劳动者进行政治、文化、科学、技术、业务的教育，鼓励自学成才。

“国家鼓励集体经济组织、国家企事业组织和其他社会力量依照法律规定举办各种教育事业。

“国家推广全国通用的普通话。”

我国是社会主义国家，毫无疑问，我国的教育事业应当是社会主义的教育事业。什么是社会主义呢？按照列宁的说法，社会主义就是消灭阶级，使所有的人都成为劳动者。所以社会主义教育应当是真正平等的教育，人人都有机会享受的教育，不应有城乡的差别、民族的差别、男女的差别。我们的教育应当有助于缩小这些差别，而不能相反，扩大这些差别。否则怎么能叫作社会主义的教育呢？其次，社会主义教育所要培养的是劳动者，包括体力劳动者和脑力劳动者。在现代化的生产劳动中，体力劳动和脑力劳动的区分已经不太明显，已经逐步接近了。所以我们可以换一种说法，即培养以体力劳动为主的劳动者和以脑力劳动为主的劳动者。总之，我们的教育绝不能培养出“四体不勤、五谷不分”的废物来。这一条还说要提高全国人民的科学文化水平，所以我们的教育必须普及，而普及教育是一项“极其繁重而艰巨的工作”（列宁语）。现在《宪法》已经写上“普及初等义务教育”。义务教育的含义有三：一是学龄儿童本身有受教育的义务，二是家长有保证子女在学龄期受教育的义务，三是国家有设学校、请教师、置设备、编课程、编教材来供应儿童受教育的义务。义务教育总是同免费教育相联系的。国际的经验是没有免费教育就没有义务教育，没有义务教育就没有普及教育。在这方面，我们还得下大决心努力来抓。中共中央和国务院 1980 年曾经发布文件，要求 1990 年在全国基本上普及小学教育。现在时间已经过去了四年，照目前情况来看，如果再不大力来抓，这个要求很有落空的危险。教育不普及，主要是农村教育不普及，八亿农民的科学文化水平就难以提高。现行的小学生缴纳学费的制度不利于教育的普及，应当及早废除为好！

《宪法》的规定，好多同我们的教材编辑工作有关。如普及小学教育，必须采取多种形式，小学课本就不能只编一套。简易小学语文还要包括社会常识和自然常识。要扫除文盲需要有识字课本，同时也需要有脱盲后的各种业余学校的教材。要推广普通话，中小学和师范学校负有更多的责任。发展教育事业，首先要发展师范教育，培养合格师资。《宪法》里虽然没有提及师范教育，但因这是办教育的规律，对于我们来说这是不言而喻的事情。但不提总未免美中不足。集体和国营企事业等都可办学，但教师（特别是集体办学的师资），必须由国家培养和任用，民办教师制度应尽快取消，以保证教育的方向和质量。

《宪法》第二十四条是讲的精神文明建设，也就是教育建设。条文是："国家通过普及理想教育、道德教育、文化教育、纪律和法制教育，通过在城乡不同范围的群众中制定和执行各种守则、公约，加强社会主义精神文明的建设。

"国家提倡爱祖国、爱人民、爱劳动、爱科学、爱社会主义的公德，在人民中进行爱国主义、集体主义和国际主义、共产主义的教育，进行辩证唯物主义和历史唯物主义的教育，反对资本主义的、封建主义的和其他的腐朽思想。"

这里列举的各种各样的教育，都是教育的内容，在我们的教材里都应当渗透这些有关社会主义精神文明建设的内容，培养学生"五爱"公德，为学生形成科学的世界观打好基础。当前要特别注意培养学生抵制腐朽思想的能力。在思想教育战线上，社会主义思想不去占领阵地，资产阶级思想和其他腐朽思想就会乘虚而入。这可以说是一条规律。我们搞精神文明建设就是要在一切领域用马克思列宁主义、毛泽东思想来占领阵地。在学校里进行这些思想品德教育，绝不仅是小学思想品德课和中学政治课的任务，也绝不仅是班主任的工作，我们所有教育工作者都有义务进行这些教育。我们在教材中都要有意识地、很自然地贯彻这些方面的教育，渗透这些方面的教育，但不是穿靴戴帽、贴标签。这就要求我们教材的编者，自己首先要有这些方面的思想品德修养，然后才能得心应手地在教材中渗透这些方面的教育。怎样使教材编得既符合本学科的教学要求，又具有适当而又丰富的教育性，是一个值得好好研究的问题。

现在回到第四十六条提出的“国家培养青年、少年、儿童在品德、智力、体质等方面全面发展”这个总目标。在这里我们需要弄清楚两个概念：一是全面发展的人，二是全面发展的教育。

恩格斯在 1847 年写的《共产主义原理》里提出过人的才能能得到全面发展这个思想。他说：“由社会全体成员组成的共同联合体来共同而有计划地尽量利用生产力；把生产发展到能够满足全体成员需要的规模；消灭牺牲一些人的利益来满足另一些人的需要的情况；彻底消灭阶级和阶级对立；通过消除旧的分工，进行生产教育、变换工种、共同享受大家创造出来的福利，以及城乡的融合，使社会全体成员的才能能得到全面的发展；——这一切都将是废除私有制的最主要的结果。”这里说的是社会全体成员的才能能得到全面的发展。这种人就是全面发展的人，恩格斯在这里提出了培养全面发展的人的前提。

马克思在1867年发表的《资本论》第一卷里说："未来教育对所有已满一定年龄的儿童来说，就是生产劳动同智育和体育相结合，它不仅是提高社会生产的一种方法，而且是造就全面发展的人的唯一方法。"马克思在这里提出了培养全面发展的人的途径。

所以全面发展是指人的全面发展，不能说是个性的全面发展。50年代初，我对马克思主义学习得很少，经我编辑加工的《教育学》的译文中出现过"个性全面发展"的不恰当的译法。1956年11月我曾写了一篇文章，题目是《全面发展是指人的全面发展》，在《人民教育》发表，纠正过这个错误。

人的全面发展是针对资本主义社会里人的片面发展而提出来的。人的片面发展在大工业生产中加剧了。为使工人能适应"劳动的变换、职能的更动和工人的全面流动性"这一大工业的本性所决定的现象，马克思提出"用那种把不同社会职能当作互相交替的活动方式的全面发展的个人，来代替只是承担一种社会局部职能的局部个人"这个著名的要求。所以马克思是从大工业生产的本性出发，提出需要培养全面发展的人。培养这种全面发展的人需要工艺教育（即综合技术教育）和职业教育，教给工人及其子女以有关工艺和各种生产工具的实际操作技能，尤其应当进行理论的和实际的工艺教育，即不仅使他们从事实际操作，而且要使他们懂得工艺的原理。——这样的人才能适应工种的变换。所以马克思讲的全面发展的人，同我们现在实施的全面发展的教育不是完全同一的概念。当然二者有密切的联系。

全面发展的教育，特别是只讲德、智、体，这是古已有之的。我国古代的"六艺"，礼、乐、射、御、书、数，就包含了德育、美育、体育和智育的内容。古希腊亚里士多德就讲到体育、德育和智育作为发展人的身心的手段。我们到日本参观，看到日本学校里也把发展儿童的德、智、体作为教育的目标。如果我们只限于讲德、智、体，来克服学校重智轻德、体的错误，这种有限的全面发展的教育，并不能培养出马克思所设想的全面发展的人，只有加强了综合技术教育，使学生了解现代生产的基本原理，学会使用现代生产最简单的工具，才有可能培养出马克思所设想的能够适应工种变换的全面发展的人来。

过去若干年，我们只谈德、智、体，甚至连德、智、体也没有兼顾到。我们的教育当然不能算作全面发展的教育，更不能培养出全面发展的人来。1981 年修改的中小学教学计划，提到了劳动技术教育，是一个进步。但是学校片面追求升学率，对此没有执行，结果还是有名无实。在片面追求升学率的不良风气的影响下，各级学校都办成上一级学校的升学预备班，而不是培养劳动者。封建社会科举制的余毒仍未肃清，这是很令人担心的一件大事。

我们的教材除了要有意识地渗透社会主义精神文明建设的内容外，还要贯彻培养劳动者（包括脑力劳动者）的思想教育，千万不能培养精神贵族。在教材中特别要培养动手做的实践活动，不要让学生只是做书面作业（必要的书面作业当然要有），应当加重实践活动、动手劳动这类作业的分量。这不仅有助于知识的巩固，也有助于技能和技巧的形成，还可以培养劳动习惯，应当是一举多得的。以后高等学校招生考试也要改变只考书面作业的旧传统，而要兼考实践活动的能力。最近苏联改革教育，要从小学一年级起就让儿童干点力所能及的活儿，这样做是很对的，值得我们借鉴。

第三，讲教育的内容，就是要回答“用什么手段来培养我们所需要的人”这个问题。这个问题就是课程、教材问题，同我们的关系非常密切，有直接的关系，所以要多讲一点。

最近三十年，“课程”一词在我们的教育学和教学论书籍里很少见到。其实这个词是我国古已有之的词。我在《课程·教材·教法》1981年第3期发表的《课程研究引论》里已经说过，这里就不细说了。还有“课程标准”一词也是我国固有的词语，就是我们现在说的“教学计划”和“教学大纲”。后面这两个词是学习苏联时照搬过来的，因为语义不明，有的同志自己编了多年的教学大纲，甚至不知道这就是课程标准，还说希望重新制定课程标准。所以我在谈到教学内容的时候，特别说明一下：我们现在说的各级各类学校的教学计划，就相当过去各级各类学校的课程标准总纲；我们现在说的某科教学大纲，就相当过去某科课程标准。我们使用的“课程”一词，就概括地指教学计划和教学大纲。

课程是个总称，它指学校传授给学生的知识、技能、技巧、思想、观点、信念、言语、行为、习惯的总和。课程包括所有的学科，学科下面还可分为科目。如，说中学课程就指中学教学计划中列举的所有学科，其中数学学科又可分为代数、几何、三角等科目。现在我们在词语的使用上比较混乱，不大注意区别概念的内涵和外延，往往把一门学科甚至一个科目，也称为课程。这是中外皆然，目前无法严格要求的。当然，在教育科学书籍和文章里最好能正确使用。

学科是随着科学的分化而日益增多的。中国古代封建社会重儒家经典而忽视科学技术。清初编《四库全书》只分经、史、子、集四类。现在我们图书馆的分类、编目，复杂多了，成了一种专门的学问。但是学科不能同科学同步分化，特别是普通学校课程的设置，只能包括最基础的科学知识和技能，设置的学科是有限的，不可能包罗万象。但要为学生毕业后升学或就业打好坚实的基础。

学科的内容也不等于科学的内容。科学的内容有它自己的逻辑体系。从概念到定理到公式，然后再来验证。但学科不能这样从理论到理论，从理性到理性，学科的体系是心理体系，要根据各年龄儿童的身心发展的水平和学习心理，来确定它的体系。一般不能从抽象的定义出发，而要从具体的事例出发，要符合人的认识过程，要从感性到理性，从实际到理论。例如，同是一本物理学，作为中学课本用的，就跟作为学术专著（或者大学普通物理学）的，需要有不同的体系，以不同的面貌同读者见面。

因此，教材的编辑工作，既是学术性要求很强的工作，需要反映最新的科研成果，又是教育性要求很高的工作，需要适合学生的接受能力。既然如此，教材的编辑就不能只依靠各门科学专家。美国 50 年代末开始的课程改革就是只依靠各门科学专家，教材内容过深，理论讲得太多，不适合大多数学生学习，所以到 70 年代又产生了回到基础的运动。但是教材的编辑也不能只靠教育实际工作者来做，因为教育实际工作者容易过多地考虑如何适合学生学习，而不容易反映科学上最新的研究成果。所以编辑教材，有时比写本科学著作还难得多，需要有各门科学专家和教育实际工作者结合起来，才能搞好。

在教育科学研究发达的国家，编订课程和编辑教材都是教育科学研究工作，除了要求有各门科学专家和教育实践家参加外，还要有教育心理学家和教育理论专家参加，这样才能保证教材的科学性和教育性。

教育行政领导干部，应当由精通教育科学理论、深刻理解教育方针和各级学校培养目标的人担任。课程的编订和教材的编辑，如果能在这样的干部领导下工作，不仅可以保证教材的科学性和教育性，而且可以保证教材的思想性。当然，他的领导也要以教育科学研究做基础。

任何国家学校教学内容的确定或者说课程的编订，大都要受到许多条件的左右。这些条件，归纳起来大致有经济、政治、文化、教育、科学等方面，这些方面也可以叫作课程教材编订的依据。为了便于说明，我打算分社会生产的需要、科学技术的水平、教育方针的规定、培养目标的要求、哲学思想的流派、社会文化的传统、学校类型和制度、儿童身心的发展等几点简单地谈一谈。

（一）社会生产的需要——教育的首要职能是传授生产劳动的经验，否则社会的生产就不能发展，人类的生活就无法改善。当社会生产还处在农业手工业发展阶段的时候，也就是奴隶社会和封建社会，当时这些生产依靠的科学技术知识还不是很多，生产者可以把生产经验进行父子相传或师徒授受，学校的课程是同生产脱节的。随着生产的发展，科学技术知识在生产中的应用逐渐增多，也就是社会生产进入大机器工业发展阶段，人类进入资本主义社会的时候，生产者要有读、写、算的能力，才能应付劳动的需要。这一方面推动了教育的普及，另一方面也提高了劳动者的文化水平。劳动者文化水平的提高进一步改善了社会生产力的质量，推动着生产的发展和科学技术的进步。学校课程也为了适应社会生产的需要，增加了数学、物理、化学、生物、地理等科的分量。社会生产力在不断发展。人类社会的生产，也从蒸汽时代进入电力时代，又从电力时代进入核能时代，再进入电子时代。电子计算机的广泛使用，使人类社会生产进入新技术革命时期，使人类逐渐从工业社会进入所谓的信息社会。在采用蒸汽为动力的时候，假如说生产者有小学的文化程度就能从事生产劳动的话，现在已经远远不够了。工业发达国家不断延长普及义务教育的年限，改革学校课程和教材，就是因为从事现代生产的劳动者如果没有中等教育程度，早已难以胜任。到了新技术革命到来的时候，恐怕生产者有中等教育程度也不足以应付生产的需要，而需要有高等教育的程度了。总之，越是现代化的生产，需要的科学技术知识越多，对教育的要求也就越迫切，同时教育投资的经济效益也越来越显著。美国前任副总统蒙代尔说："教育是有经济效益的，美国在教育上每花费一美元，就会使国民生产总值增加六美元。国家为使学生完成中等教育的学业，每花费四美元，就使联邦、州和地方政府增加七美元的收入。"我看，美国之所以至今还在称霸世界，跟它的社会生产力仍在不断发展有密切的关系。而社会生产力发展的原因就是科学技术的不断进步，科学技术的进步正是美国社会重视知识、重视教育的结果。当然，也要看办的是什么样的教育。如果美国教育的内容像欧洲中世纪那样，教的是基督教《圣经》和教义，当然不可能产生上述的效果。为了适应社会生产发展的需要，课程的编订必须包括最新的科学技术成果，而且在普通教育阶段就要为学生从事专业的学习或就业，打好理论和实践的基础。因此，应当从小学一年级起就开设手工劳动课或叫劳动技术课，让学生学会动手从事力所能及的劳动。不仅劳动技术课要教学生掌握生产劳动的技术，而且一切有关的学科，如数学、物理、化学、生物等科，都要加强基本生产技术教育（或综合技术教育，不是单一技术教育）的因素。既要教给学生现代生产的一般原理，又要教给学生学会使用现代生产的最简单的工具的技能。这一点目前我国学校不大重视，这对现代化建设是非常不利的。我们在编辑教材时应当考虑包含综合技术教育的因素，这是马克思和列宁一再强调过的。

（二）科学技术的水平——同前一个条件相联系，我们研究课程的编订，必须考虑科学技术的发展水平。把自然科学纳入学校课程，历史并不很长。如日本是明治维新以后 1872 年实行近代学制才开始的。我国实行近代学制比日本晚三十年，到 1904 年才开始。八十年来，走了许多弯路。现在日本在世界上已经成为第一流的经济大国，我国的现代化才刚刚起步。当然，近三十几年来，我国在尖端科学方面，如原子弹、氢弹的爆炸，人造地球卫星的发射和回收等方面，已经走在世界的前列。在人工合成结晶牛胰岛素和生命的物质基础核糖核酸方面，甚至取得世界最先进的成果。但是普遍来看，科学文化还很落后，文盲占全国人口五分之一到四分之一，初等教育尚未普及，仍处于“三、六、九”状态。这同现代化的要求是背道而驰的。教育的落后形成了科学技术的落后，整个社会生产力的水平也就难以提高。因为人是社会生产力中最重要的因素，不提高全国各族人民的科学文化水平，社会生产力就不能提高，落后的帽子就摘不掉。这是从整个教育状况来说的。从学校教材的编辑来看，现在科学技术已发展到电子时代，如果我们只拿蒸汽时代的科技来教给学生，将不能满足现代科学发展对教育的要求。当然，普通学校教的是科学基础知识，有关蒸汽时代的知识也要教；何况这些在当前我国还大量存在。但是有关电子计算机的初步知识，在我国普通中学里也不能不讲，否则我们的课程就将落后于现代科学发展的水平。

（三）教育方针的规定——上面两个条件是社会经济条件。因为经济是基础，所以我先讲。现在讲到政治条件了。政治是经济的集中表现，当然也要反映经济的要求。毛泽东同志 1958 年提出的教育工作方针，后来被称为教育根本方针，我认为是符合教育发展规律的。尽管现在从某种原因来考虑，不讲它了，但是我认为从学术观点来说，仍然应当是指导我们教育工作的准绳。历代的各社会发展阶段的统治阶级办教育，总是要用教育来为他那个阶级的统治服务的，我们无产阶级办的教育难道不要为无产阶级的政治服务？共产主义者从不隐瞒自己的观点。既然要求坚持四项基本原则，那么这四项基本原则的要求难道不是代表全国人民利益的无产阶级的政治要求？我们的教育难道能不为坚持四项基本原则服务？我们的课程编订、教材编辑都必须坚持四项基本原则，其实，这就是在为无产阶级的政治服务，而无产阶级的政治利益是同全体劳动人民的利益一致的。不能把政治理解得很狭隘，理解为搞政治运动，搞阶级斗争。政治是随形势而变化的。革命胜利以前的政治就是要推翻反动的统治阶级，把帝国主义侵略者赶出国门之外；革命胜利以后，特别是社会主义改造胜利以后的政治就是要搞大规模的有计划的经济建设。当前在全面开创社会主义现代化建设新局面的时候，教育就要为建设具有高度文明和高度民主的社会主义强国服务，这是毫无疑问的。

至于教育必须同生产劳动相结合，现在全世界都在走这条路。有人说，教育历来都是同生产劳动相结合的，这句话从广义的教育来说虽有一定的理由，但在奴隶社会、封建社会，统治阶级掌握了教育权，当时占统治地位的教育是脱离生产劳动的。我们不能否认这个事实。否则我们为什么还要把教育必须同生产劳动相结合当作方针提出来呢？有人说，教育同生产劳动相结合是社会主义教育同资本主义教育的分水岭，这也是不对的。在资本主义社会上升时期，由于大生产的要求，教育已经开始同生产劳动相结合了。起初资本家的眼光狭隘，看不到这种要求，需要国家用立法（如英国的《工厂法》）来保证；劳动者也迫于生计，无力受教育，需要国家用立法来强迫。但是，现在在发达的资本主义国家，早已把教育投资看作生产投资，大力发展教育事业，不仅培养国家高级建设人才，而且培养各行各业的熟练工人（包括农业工人）。而学历在许多国家成了改善个人物质生活和提高个人社会地位必不可少的条件。《工厂法》的教育条款，强迫教育的立法，一般已经完成了历史使命，退出历史舞台了。但是在中国，这还是非常需要的。因为中国的教育尚未普及，新文盲不断产生，还需要有各种立法来普及初等义务教育，使生产劳动同教育相结合。党的十一届六中全会决议里写的方针，同上述方针的精神是一致的。有了统一的教育方针，我们教材的编辑就有了明确的方向：为现代化建设服务，既为精神文明建设服务、为物质文明建设服务，还要为社会主义民主和法制建设服务。

（四）培养目标的要求——教育方针是个总的要求，它适用于各级各类学校，指导着一切教育事业。所以它是个总的方向。具体到某一级、某一类学校，某一种教育设施，还有不同的培养目标。有没有适用于各级各类学校各种教育设施的总的培养目标呢？我看也有。如毛泽东同志讲的使受教育者在德、智、体几方面都得到发展，成为有社会主义觉悟的有文化的劳动者。这可以说就是总目标。现在《宪法》里规定的“国家培养青年、少年、儿童在品德、智力、体质等方面全面发展”，也是个总目标；如果加上毛泽东同志说的培养有社会主义觉悟的有文化的劳动者，就更加具体了。关于劳动者的含义，我认为在社会主义制度确立以后，提出培养劳动者的教育目标是完全正确的。因为劳动者当然既包括体力劳动者，又包括脑力劳动者。而社会主义社会成员，除了丧失劳动能力者外，人人都应当是劳动者，所以我不赞成在它后面再加半句“和又红又专的建设人才”。在教材编辑工作中，当然要考虑到这个总的培养目标。

我国目前的普通教育分三段：小学、初中、高中。目前普及义务教育还只限于小学阶段，苏联在十月革命以后，经过十七年时间就办到了。既然小学是每个国民必受的教育，而且可能在相当一段时间内只普及小学教育，我们小学教材的编辑，就应当考虑给小学儿童以生活必需的知识、技能，起码应有的思想、观点，公民应有的行为、习惯。如读完小学的学生，应当能掌握读、写、算等生活必需的知识、技能；有自然科学常识，至少不会迷信鬼神；有社会科学常识，热爱自己祖国的光辉历史，热爱社会主义制度和大好河山；养成文明、礼貌、卫生和守纪律的行为习惯；等等。将来我们普及初中教育了，那么这些知识、技能、思想、观点、行为习惯的范围再逐步扩大，程度再逐步加深。尤其重要的是，不要忘记我们的教育是培养劳动者的，而不是培养“四体不勤、五谷不分”的废物的。究竟一个中国公民起码应当掌握什么广度和深度的知识，这是一个科学研究的课题。例如小学语文要让孩子能读会写多少字，并不是凭空决定的，而是要经过调查研究的。这是一项很繁重的工作。譬如说小学毕业生应能读《人民日报》，我们就要统计《人民日报》上用些什么字，一个一个登记下来，这些字出现的频率，也要一个个加以登记，这样至少抽样登记30天，大致可以看出最常用的是哪些字，次常用的是哪些字，总共用到多少字。当然，我国文字是由单音词和多音词组构成的，光识单字，有时还不能解决问题，遇到两个单字都认识而组成了一个词，意义就不同了。所以光统计单字还不行，还得研究常用的词。我这里只是举例说明，编辑教材必须进行科学研究。从确定小学语文应教学生识哪些字词、识多少字词这个最单纯的问题来看，尚且如此繁重，其他各科内容要有科学根据来确定它的广度和深度，就更非易事了。如普通高中的数学，它既要为将来升入文科大学的学生做准备，又要为升入理工科大学的学生做准备，还要考虑到为大多数就业的学生接受职业训练做准备。这就不是一套教材所能办到的。要考虑到多种情况，特别是文科在科学管理上也要用到数学甚至高等数学了，不能按传统观念把准备学文科的数学教材水平降得过低。究竟怎样才合适，这要进行高等学校有关课程的分析，要进行职业训练学程的分析。职业有多种，当然只能选有代表性的来取样调查。因此，编辑教材是一项极其繁重的科学研究任务。当然，这是说要使我们的教材能真正成为实现教育目标的手段。假如不管能否实现我们的教育目标，照抄照搬，必然造成不良后果，这是我们已有教训的。据说在新疆少数民族中，曾一度用过苏联编的哈萨克文、乌兹别克文的课本，打开这些民族语文课本的第一课，赫然在目的是“祖国。我们的祖国是苏联”，“首都。我们的首都在莫斯科”。这不过是我国课本不能照抄照搬外国课本的极端典型的例子。讲一讲可以使我们头脑清醒，认识到研究编写我们自己的、实现我国培养目标的教材多么重要。

（五）哲学思想的流派——古今中外哲学思想不计其数，真是众说纷纭，莫衷一是。马克思主义帮助我们把古往今来迷离惝恍、错综复杂的哲学思想，理出了一个头绪。这就是哲学史上历来分为唯心论和唯物论两大阵营：在解决思维与存在的关系问题时，主张思维第一性物质第二性的是唯心论；主张物质第一性思维第二性的是唯物论。这就好办多了。我们当然毫无疑问地站在唯物论一边。

马克思主义的唯物论有一个特点，就是它是辩证唯物论，而不是机械唯物论。这就要求我们不仅要把世界看作物质的，而且要把世界看作发展、变化的。机械唯物论的思想方法是形而上学的，不能反映客观世界的真实面貌。所以我们理所当然地要坚持辩证唯物论。

马克思主义的最大贡献之一是唯物史观，即用辩证唯物主义的思想方法来观察历史、分析历史、解释历史，形成了历史唯物主义，揭示了人类社会历史发展的真相，即社会生产力的发展是推动社会发展的根本动力。在阶级社会里，由于生产关系束缚了生产力的发展，为了打破旧的生产关系，必须进行阶级斗争，进行革命。革命是为了解放生产力而采用的一种手段。

我们说的坚持四项基本原则中的坚持马列主义、毛泽东思想，就是要坚持辩证唯物主义和历史唯物主义。

现在简单说说不同的哲学思想对课程教材的影响。先说唯心论。哲学上的唯心论认为知识是从上帝那儿来的，有所谓“天启的知识”，即在上帝启示之下得来的知识；宗教的各种经典，等等，就是知识的唯一来源。在欧洲中世纪，只有一种学问，就是神学，其他科学都不过是神学的奴婢。当时的课程总离不开宗教教义。科学如果违背了宗教教义便被看作异端，要受宗教法庭的制裁。至今联邦德国、英国等国学校还开设宗教课，应当说是唯心主义哲学思想的反映。我为什么提到这个问题？一是因为在辛亥革命以前，儒家经典也列为我国学校课程，当时叫作“读经讲经”。这种儒家经典也和宗教教义一样，禁锢了人们的头脑。二是因为在有些地区，目前宗教势力同教育的矛盾还很尖锐。这不能不引起我们的注意。

唯心论除了是宗教教义、僧侣主义、信仰主义、有神论者的世界观以外，还主张生而知之。这是孔子说的。德国康德（1724—1804）的唯心论就叫先验的唯心论，即主张人的知识是先天就有的，是先于经验而存在的。在这种思想影响下，学校课程主要的任务是训练人的心智，而不是给人以实质性的知识。在教育史上有所谓形式训练说，就是主张学校课程的设置是为了磨炼人固有的记忆力和思考力。所以特别重视古典语文（希腊文、拉丁文）的教学和数学难题的教学，而不管这些语文和难题在实际生活中有用还是无用。

唯心论者还主张不可知论，即认为世界是不可认识的。康德虽然承认有“自在之物”即客观事物存在，但认为这些是人不可能认识的；另一个英国唯心论者休谟（1711—1776）甚至连客观事物是否存在也抱怀疑态度，认为是不可知的。他们的这种主张也叫怀疑论。科学（包括研究自然界的自然科学和研究社会的社会科学）都是研究“自在之物”的学问，既然“自在之物”是不可能认识的，或者说有无这些“自在之物”还不知道，那么研究这些科学，并把科学研究的成果教给儿童，还有什么意义呢？

所以，哲学上的唯心主义思潮限制了近代学校课程的发展。我国在长期的封建社会中，除了唐代、宋代曾设有医学、算学等专科学校外，所有的学校课程都不外“五经”“四书”、诗词歌赋。虽然在历史上我国劳动人民有许多创造发明，但都被贬为奇技淫巧，不登大雅之堂。这除了其他原因外，也是受到唯心论的祸害。

唯物论同唯心论是对立的。唯物论反对神学，尊重科学，不仅承认客观世界的存在，而且认为自然界是有规律可循的，是可知的。认为只有尚未被人认识之物，并无人不可知之物。所以唯物论者在各个社会发展阶段，都是先进社会生产力的代表，他们代表进步，而唯心论者往往代表反动。

被马克思称为“英国唯物主义和整个现代‘实验科学’的始祖”的弗兰西斯•培根（1561—1625）是一位杰出的唯物主义思想家。他认为感觉是一切知识的泉源，自然界、物质是研究的对象。培根哲学思想的继承者洛克（1632—1704）也认为事物是客观地存在着的，并认为观念和表象是这些事物作用于我们感官的结果。洛克在《教育漫话》一书中开宗明义主张“有健康的身体才有健全的精神”，重视对儿童施行体育。在智育方面，他强调教语文、数学、地理、历史、逻辑学等。在美育方面，他主张教图画、音乐、舞蹈。在劳动技术教育方面，他主张教园艺和木工等。他还用了大量篇幅讲培养一个绅士的品德。

我国唯物主义教育家颜元（1635—1704），同洛克是同时代的人。他批评宋儒朱熹只知教人读书，认为几百年来，读书人只在故纸堆中耗尽心力，成了废物。他主张除教学生礼、乐、射、御、书、数外，还要研究兵、农、水、火诸学，要求人人习武，主张垦荒、兴水利，等等。他在三百多年前就能提出这些主张是难能可贵的。这也可以证明唯物主义思想家是社会进步力量的代表。

在教育史上还可以见到一些矛盾的现象：哲学思想和教育思想不一致。如捷克教育家夸美纽斯（1592—1670），他是基督徒、神学家，但是在教育上有进步的思想，如在《大教学论》中，他主张“人人都应当受教育”，把一切知识教给一切的人等。又如，英国唯心主义者斯宾塞（1820—1903），虽然是个不可知论者，但他在《什么知识最有价值?》一文中却主张教人以最有用的知识，他把人生活动分为保健活动、职业活动、家庭活动、公民活动、休闲活动五个方面，认为教育即学校课程就要为人类完满的生活做准备。他的这种主张对学校课程的编订，产生过不小的影响。

马克思主义以前的唯物论是不彻底的。第一是机械的，不符合客观世界发展变化的规律；第二是只限于解释自然界，没有用来说明人类社会。马克思的辩证唯物主义和历史唯物主义是彻底的唯物主义。它不仅要解释世界，还要改造世界，所以是革命的思想武器。我们在编辑教材的工作中，都要以马克思主义为指导思想，即以辩证唯物主义和历史唯物主义为指导思想。我们教给学生的一切知识都要是客观真理，都要经得起实践的检验。至少要持之有故，言之成理，为学术界所公认，符合辩证唯物主义和历史唯物主义的基本原理。例如，我们主张宗教信仰自由，但绝不允许在学校里宣讲教义。相反，我们应当进行无神论的宣传，为培养学生唯物主义世界观打好基础。我们讲社会主义革命和建设的成就，一定要把功劳归于党和人民群众，绝不能仅仅归功于个人。否则会造成英雄史观、个人迷信，违反历史唯物主义的原理。当然，对革命领袖们的功绩也不能抹杀，总之要实事求是。这是马克思主义哲学思想的精髓。

（六）社会文化的传统——许多国家学校的教学内容，要受到本国社会文化传统的左右。学校课程本来也属于观念形态的文化，它是一定社会的经济和政治的反映，反转来也要影响和作用于一定社会的经济和政治。这是马克思主义的基本观点。毛泽东同志早就讲过的。这里是说，学校课程除了由经济和政治的需要决定外，还要受到文化的影响。

上面说的哲学思想对课程的影响就是文化影响的一方面。社会的文化传统是另一方面。不同的社会阶级或阶层对社会文化传统有不同的取舍和抉择的标准。这是由居于统治地位的阶级决定的。

拿我国来说，从汉武帝刘彻接受董仲舒的建议“罢黜百家，独尊儒术”以后，两千多年中儒家的思想占了统治地位。儒家思想的糟粕必须抛弃，早在五四运动时期就在“打倒孔家店”的口号下大破了一次，主要是破除束缚人们思想的旧礼教，如男尊女卑、重男轻女，轻视体力劳动和体力劳动者，父权思想和夫权思想，等等。这些东西同资产阶级的民主精神不相容，同社会主义的要求更是风马牛不相及了。但是，由于封建社会在我国延续时期过久，加之教育不普及、质量低，这些糟粕至今还有待肃清。所以肃清封建主义的腐朽思想，在我们的中小学课程中还不能忽视。当然，儒家思想中也有一些精华，如“富贵不能淫，贫贱不能移，威武不能屈”“先天下之忧而忧，后天下之乐而乐”这样一些思想。对于那些“见利忘义”的人来说，或者对那些“有奶便是娘”的盲目崇外的人来说，是不是具有针砭作用呢？所以我觉得我国传统文化中的精华是应当批判地继承，甚至要发扬光大的。

东邻日本对于在封建社会时期从中国吸收去的文化传统，至今还是珍视的。如日本的国语课程标准里规定各年级要识多少汉字，虽然日文已经是拼音文字了，但并未把汉字废除。我们看到日本初中三年级国语课里教唐诗，一节课就教四首。小学高年级书法课教学生用毛笔写汉字，比汉字故乡的中国孩子们写得一点也不差。日本对它社会文化中的不良传统也在清除。日本有一种教育活动叫作“同和教育”，据了解是消除旧日封建等级制特别是歧视“贱民”出身的人的教育。“同和教育”不仅在学校里进行，也在社会上通过讲座来进行。这些社会文化传统都影响着学校教学内容。

美国主要是由欧洲移民组成的国家，有盎格鲁—撒克逊民族、法兰西民族、日耳曼民族、西班牙民族等等。美国独立以后，要使这些来自不同国家、不同民族的人民统统成为美国人，就要求所有的人不管来自何方，都要学习英语，学习美国史，学习公民，通过这些学科来使全国人都美国化。至今美国公立学校英语、公民、美国史、体育都是必修课，而其他许多学科包括数学、物理学、化学、生物学都可以是选修课。这也是由社会文化传统决定的。

英国航海业发达，早年殖民主义盛极一时，曾有“日不落帝国”之称，因为英国殖民地遍布全球，英国国旗 24 小时都有太阳照着，所以英国学校课程中地理课所占的比例较大。英国资产阶级宣扬什么“费厄泼赖”（fairplay，公平竞争）精神，说是要在体育比赛中培养这种精神，学校课程也重视体育。这也反映了英国的文化传统。

（七）儿童身心的发展——已往的课程教材都是由教育者片面决定的，很少考虑到受教育者方面，如欧洲中世纪的教材就是如此。直到 17 世纪，夸美纽斯才编出比较适合儿童学习的图文并茂的教材《世界图解》等教科书。

我国最早从南朝梁代起就有人开始编辑蒙学课本，以适合受教育者的接受能力，唐宋以后流行《三字经》《百家姓》《千字文》《千家诗》等儿童的启蒙读物。这些课本的特点是句子短、押韵，儿童诵读容易上口，但同口语还有很大的差距，有些也印有插图。这些课本的产生比西方要早一千年或几百年。

真正考虑到要按儿童的身心发展来编订课程教材是在儿童心理学的研究取得成果以后。有一位瑞典女教育家爱伦•凯（1849—1926）曾提出“20 世纪是儿童世纪”的口号，说明在教育上真正重视儿童的地位，历史并不很长。虽然早在 18 世纪，欧洲启蒙思想家卢梭已经开始提倡教育要顺应儿童身心发展了。卢梭的这个思想被美国的杜威（1859—1952）继承下来，推向极端，提出了“儿童中心主义”的口号。这曾使课程教材的编订，在教育思想上起过一次根本性的变化：把过去由教育者编订课程教材来传授给受教育者，改为由受教育者按照自己的动机和兴趣来决定学习什么课程教材。这对传统的教育是一个极端性的变革，由教材中心变成儿童中心，由教师为主变为学生为主，在教育思想上影响是很大的。

但是，教育是有目的、有计划的活动。教育中的主要矛盾就是教育目标同受教育者之间的矛盾。受教育者好像是一块璞，璞要经琢磨才能成为玉器，受教育者也要经过教育才能成为教育目标所希望的人才。完全让儿童自发地生长是不能实现教育目标的。所以，我们可以接受卢梭关于教育要适应儿童身心发展的思想，但不能走向极端，不能接受杜威的儿童中心主义。

教育要适应儿童身心发展的思想要求课程教材受儿童身心发展阶段

的制约，即年龄特征的制约。我国教育上说的“循序渐进”的“序”，不仅是教材本身的序，而且有儿童学习的序。在我们谈到教育内容的开始，曾经说过科学体系同学科体系的区别。这个体系就是序。我们要做到循序渐进，就要既考虑科学本身的逻辑顺序，更要考虑到学科或教材的适合儿童学习的心理顺序。我国古代《学记》里就说过：“当其可之谓时”，“不陵节而施之谓孙”，就是说教育内容的选择要正当其时，能为受教育者最好地接受。如果不按部就班地“陵节而施”，就破坏了顺序，受教育者就不能最好地接受了。怎样才能确定各门学科各种教材的“序”，发现那个“时”，找到那个“节”，正是教育科学研究的重大课题，特别是我们课程教材研究所的一项中心任务。现在各国教育科学研究以课程研究为核心，不是没有原因的。因为“序”和“时”的发现是要经过大量调查、实验和研究的。所谓“教学过程的最优化”，探寻儿童的“最近发展区”等这些思想，用在课程教材的研究上就是要找出最适合儿童身心发展的教材来，既不超越儿童接受的可能，又不延缓儿童的发展。我们各门学科教材的研究在这方面是大有英雄用武之地的。

（八）学校类型和制度——学校类型有两种：一是普通学校，二是专业学校。学校的类型决定着课程的性质：为普通学校编订的是实施普通教育的课程，为专业学校编订的是实施专业教育的课程。由此可见，学校的任务不同，课程的性质各异。但是，这样的区分是不全面的。因为在普通学校里也有必要设置职业选科，这种职业选科就属于专业课程的性质；在专业学校也有必要设置公共必修的文化课和理论基础课，这些课程就不属于专业性质了。所以，我们不能把问题简单化、绝对化。

目前，我国教育事业还比较落后，小学毕业生中还有很多人不能升学。这些人大部分在农村。我们是否可以考虑在农村小学里也设置一些职业学科，教一点家禽家畜饲养、果树林木栽培、草编柳编技术等家庭手工业和家庭副业的知识技能呢？初中毕业生不能升学的也有许多人，这些人不仅在农村，而且在城市，所以初中课程中也应因地制宜设置职业选科，如烹调、缝纫、理发、修理收音机和幻灯机、修理钟表、打字、会计、簿记、绘图，等等，使初中毕业的学生人人都有一技之长，即使不能升学，也具有初步为人民服务的本领。至于高级中等教育，应设置中等专业学校、职业技术学校等属于专业性质的学校；而普通高中历来是有双重任务的，既要为高等学校输送合格的新生，又要为社会输送后备劳动力，所以普通高中设置职业选科更是理所当然的。可是多年来，我们对普通高中只抓升学率，只注意一个任务，以致大量毕业生没有一技之长，甚至高中毕业生连初中的文化水平也没有，就业后还要补习初中的课程。这种现象不能不使我们感到忧虑。

学校制度又称学校系统，简称学制。这是说的学校的级别。现代学校一般分三级：初等学校（小学）、中等学校（中学、中专等）和高等学校（大学、学院、专科学校）。我国从1951年公布学制以来，至今没有正式公布过学制。而且从1958年以后学制就变动频繁，学制一变，课程的设置势必随之改变。课程设置一变，教材就要跟着重编。所以三十多年来，教材的编辑工作由于要适应这些变动而疲于奔命。今后，我们学制的变、课程的变都必须经过认真的科学研究，要有实验的依据，这样，才能提高教材的质量，教材才能相对稳定。

现在总算成立了课程教材研究所，承认编订课程、编辑教材是需要进行科学研究的。但是学制如果不能稳定下来，对课程教材的研究和编订还是有一定影响的。

各级学校修业年限的长短，也同一个国家社会生产的需要、科学技术的水平、培养目标的要求、社会文化的传统以及儿童身心的发展有密切的关系。我国现在实行小学七岁入学，修业五年可以完成小学培养的目标，改为六年没有必要，特别是在城市，师资设备比农村好一些，改为六年更无必要。等将来初等教育基本普及了，改为六岁入学，小学可以修业六年。在小学教育普及以前，不应延长小学修业年限。现在将要推行九年义务教育，如果小学修业五年，初中可以修业四年。如果小学修业六年，初中可以修业三年。高级中等教育要为学生升入高等学校学习打好基础，还要培养具有高中文化水平的中等专业人员，修业年限不得少于三年。这样，中小学一共十二年，可以达到大多数发达国家高等学校的入学要求。值得注意的是，美国的公立中学水平比较低，美国许多大学一、二年级读的是普通中学的课程。英国的文法学校、法国的国立中学、德国的完全中学、苏联的十年制学校、日本的高级中学程度都比美国高级中学的程度高。但是美国高级中学的职业选科非常多，学生毕业后不升学也有一技之长。我国的高中教材程度虽然比较高，但只有15％～20％的学生能够接受，所以必须根据大多数学校师资和学生的程度，另编一套甚至两套适合最低标准的教材。“一刀切”的办法是脱离实际的。

目前我国师资不合格、不称职的多，现在开始重视师范教育了，但还处在造舆论的阶段，行动必须跟上去。为了保质保量地普及初等义务教育，必须有计划、按比例地培养小学教师。无论哪一级教育，倘若没有合格而又称职的师资，必然是办不好的。总之，没有好教师，再好的教材也是无用的；有了好教师，教材即使有缺点，也是可以弥补的。所以教材建设固然重要，发展师范教育，提高师资水平是更加需要优先考虑的事情。

第四，讲教育的方法，就是要回答“用什么方法来培养我们所需要的人”这个问题。同我们教材编辑工作关系密切的是教学方法，我想着重谈教学方法。

（一）教学思想的演变——现在的教师用书——教学参考书，在20世纪20年代初期以前被叫作“教授书”，我们现在一般说的“教学法”，当时叫作“教授法”。“教授法”这个词是完全是从教师的活动来说的，指教师把自己所掌握的知识、技能传授给学生的活动。在这个过程中，学生只是被动地接受。1918年，陶行知先生从美国留学回来，在南京高等师范学校任教务主任时，认为教学是师生双边的活动，“教授法”一词只表现了教师一方的活动，没有表现出学生一方的活动，提议改称“教学法”。但当时未被校方接受，直到第二年才改过来。此后全国教育界逐渐就把“教授法”改称“教学法”了。在教学过程中，名义上是师生双边的活动，实际上多年来还是以教师的活动为主，学生仍然处在被动的地位。所以现在有些教育学者，主张把“教学”改称“学习指导”，“教学法”就是“学习指导法”。这是为了体现学生在教学过程中是学习的主体。因为没有学生的积极参加，一切教学都是没有效果的。

我国在两千多年以前写成的《学记》里，对教和学的辩证关系，说得非常好：“学然后知不足，教然后知困。知不足然后能自反也，知困然后能自强也。故曰：教学相长也。《兑命》曰：‘学学半’，其此之谓乎。”——我们现在常说的“教学相长”一语，就是从这里来的。特别是这里引用的“学学半”即“教和学是一件事的两个方面”的思想，不能不令人佩服古人思虑之精当。我们现在把“教学相长”理解为“教和学是互相促进的”。这对教者来说，更加有必要虚心向学生学习，要了解自己所教的学生是如何学习的，然后才能有的放矢地进行指导，这一点对于我们教材的编者也是极有帮助的。我们教材的编者，越是较低年级教材的编者，越需要懂得儿童是怎样学习的，才能选材得当，用语得当，利于儿童学习。例如我们必须知道，一切理性的知识都要有感性知识做基础，儿童的思维是由形象思维逐步向抽象思维过渡，抽象思维都需要有形象思维的支持。这样才能把我们的教材编得生动、具体、形象。不仅使儿童容易学习，而且可以激发他们求知的兴趣，学而不厌。这也可以说是我们教材编辑工作中的群众观点吧。

（二）教学过程的本质——我们应当了解教学过程的本质，才能使编辑的教材符合教学的需要，成为实现教育目标的手段。什么是教学过程呢？为什么说学校教育工作应以教学为主呢？或者说教学为主是学校教育工作的规律呢？要回答这些问题，我们就要了解教学过程的本质。

教学过程是学生在教师指导下掌握人类已知知识的特殊的认识过程。教学过程也是认识过程，但不是人类一般的认识过程。一般的认识过程是发现新知识的过程，教学过程是学习已有知识的过程；一般的认识过程必须从感性认识开始，教学过程可以在已有的感性认识基础上从理性认识开始；一般的认识过程没有教师的指导，教学过程有教师的指导；一般的认识过程获得的是直接的经验，教学过程学生获得的可以是书本上的间接知识。所以说它是一种特殊的认识过程。

教学过程又是学生在掌握知识技能和技巧的基础上发展智力、培养能力的过程。教学过程又是发展的过程。掌握知识、技能和发展智力、能力，是在一个统一的教学过程中实现的，就是说，学生在掌握知识技能的同时，他的智力和能力可以得到发展，但不是必然得到发展，必须有教材编者和教师有意识地引导。由于教学的时间是有限的，而知识技能是无穷的，我们不可能让学生在有限的时间内学习一切知识。我们要使儿童的智力和能力（包括观察力、思考力、实际操作能力等）在教学过程中得到发展，从而使他们学会自己去求知。如果把教学过程仅仅理解为传授知识的过程，是不能完成教学任务的。因此，我们编的教材，不仅要考虑教给学生什么知识，而且要考虑到通过哪些知识来启发学生哪些方面的思考，通过哪些作业来培养学生的哪些能力。两千五百年前的孔子就说过："学而不思则罔，思而不学则殆。"三百年前的王夫之也说过："学非有碍于思，而学愈博则思愈远；思正有功于学，而思之困则学必勤。"可见，学与思要结合，才能产生良好的学习效果，这是我们每个人都有体会的。我们的教材不仅要供给学生学，而且要引导学生思。用这样的教材来教学，才能使教学过程不仅是认识过程，而且成为学生发展的过程。

教学过程还是个教育过程。如果把教学过程归结为智育的过程，是很不全面的。教学过程不仅是实施智育的过程，也是实施德育、体育、美育和劳动技术教育的过程。教学是德育最主要的过程，从爱国主义思想的培养到共产主义世界观基础的形成，离开了各科教学就是一句空话。我国的教育从来重视潜移默化的作用。思想品德教育只有在潜移默化当中才能见效，绝不是靠口头说教所能生效的。所谓潜移默化，是受教育者在学习各科教材，获得知识、技能、技巧的同时，形成的思想、观点和信念，这些思想、观点和信念不是外加的，而是包含在教材当中的。这就要求我们教育者（包括我们教材的编者），有意识地帮助受教育者在掌握知识的同时形成我们所要求的思想，受到我们所希望的道德品质教育、审美情操教育、劳动观点教育、辩证唯物主义观点的教育，等等。

总之，我们了解到教学过程是个认识过程、发展过程和教育过程，对于我们在教材中实现教育目标是有帮助的。

（三）教学原则与教材——在《教育学》课本里，列有好多条教学原则和德育原则。既然教学过程也是教育过程，未尝不可以把德育原则看作教学原则。其实教育是一个整体，受教育的人也是一个整体。把教育分为德育、智育、体育、美育、劳动技术教育等部分，不过是为了施教方便。对于受教育者来说，他在同一个学习时间里要受到多方面的教育，而不仅受一个方面的教育。当然有主要与次要之分，各有侧重。这里我想列举我国古代以来就有的教学或教育原则，提一下为了贯彻这些原则，我们在教材编辑工作中应注意之点。

教学相长　前面已经说过，要贯彻教学相长这条原则，教育者应当了解受教育者是怎样学习的。这就要如毛泽东同志所说，向自己的教育对象学习。我们教材的编者要了解学生的年龄特征和已有的知识基础，才能编好教材。教材编好以后，还要试教自己所编的教材，这就是向教育对象学习的一项有效的办法。国外有些国家规定推广一种教材之前，都要经过一个试用阶段。教材试用以后再经过修改才能定稿。这可以说就是在教材编写工作中体现教学相长的原则吧。

因材施教　我们现在实行的是班级授课制。这个制度是假设儿童年龄相同，学习能力也相同。事实上并非如此。现在全班使用同一种教材，有统一的标准。但是也要注意满足那些学习能力强的学生的需要，给他们以适当的补充教材，使他们学得深一些；同时对那些学习能力差的，也要适当降低一些要求，使他们达到最低限度的标准。教师为了贯彻因材施教的原则，必须这样做。我们教材的编者应当在教材中给教师这样做以方便。如将补充教材用不同的字体印在书中，在习题和作业的数量和质量上做出适当的区分，等等。

循序渐进 前面说过，学科的体系不同于科学的体系。这个学科体系就是教材的序。在教育学里或者课程论里要讲到“教材的排列”这个问题，有所谓直线式的排列、圆周式（或叫螺旋式）的排列。直线式的排列可以说是按逻辑的体系来安排教材，一个学科或科目或课题在普通教育阶段，只讲一遍。如 1978 年公布的十年制学校教学计划规定，中国历史只在初中学一次。圆周式的排列可以说是按心理的体系来安排教材，一个学科、科目或课题可以讲两遍到三遍，每次的范围和程度都不同，是逐步扩大和加深的。如现行中小学教学计划里的地理，小学、初中、高中都要学，但是内容并不完全重复。在同一级学校的同一个科目里，如小学数学里学习整数四则，也不是学了加法再学减法，而是按儿童数观念的发展水平，学了不进位不退位的加减法，再学进位退位的加减法，学了 20 以内的加减法，再学 100 以内、10 000 以内的加减法，等等。这也是循序渐进。现在好多城市小学把五年的课程拖长到六年来学，我看有些学生吃不饱，显然延缓了儿童的发展。由于学生的个别差异，在循序渐进这个问题上，只能按大多数学生的接受能力来安排教材。我们不是抓两头带中间，而是抓住中间，照顾两头。这是一个需要

认真研究的课题。因为同样的教材，有的学校和教师认为正适合，而有的学校和教师就认为深、难、重。因此编两套以上的教材是势在必行的。

启发诱导　当前我国大多数教师用的还是注入式的教学法。这种方法的危害很大，不仅不能培养学生的学习兴趣和自学能力，而且容易造成学生不用思考，迷信权威的懒惰学风。孔子主张教学生“不愤不启，不悱不发”，照朱熹的注释是说在学生“心求通而未得”时予以开导，在学生“口欲言而未能”时使达其辞。一句话，就是要在学生有了学习要求、学习动机的时候，再进行引导；或者说在学生有了疑难的时候，再帮助解决。俗话说，“师傅引进门，修行在个人”。教师的作用重在引导，学习靠学生本人努力。叶圣陶先生提出“教是为了达到不需要教”，并以母亲帮助婴儿学步为例，说明最后总是要让儿童能够独立行走的。这也是说明启发诱导的重要。为了贯彻这个原则，教材的编写要能引起学生的疑难，有意思的是我国古代的教育家，不管是唯心主义者朱熹，还是唯物主义者张载，都主张学习要有疑难。可见这是一条普遍的教育规律。换句话说，我们要使学生感到学习的需要，要使学生有强烈的学习动机，要激发学生学习的兴趣，还要处处注意指导学生自己求知的方法。如教会学生使用字典、辞书，教会学生善于观察、试验，教会学生勤于思考、释疑，教会学生实际操作技术，等等。教科书不要完全编成学生获得知识的来源，而要编成帮助学生求得知识的指南。这样才算是贯彻了启发诱导的原则。

实事求是　这里指的是理论与实际相一致的原则，从实际出发的原则。教材的内容应当具有科学性，应当经得起实践的检验，这在前面已

经说过。教材的广度和深度还要容易为儿童所接受，要从受教育者的实际（也包括教师的实际）出发。这是这条原则的另一个含义。所谓容易接受并非一味迁就儿童已有的程度，而是要有一定的难度，使学生经过努力可以掌握。这里也只能以中等程度的学生为标准，因为中等程度的学生占大多数。由于我国发展普通教育事业没有相应地发展师范教育，不重视培养合格教师，把许多培养小学教师的师范学校毕业生分配到中学任教。这样做既害了小学，使小学教育水平太低，教育的基础不牢；又害了中学，使中学的教学质量有名无实。现在是彻底纠正这种做法的时候了！我们编辑教材不能迁就这个现实，但也不能完全不顾这个现实，我们不能降低普通教育应有的水平，只有编辑程度不同的教材来满足目前的需要。

潜移默化　前面也提到过这点。就是要求教材具有思想性，使受教育者在学习科学、技术、文学、艺术的同时，形成自己的思想、观点；这种思想、观点应当是从科学、技术、文学、艺术中派生出来的，是经过间接的感染的，而不是通过直接的说教。这样来培养学生的“五爱”公德，培养学生的共产主义理想和道德。间接感染要比直接说教的力量大得多，它不仅是通过理智使人接受某种思想，而且是通过感情使人形成某种观点，养成某种信念。因此，文学艺术作品的选材固然要考虑它的教育性，科学技术教材的选择同样要考虑它的教育性。教材的编者不仅要考虑到教材的科学性，同样要考虑到教材的教育性，两者必须紧密结合起来。

学而时习或温故知新　学生在学习了新教材以后，要有反复练习的机会，他们才能够巩固所学的知识，把技能化为技巧。我们编写的教材要有一定数量的习题，帮助学生掌握知识技能，还要隔一段时间复习一次，帮助学生巩固知识。教材中的习题不要只限于笔头作业，要多要求学生从事动手实验、用眼观察、动脑思考等项作业，包括参观见习、调查访问、采集制作，等等。这不仅有利于知识的巩固，而且有利于知识的应用。

以上是从教学原则的角度来谈我们教材的编写。我这里列举的教学原则使用了我们祖国的语言，摆脱了翻译语言的腔调，学过教育学的同志也许听了反而不习惯吧？我国固有的这些教育术语是完全可以赋予它们新的含义的。

（四）教学规律与教材——教学原则是人制定的，制定教学原则的依据就是教学的规律。教学中有一些规律性的东西是客观存在的，是不以人的意志为转移的。这些教学规律，也有它们的科学上的根据和哲学上的根据。科学的根据就是心理学，哲学的根据就是认识论。当然，我们所说的心理学和认识论，又要建立在马克思主义的基础上，即辩证唯物主义和历史唯物主义的基础上。

越是规律性的东西，越是老生常谈，越是一般性常识。但是我们不能忽视它，轻视它。因为总要照它办事，才能事半功倍，容易见效。我们要把教材编得易教利学，就不能不考虑到这些基本规律。

教材同科学著作的区别，不仅在于程度的深浅、范围的广狭，而且在于它要符合教学的规律。

由近及远　这是要求教材要取之于儿童能够接触到的事物。教学要把儿童接触不到的事物，化为儿童的感觉器官能够接触到的事物。如小学自然常识就是从日常生活中的自然界事物讲起，帮助儿童认识自然界，充实他们的感性认识。小学社会常识也是如此，要从家庭、邻里、学校到社会公用设施，帮助儿童认识社会环境。这样儿童容易理解，容易接受，因为符合从感性入手的认识规律。但是，对这个规律的理解也不能绝对化。如我国大部分地区地处温带，儿童接触到的大都是温带的自然界。但是为了扩大儿童的眼界，有必要使他们知道寒带的、热带的自然界和人类的生活，这些是他们在了解了自己周围生活环境以后才能够理解的。所以介绍我国寒带民族鄂伦春人的生活环境和风俗，介绍我国海南岛的风光和黎族人民生活，也是低年级教材中可以采用的。此外，如平原地区、山区、林区、农区、渔区、牧区等地的教材，介绍儿童各自所处的环境以外的事物，当然是必要的，但要在他们对自己周围的生活熟悉了以后。因此，远和近不是绝对的，如果运用得法，远是可以转化为近的。

由易及难　难易的标准很不好定。记得古人彭端淑论为学，说："天下事有难易乎？为之，则难者亦易矣；不为，则易者亦难矣。"这句话说得很好。它说明难易不是绝对的，而是相对的。我们教材的编写，要考虑到易教易学，但不排除一定的难度。教材没有难度，或教材有一定的难度，而教师嚼碎了喂给学生，不让学生动手动脑来求知，也是要不得的。前些时介绍苏联教育心理学家赞科夫提出的高难度教学原则，不能片面理解，不能不考虑到他提出这个原则的背景和针对性，特别不能盲目照搬在"高"字上下功夫。要注意到起点和终点，起点易，逐步前进，即使终点难，也能达到。如果起点就难，是不对的。"登山必自卑，行远必自迩。""欲速则不达。"这些格言，我们编教材的，当教师的，都应当了解。

由简及繁　繁和简也是相对的。从难易程度来说，有时简的要比繁的难，因为繁的形象、具体、切近；所以教材不能编得干巴巴，看起来文字的叙述简了，但实际上学生读起来反而难了。总之，教材一定要编得条理清楚，脉络分明。这样才能以简驭繁，化难为易。如历史教材不能编成社会发展史，因为社会发展史是根据历史事实抽象出来的社会发展规律。学习社会发展史的时候，应当有丰富的历史知识做基础。历史教学要把因果关系、历史事实讲得详细些、形象些、生动些，看起来繁了，实际上易了。

由具体到抽象　这个道理很明显，不需多说。就拿刚才讲的历史课来举例。历史教材要提供具体的知识，有了这些具体的知识，学生才能理解社会发展的规律。如果学生没有丰富的历史知识，就让他们去学社会发展史，必然是事倍功半的。相反，如果用历史唯物主义的观点来组织历史教材，学生不学社会发展史，也能逐步了解社会发展的规律的。我个人是主张初中不设政治课的，要加强社会学科的教学，要相信各科教学的教育作用，即思想政治教育的作用。从效果来看，抽象的说教，不如具体的潜移默化。当然，要形成观点、信念就要有个抽象的过程，这个过程也是从感性到理性的过程，没有感性知识做基础，是不可能得到理性认识的。

由已知到未知　一切新知识都要建立在旧有知识的基础上。人的知识是要一点一滴积累起来的。没有学会识字，就不可能读书；没有学会算术四则运算，不可能去学代数，这是普通常识。但是我们常常忘记了这个最普通也是最根本的一条教学规律。我们往往从自己已有的知识出发，对学生讲一些他们暂时还不能理解的东西。说他们暂时不能理解，是因为他们还缺乏准备，缺乏已有的知识作基础。所以我们编教材的时候，必须从学生已经掌握的知识出发，以之为基础，才能逐步增广、加深他们的知识，否则必将“欲速则不达”。

这些教学的规律是互相为用的。如果学生是有已知的知识做基础，远的、难的、繁的、抽象的也都变成近的、易的、简的、具体的了。其他情况也一样。总之，了解学生已有的知识准备是教师和教材编者必须注意的。

（五）教学方法与教材——现在被称为传统的或现代的教学方法不下二三十种之多，许多人喜欢给自己提倡的教学方法起个新的名称。于是研究教学论的人和学习教学论的人就疲于奔命，为了弄清楚这些方法与另一些方法的异同，不知道要花费多少时间。我这个人生平最反对赶风头，随风倒。因此我不给大家介绍这个法那个法，也不去评论它们的短长。但是我要给同志们谈谈分析认识各种教学方法的评价标准。

一条标准是这种方法是以学生为教学的主体，还是把学生当作被动的接收器？前者是我们应当提倡的方法，后者是我们应当反对的方法。有人以为师生在课堂有问有答，就是采用了启发式教学法，我看不能这样简单地认识，要看问的是否正是学生有疑难的地方。不能光看学生有无表面的活动。学生必须内部发生思维活动，才算进入学习的过程。

一条标准是这种方法是能帮助学生获得自学的能力，学会求知的方法，还是总要依靠教师导演？前者是我们应当提倡的方法，后者是我们认为不足取的方法。在教学过程中，教师的指点当然是需要的。但是不能让学生感到离开了教师，自己就手足无措了。应当从小就激发学生求知的兴趣，培养学生自学的能力，指导学生自学的方法，帮助学生掌握自学的工具。我们应当懂得，学生在校学习的时间是短暂的，而知识的海洋是无边的。教师所能教给学生的知识是有限的，学生今后生活中要用的新知识是无穷的。学生掌握了自学的方法就能终身受用。

一条标准是这种方法能让学生在理解的基础上记忆，还是只能让学生机械地记忆？现在学生书面作业过多，教师以为只有机械地让学生反复练习十遍、二十遍、三十遍、五十遍，才能巩固记忆。结果适得其反。学习负担重，好多是由这些无效劳动造成的。机械的记忆有时也不可少，如历史的年代、人物，数学的公式、定理，等等，但都要让学生理解以后，如知道了事件的前因后果，了解了公式推导的来源，等等，使机械的记忆有理解的因素。所以我们应当提倡前者，避免采用后者。

一条标准是这种方法能否让学生既能用眼看，动脑想，又能动手做，有多种器官的直接参加，还是只能让学生用耳听、用手写？在学习过程中，耳听手写虽然也不可少，但绝不能只限于此。要引起学生观察事物的兴趣，让他们多用眼睛去看；要激发学生的思维活动，让他们多动脑筋去想；要动员学生的身体活动，让他们多动双手去做。凡是能培养学生观察力、思考力和实际操作能力的教学方法，都是我们应当提倡的方法。

既然我们在教学方法中提倡什么，反对什么已经明白了，我们在教材编辑工作中就要使教材适合我们提倡的标准。例如，教材的编写，有时也可以不把所学知识的结论写在书本上，而让学生自己经过观察、实践、阅读、调查、研究，自己得出结论。教材的编写，在关键的地方还要引起学生的疑难，使他们自己设法去解决这些疑难，而不要直截了当，开门见山地、一五一十地告诉他们。教材的编写，要能逼着教师放弃注入式的教法而采用启发式的教法，不但要让学生参加到教学过程中来，而且要以学生为学习的主体。教师的任务，不仅是个讲解员，而且是个辅导员，他不但要懂得这节课所教的内容，而且要随时准备向学生提出各种各样的问题，善于引导学生求得正确的答案。教材的编写，要能动员学生观察、思考、动手、动脑，不能只限于布置书面作业，而要多布置观察、实验、调查、阅读、记录、计算、制作等种种不同的作业。要改变教师只是教书，学生只是读书的旧办法，形成学生生动活泼地主动学习的新局面。

*　　*　　*

同志们，我讲的"教材编辑工作中的教育学"就要结束了。

结合教材的编辑工作来谈教育学问题，是我不自量力给自己出的一个难题。因为要谈教育学而不结合我们教材编辑工作的实际需要，就会使理论成为空谈。但是要把这个问题讲好，又谈何容易。首先，教育学还是一门年轻的科学，它的发展还远远不适应当前教育实践的需要。其次，要有在教材编辑工作中自觉运用教育学理论的实践，最后，才能很好地总结出经验来。

今天，我算只是开了一个头。将来我们课程教材研究所还要组织多次这样既有学术性又有科普性的讲演，希望以后能听到各科教材编辑研究室的同志分科介绍在某科教材编辑中运用教育学理论的经验。这样不仅能使我们教材编辑工作的质量大大提高，而且有助于丰富教育学的内容。这并不要求完整、有系统，只要有一点一滴成功的经验，都是很宝贵的，因为是从实践中来的。科学总要从一点一滴的成就中积累起来，才能不断丰富，不断更新，具有生命力。

谈谈我国中小学教科书制度*

新中国成立以来，除了“教育大革命”（1958—1959）和“文化大革命”（1966—1976）时期外，我国中小学教科书基本上都采用“国定制”。所谓“国定制”，就是由中央教育行政部门编订统一的“课程标准”（即“教学计划”和“教学大纲”），编辑统一的教科书（即“全国通用教材”或“统编教材”）供全国使用。苏联从 1932 年起到现在都实行这种制度。我国 50 年代初在党中央和政务院的决策下，也确定采用这种制度。1953 年，毛泽东主席提议从全国优秀教师中调集 300 人，来充实中央教材编辑出版机构的编辑干部队伍，编辑全国通用教材。“文革”以后，邓小平同志也十分关怀全国通用教材的编写工作，做过多次指示①，还破格批准从各地调干部来京参与此事。

同“国定制”不同的是“审定制”。实行这种制度仍须由中央教育行政部门编订统一的课程标准，但教科书可以有多种多样。各个出版单

---

* 本文写于 1985 年 2 月。原稿在作者生前未曾发表，后编入《课程论重建与教育科学研究》（吕达、刘立德主编，人民教育出版社 2017 年版）。

① 见《邓小平文选》，人民出版社 1983 年版，第 52、66、101、105 页等。

位可以分别请人按照中央编订的课程标准，编出各不相同的课本来，经中央教育行政部门审定合格批准，全国各地可以选用。

“国定制”的优点是可以保证教育内容的统一，特别是政治思想方向的一致，避免教育程度的参差，有利于实现全国统一。教材选用影响到高等学校入学新生的程度，影响到培养国家建设人才的质量，这是一件大事。在不少国家，这种制度要经过全国最高立法机构讨论通过才能实行。

实行教科书审定制，中央教育行政部门首先要编订出课程标准，使教科书的编者有所依据。在编订中小学的课程标准以前，要先确定中小学的学制。目前我国基础教育阶段的改革还在试验阶段，有“五四三”制和“六三三”制两种意见。如果兼采这两种学制，就应有两套课程标准。否则教材的编审就没有依据。

《全国中小学教材审定委员会工作条例》规定，审定委员会的第一项任务，就是审定全国中小学通用的各门学科的课程标准。但审定以前必先有机构或人员来起草。过去是由中央教材编辑出版机构代教育部起草，经教育部审定批准公布的。现在这项起草的工作看来也要分头去做了。是否凡有权编写教材的单位和个人都有权编订课程标准呢？教科书可以大家编，但课程标准全国应当统一。这样才能保证统一性和多样性相结合。这是在变革教科书制度时要弄清楚的。

另一个要弄清楚的问题是教科书采用审定制的目的，不仅仅是为了教科书由“独家经营”变为“分散经营”，主要目的应当如前所述是为了满足各地区不同的需要。如果采用审定制，仍旧只批准一种教科书全国通用，恐怕很难达到这个目的。

教育部在颁布上述工作条例的通知里说：“今后中小学教材建设，

把编写和审查分开，人民教育出版社负责编，省、自治区、直辖市教育部门可以编，有关学校、教师和专家也可以编，教育部成立全国中小学教材审定委员会负责审。”对此，我想提出以下看法和建议：

把编写和审查分开，这是重要的变革之一。建议要规定各地方、单位或个人，针对地方需要编写乡土教材和职业技术教材。这不仅是提高教材质量的需要，而且是进行爱国主义教育的需要，也是实现中学教育双重任务的需要。

上述工作条例第三条规定审定教材的范围包括“3. 教育部委托有关单位或个人编写的教科书”和“5. 教育部中小学教材办公室推荐的教科书”。这两项都是同教育部直接有关的。这样的教科书底稿，在送交审定委员会审查时，如果说明是由教育部委托编写的或教育部所属机构推荐的，必然会给审定委员一种暗示，而难以做出公正的评价。有些采用教科书审定制的国家，凡送审书稿一律采用“弥封”的办法，不向审定委员透露编者是谁，更不透露是谁委托或推荐的，以防引起弊端。即使在我国党风和社会风气根本好转以后，这种经验仍有借鉴的必要。

总之，为了改变中小学教材“一刀切”的毛病，全国采用一种通用教材的办法是应当改变的，教材的多样性是必然趋势。但是，在我们社会主义国家，更重要的要保证统一性。这就要有个全国统一的课程标准，作为编写教材、审查教材和实施教学的依据。在课程标准中应明确规定乡土教材的纲目。各地教育部门要致力于编辑乡土教材，供本地使用。还有，无论是编辑教材多年的中央教材编辑出版机构，还是准备编辑教材的地方、单位和个人，都要把编辑教材看作一项教育科学研究工作。课程教材研究所还要为培养教材编辑干部，担负起一定的责任来。

童话和寓言在小学语文教材中的作用*

新中国成立以前的小学语文教材里，有许多神话、童话和寓言，现在的小学语文教材里也有神话、童话和寓言；课文内容虽然不完全相同，但是文章的体裁都是一样的。这些教材会不会使学生养成封建迷信思想呢？我们不是要培养学生建立科学的、辩证唯物主义世界观的基础吗？这些教材会不会使学生养成迷信神仙的、听天由命的思想呢？——这是许多教师经常提出的问题。

这个问题涉及的范围很广，不是短短几句话所能解答的。现在只能简单地说明一下。

迷信是一种违反客观真理的思想，是一种消极的、有害的偏见。例如，说人的富贵贫贱是受命运支配的，而命运是操在上帝或诸神手里的。地主和资本家的命运好，所以生来就应当享受富贵和尊荣；农民和工人的命运坏，所以生来就应当遭受贫贱和奴役。这种思想是反动统治阶级捏造出来麻醉被剥削的大众的头脑，企图巩固他们自己的统治地位

* 本文载《教育问题漫谈》，北京出版社 1957 年版。

的。由这种迷信思想还产生了一系列的迷信行为，如以问卦算命来预测吉凶祸福，用求神拜佛来祈祷来世富贵，等等，这些迷信的思想和行为都是我们应当坚决反对的。

人类在生产力水平很低的时代，不可能支配自然界，对自然现象还不可能有正确的认识，于是臆造出许多解释，说日月星辰、风云雷雨、山河湖海都由“神”来主宰。富于想象力的人们还创造出许多离奇怪诞的故事，历代相传下来就是现代所谓神话，如“嫦娥奔月”“愚公移山”“牛郎织女”“白蛇传”等等。我国的文学名著《西游记》就是一部富于创造性想象的、集神话之大成的作品。这些民间流传的神话虽然没有人信以为真，但是人们都爱听、爱读，这是因为神话本身不但富有想象力、艺术美，而且还包含着积极的教育意义。

童话是适合儿童接受能力的假设的故事，也是富有想象力和艺术美的，其中往往把生物和无生物“人格化”，让它们像人一样地说话、行动、思想。这类故事中明显地具有道德教育意味的就叫“寓言”。

由此可见，神话、童话、寓言和迷信不同。迷信是故意歪曲现实，故意违反科学的，神话、童话、寓言却不然。神话里虽然有许多不合科学道理的成分，但是稍有常识的人是不会信以为真的。现在小学语文课本里选有童话和寓言，这些教材除了“人格化”一点跟科学的真实性好像矛盾以外，不合科学道理的成分是没有的。

为什么小学语文课本要选童话和寓言这类教材呢？主要有两个理由。

第一，好的文学作品不仅艺术性高，而且思想性强。选作小学教材的作品还要适合儿童的年龄特征，儿童才能够欣赏它的艺术性，领会它的思想性。童话和寓言正是适合儿童欣赏和领会的作品。这类作品给予儿童道德教育、知识教育的影响很大，往往能在儿童的头脑里深深地扎根。例如“愚公移山”的故事教人做事要有毅力，知道人力可以胜过自然，知道天下没有办不了的事，等等，这就具有深刻的道德教育的意义。

现行[1]小学语文课本第一册第二十一课《羊和狗》教儿童团结抗敌；第三十课《大萝卜》教儿童认识集体的力量大；第三十八课《听妈妈的话》教儿童听父母和教师的话；第二册第六课《乌鸦喝水》教儿童从事劳动，想办法解决困难；第十三课《小蝌蚪的生长》教儿童应付强敌要有机智；第二十七课《一个性急的人》教儿童做事不应犯急性病，不应违反自然发展规律；第四十课《两只羊》教儿童知道自私自利互不相让的害处；第四十二课《动物的争论》教儿童知道各人的爱好不一样，不能勉强别人同自己一样。

由此可见，所有童话、寓言都有道德教育或知识教育的积极意义，并且这种教材的艺术形式是儿童易于接受的，思想内容是儿童易于领会的。

第二，丰富的想象力是从事创造性劳动的必要条件，给儿童阅读他们所能领会的文艺作品，是发展儿童想象力的重要方法之一。在幼儿的想象当中，不仅人类能思想、能说话，一切东西都能思想、能说话，不仅人类有欲望和情感，一切东西都有欲望和情感。因此，这类教材，儿童读起来最容易觉得亲切有味。儿童从这类教材当中，可以学会仔细观察事物，认真体验生活，因而促进了创造性的想象能力的发展。

---

① 这里所说“现行”课本是指 1953 年用的课本。这些课本现在虽然经过修订，但课文多半还是保留的。

如现行小学语文课本第二册第四十七课《三只熊》，第三册第五课《猴子捞月亮》，第二十四课《狐狸和乌鸦》，第二十五课《狐狸和白鹤》，第二十六课《狗找同伴》等，都有这样的作用。

最后要附带说明一点，儿童（尤其是超龄儿童）在阅读童话这类教材的时候，往往会对它的真实性发生怀疑，这是很自然的。一个懂得儿童心理的教师不但必须善于使儿童领会艺术性文章的富于思想性的内容，并发展他们的创造性的想象力，而且必须善于在儿童表示怀疑的时候，肯定地答复他们这些故事是不真实的，但是有些是可能实现的，有些是符合事物的性质或规律的。所以从另一方面看，这些故事是有真实性的。这样教儿童阅读童话之类的文章，不但不会妨碍儿童对于科学真实性的理解，而且还可以增强儿童对科学知识的兴趣。

行知诗歌和儿童教材*

1985 年，《陶行知全集》在湖南教育出版社出版。这部巨著的编委兼责任编辑曹先捷同志在赠我全集的同时，提出了两项要求：一是写文介绍全集，一是将行知诗歌选作儿童教材。关于前一项，我已经写了两篇：一篇以《知识分子的光辉典范——介绍〈陶行知全集〉兼论陶先生毕生奋斗的道路》为题，在《群言》杂志 1986 年 5 月号发表；一篇以《伟大人民教育家的丰碑——介绍〈陶行知全集〉兼论陶先生的贡献》为题，在《光明日报》1986 年 8 月 8 日的《教育科学》专刊 190 期发表。但是将行知诗歌选作儿童教材的事，至今尚未着手。因为我自己不编儿童教材，只能向有关同志推荐。要推荐首先自己得用一番功夫研究，看哪些可作为儿童教材，它有什么现实意义。否则，就难以得到采纳。我手边的工作尚多，一时未能如愿，但三四年来我对此事并未忘怀。

大家都知道，陶先生是伟大的人民教育家，也是伟大的人民诗人。我国现代的伟大作家、伟大诗人郭沫若说："校读了陶先生的诗，委实

* 本文载《课程·教材·教法》1989 年第 8 期。

使我心悦诚服。他不仅是开创时代的哲人，而且是一位伟大的人民诗人。”① 据方与严在《记行知诗稿》中说，陶先生对自己的诗稿很珍视，曾多次设法复写珍藏，直到逝世前一天还将诗稿重新整理编辑，以便付印和珍藏。②这也难怪，中国古书说：“诗言志，歌咏言。”③ 诗是表达自己意愿的，诗歌的语言精练，是句短而整齐的韵文，便于吟诵，可以流传久远。况且陶先生的诗都是通俗易懂的，虽不必说是字字珠玑，却是人人爱读，难以释卷的。也就是因为这个缘故，我每次捧读起来，就沉湎于陶诗的意境之中，把从中挑选儿童教材的事忘了。

现在在德琼的帮助下，从陶诗中选出有助于对儿童进行全面发展教育的几例，以期引起教材编者的重视。陶诗收入全集的有 669 首之多（以创作的为限，译诗未计），这里举例的不过百分之一二，而且未必都是最佳的作品；又为了节省篇幅，长篇的诗歌未曾列举。有志选用陶诗为教材的同志，还请到诗集中去挑选，请勿以我举例的为限。

第一部分——有助于进行德育的

例一：《自勉并勉同志》（1924 年 3 月作）

人生天地间，各自有秉赋。
为一大事来，做一大事去。
多少白发翁，蹉跎悔歧路。
寄语少年人，莫将少年误。④

---

①②《陶行知全集》第 4 卷（诗歌卷附录《陶诗评选》），湖南教育出版社 1985 年版，第 820、828 页。

③《尚书·舜典》。

④ 载《陶行知全集》第 4 卷，湖南教育出版社 1985 年版，第 27 页。以下只在文中注页码。

记得孙中山先生也曾勉励青年“要立志做大事，不要立志做大官”。我们可以把大事理解为有益于人民的事，有益于解放全人类的事。不管是脑力劳动还是体力劳动，不管职位的高低、责任的大小，凡是人民、社会、国家需要的，就都是大事。各人先天的禀赋不同，后天获得的教养不同，但只要各尽所能，为人民服务，就都值得自豪，值得受人尊敬。重要的是要把自己天赋的才能，在后天的努力学习下充分发挥出来，而且要及时努力，不虚度年华。

我看这首诗可以选作小学高年级语文课本或品德课本的教材；初中毕业班即将分流时也可用作思想政治课的教材，甚至高中一年级“革命人生观”这门课也可以选作教材。

例二：《努力》（1924 年 3 月作）

努力，努力，
努力向前进，
努力向上进，
先把脚步儿站稳，
再把方向儿认定。
一步，一步地走，
一步，一步地近。
千万不要回过头来，
别人的闲话也不要听。
战胜困难全要靠自信。
努力，努力，

创造个好命运，

自己的力量要尽。（第28—29页）

我们要培养劳动者，不是培养寄生虫。鼓励儿童、少年、青年认真努力，“好好学习”“天天向上”完全是必要的。诗中鼓励读者努力时要站稳脚跟，就是要脚踏实地地干，而不是摆花架子，更不是弄虚作假，自欺欺人；诗中还鼓励读者努力时要认定方向，从现在来说，就是为建设富强、民主、文明、幸福的社会主义祖国而奋斗，而不是为个人的升官发财而争斗。

我看这首诗同前一首可以互为补充，有同样的用途。

例三：《自立立人歌》（1925年、1935年作）

（一）滴自己的汗，

吃自己的饭，

自己的事自己干。

靠人，靠天，靠祖上，

不算是好汉。

（二）滴自己的汗，

吃自己的饭，

别人的事我帮忙干。

不救苦来不救难，

可算是好汉？

（三）滴大众的汗，

吃大众的饭，
大众的事不肯干。
架子摆成老爷样，
可算是好汉？
（四）大众滴了汗，
大众得吃饭，
大众的事大众干。
若想一个人包办，
不算是好汉。（第 266—267 页）

这里四首歌中的第一首作于 1925 年，题为《自立歌》，赵元任还给它谱了曲。后来到 1935 年，陶先生补写三首，题为《自立立人歌》。从个人自立发展到自立立人，反映了陶先生思想的飞跃。

这四首诗的现实意义在于：(1) 鼓励人做一个自食其力的劳动者，不当寄生虫；(2) 不仅要自立还要帮助人，要有救苦救难的博大胸怀；(3) 社会哺育了个人，个人要为社会服务，即为人民大众服务，不能骑在人民头上作威作福；(4) 人民群众建设的国家，不仅要满足人民物质生活和精神生活的需要，还要保证人民有当家做主的权利。

这四首诗歌，可以作为小学音乐教材，因为有赵元任谱的曲子可以歌唱。但有的歌词寓意较深，小学儿童未必能够领会。所以也可以用作初中音乐教材。

例四：《一文钱》(1927 年作)

公家一文钱；

百姓一身汗。

将汗来比钱；

化（花）钱容易流汗难。（第67页）

这首诗我在五十多年以前就背熟了，它对我一生影响很大：在用自己的钱时“大方”，在用公家的钱时“小气”。这首诗的现实意义是十分明显的。现在提倡“为政清廉”。如果各级领导都能用这首诗来限制一下自己花公款时大手大脚，甚至用扶贫款买豪华轿车，用扶贫款大吃大喝的恶劣作风，那还可以算得上是个有良心的、有群众观点的干部。

为了使儿童从幼年起就养成勤俭节约的习惯，就养成公私分明的观念，就懂得“尔俸尔禄，民脂民膏”的道理，应当把这首诗作为小学生必读的教材，语文课本、品德课本，都可选用，音乐课也可以谱曲教唱。

第二部分——有助于进行智育的

例一：《每事问》（1924年作）

发明千千万，起点是一问。

禽兽不如人，过在不会问。

智者问的巧，愚者问的笨。

人力胜天工，只在每事问。（第22页）

《论语》记载："子入太庙，每事问。"① 说明像孔子那样的大学问家还勤学好问。本来，学问、学问，学是从问中得来的。如果不懂装懂，耻于下问，这个人一定不会有成就的。陶先生这首诗，阐发了任何创造发明都从多疑善问而得来的道理，寓意深刻，值得深思。

这首诗可以选作语文教材，也可以选作自然教材。

例二：《手脑相长歌》（1931 年作）

人生两个宝，双手与大脑。
用脑不用手，快要被打倒。
用手不用脑，饭也吃不饱。
手脑都会用，才算是开天辟地的大好佬。（第 173 页）

这首诗曾由贺绿汀谱曲，作为育才学校的校歌。它教人既用手又用脑，既要学会体力劳动，又要学会脑力劳动。关于体力劳动能促进脑力劳动的思想，或者说，用手能力有助于发展智慧的思想，早在 18 世纪，法国启蒙思想家卢梭就曾表述过。可是近十年来，我国教育界出现了片面追求升学率的不良风气，教学生光读书不劳动，光用脑不用手。培养出不少"四体不勤、五谷不分"的新废料，说起来实在可悲。这首诗不但要用作儿童教材，也可以用作成人教材。

这首诗里"快要被打倒"和"饭也吃不饱"两句，是针对旧社会的情况说的。现在情况变了，若选作教材，似可将前一句改为"快要成废

① 《论语·八佾》。

料”，将后一句改为“巧干做不到”。总之，提倡手脑并用的教育，是任何时候都必要的，这两句不改也是可以用作教材的。

第三部分——有助于进行体育的

例：《随地吐痰》（1940 年作）

生痨病，真难过，
痨病虫儿小又多，
一根针杪上，能站五百个。
干了飞进肺里去，
肺里处处都戳破，
今天一命呜呼，
全是随地吐痰的罪过。（第 518 页）

随地吐痰的恶习，国人至今未能改掉。记得 20 世纪 20 年代初，我受小学教育时，老师就教我们养成不随地吐痰等习惯。可是时至今日，六十多年过去了，这种恶习仍然普遍存在。“我们将以一个具有高度文化的民族出现于世界”① 的话也已说过四十年了，可是我们的民族文化水平之低，从随地吐痰这件事上就充分暴露出来了。

根除这项恶习既是体育（包括健康教育）的任务，也是德育的任务。我这里把它作为体育的教材，还有这样一个意思：我们要把体育的概念从狭隘的竞技体育的框框里解放出来，注意全民族的健康教育，提

①《毛泽东同志论教育工作》，人民教育出版社 1958 年版，第 43 页。

高全民族的健康水平。

第四部分——有助于进行美育的

例一：《北固乡道上》（1918年作）

无限春光好，
行行北固乡。
村童惊客众，
一路数车忙。（第1—2页）

例二：《攀松山》（1918年作）

迷径入松山，
登山如上滩。
不见水流急，
唯觉涛声寒。（第2页）

这些诗类似五言绝句，文字都很浅易，但意境深远而优美，可以作为小学语文教材。

第五部分——有助于进行劳动技术教育的

例一：《小朋友》（1931年作）

小朋友！
小朋友！

我看看你的手，
可拿得动扫帚？

小朋友！
小朋友！
哪一个长进？
哪一个丢丑？（第 133 页）

例二：《儿童工歌》（1931 年作）

小盘古

我是小盘古，我不怕吃苦。
我要开辟新天地，看我手中双斧。

小孙文

我是小孙文，我有革命精神。
我要打倒帝国主义，像个球儿打滚。

小牛顿

我是小牛顿，让人说我笨。
我要用我的头脑，向大自然追问。

小农人

我是小农人，靠种田生存。
为何劳而不获？谁是我的仇人？

小工人

我是小工人，我有双手万能。

我要造“富的社会”，不造“富的个人”。（第 110—111 页）

陶先生是一贯反对只读书不劳动的，他主张“在劳力上劳心”。他关于教人劳动、歌颂劳动的诗歌很多。他主张教人用劳动的双手创造新世界，他在《儿童工歌》中表达了这种思想。劳动不是盲目劳动，要动脑筋思考。诗中反对剥削、反对压迫的思想表达得也很明显。

最后还要重复一遍：我这篇文章只是想引起儿童教材的编辑者们的重视，从陶诗中选用适当的教材；举的例子既受了篇幅长短的限制（我只选用短篇的），又受了思想内容的限制（我自己硬要把某一首诗归入某一育的范围，未免画地为牢，束缚了自己），以致所举的例子中，有些并非陶诗中最精彩的作品。希望有志选用陶诗为教材的同志，直接到《陶行知全集》第 4 卷中去选择，必然会发现许多可用作教材的诗歌，大有如入宝山、美不胜收之感的。

可惜的是，《陶行知全集》印数太少，读者可能不容易找到。1981 年，三联书店出版有《行知诗歌集》，读者可能比较容易找到。只是不如《陶行知全集》有题解和注释可供参考。希望《陶行知全集》能早日再版，以满足广大读者的需要。

第五编

师范教材

师范教育的课程问题*

学校课程是实现学校教育目标的手段。师范院校是以培养师资为目标的，师范院校的课程必须能够实现这个目标。目前我国师范院校课程中存在的主要问题是在多数全日制的师范院校，追求课程的高、尖、精，忽视培养教师的需要。因此有些师范毕业生或者不愿意当教师，或者当了教师也不称职；多数教师进修院校也单纯帮助在职教师学会中小学教材，没有从培养合格的教师来全面考虑。双方的共同缺点是只把教师看作“教书匠”，而没有把教师看作全面发展教育方针的忠实执行者和社会主义一代新人的精心培育者，来加以培养。

根据上述情况，我想就全日制师范院校的课程问题，谈几点不成熟的意见。

一、端正办学思想

要解决师范院校的课程问题，首先要端正办学思想。目前在主管师

* 本文载《师范教育和教育科学》（陈侠编，人民教育出版社 1985 年版）。

范教育的同志中，特别是高等师范学校的领导干部中，有人认为师范教育可有可无，只要大学毕业生教高中，大专毕业生教初中，高中毕业生教小学，仿佛就算是合格教师了。他们认为师范生只要学好他专攻的那门学科就行了，以为有了知识的人就不愁当不好教师。——现在现代教育学、心理学、生理学、卫生学、管理学已经成为教育工作者不可缺少的学问，这种思想不用说也是错误的，即使在我国古代也早已被否定了。

我国最早的教育专著《学记》里，早已明确提出了对教师的要求。例如说："君子既知教之所由兴，又知教之所由废，然后可以为师也。""能博喻然后能为师。"又说："记问之学，不足以为人师。"两千多年以前的我国教育思想家，就总结了教师的经验，认为当教师必须懂得教育成功和失败的道理，要善于启发诱导，难道在科学发达的现代，当教师反而不需要懂得教育的成败之道了？这显然是不对的。

端正办学思想不仅是师范院校领导同志的事，而且是各系各科每一位专家、学者、教师的事。我们希望在师范院校执教的每一位老师，既是他掌握的那门学科的专家，又是一位教育家。他既能精通自己的专业学科，了解这门学科最新的科学成就，又能针对未来教师的需要，使师范生掌握好这门学科的渊博的知识技能，并且学会如何把这门学科的基础知识和基本技能传授给中小学的学生，还要能培养少年儿童对这门学科的兴趣，使更多的人能爱好这门科学，立志献身于这门科学，以促进这门科学的繁荣和发展。千万不要只把眼光放在自己专精的那一门学问上，片面要求学生向高、尖、精发展。在师范生中有少数在某一方面有特殊才能的人，当然也可以引导他们从事专门的研究，但是这并非师范教育的办学方向。师范教育培养出来的师资，需要有渊博的知识，不仅要深，而且要广，要做到这一点并不容易。一味追求高深并不符合未来教师的需要。

我们应当想到，社会主义现代化建设不是一代两代人的事情，共产主义建设那就更是个长远的目标了，我们不能只考虑为目前的某一门科学培养几位专家，而不考虑今后还要培养一代又一代社会主义、共产主义建设者。这些人都需要教师来培养。党的十二大把教育定为发展国民经济的战略重点，因为教育是现代化建设的基础。我们办的师范教育可以说是基础的基础，职责重要，任务崇高。所有师范教育战线上的同志，都要想到社会主义建设不仅是长期的事业，而且是群众性的事业。我们如果仅仅培养几位科学专家，固然可以为社会做出贡献；如果培养出大批合格而又称职的教师，他们每个人又可以为培养出许许多多人才打好基础，这许多人才对社会的贡献当然就更大了。

总之，无论从历史的、现实的、长远的、群众的观点来看，师范教育不仅是必要的，而且是重要的。我们要按照师范教育的特点来办好师范教育。

二、突出师范特点

怎样才能按照师范教育的特点来办好师范教育呢？这是一个值得研究的课题。师范教育的特点是培养合格的教师。为了突出师范教育的这个特点，师范院校的课程设置和教材选择必须针对师范教育的培养目标。现在从政治要求和业务要求两方面来看看这些目标。

我们社会主义国家对合格教师的政治要求：第一是教师必须能坚持四项基本原则，第二是教师必须能遵守“五爱”社会公德，第三是教师必须具有雷锋精神（即周恩来同志要求我们向雷锋同志学习的四个方面：“憎爱分明的阶级立场，言行一致的革命精神，公而忘私的共产主义风格，奋不顾身的无产阶级斗志。”）。简单地说就是教师要有高尚的道德修养和精神境界，能够以身作则，为人师表。我们要把新生一代培养成为有理想、有道德、有文化、有纪律的人，教师自己首先就要成为这样的人。

我们对合格教师有下列业务要求。第一是要有渊博的知识，他不仅要精通自己所教的这门学科的内容，而且对中小学学生学习的所有学科的内容都能有正确的了解。第二是要懂得教育科学，正确理解党的培养全面发展的人的教育方针、任教学校的培养目标以及每门学科甚至每一节课的教学目的；了解受教育者的身心发展规律和个别差异，能够按照教育规律来进行教育和教学工作。第三要有健康的体质、高尚的审美情操、一定的劳动技术本领。第四还要热爱教育事业，热爱教育对象，热爱人民教师工作，愿意为培养共产主义事业的接班人贡献出毕生精力。

第四个要求不仅是业务的要求，也可以说是政治的要求，或者说是对教师的道德要求。现在我们提倡各行各业都要讲职业道德，我看这一条可以算作教师的职业道德。我们分析，任何一位优秀教师之所以受到学生的爱戴和人们的尊敬，主要就是因为他们具有这样的职业道德。

为了突出师范教育的特点，各级各类师范教育的课程应当包括下面三类。

第一类是政治道德修养课。各级师范学校政治理论课的水平应当不低于同级学校的水平，而且还要尽可能结合师范教育的实际。高等师范学校一般要讲中共党史、政治经济学、辩证唯物主义和历史唯物主义、科学社会主义四门课。这四门课要分散在四个学年里，每年学一门。全部上课时数占总上课时数15％左右。这类学科的教学要使学生认识马克思列宁主义是放之四海而皆准的普遍真理，毛泽东思想是马克思列宁主义普遍真理同中国革命和建设实践相结合的产物，是指引我们从胜利走向胜利的指导思想，随着实践的进程，它还要不断发展；要帮助学生养成理论联系实际、一切从实际出发的实事求是的学风；要联系到教育在社会主义革命和社会主义建设中的地位和作用，使他们懂得教育是物质文明建设的基础和精神文明建设的重要组成部分，没有教育的普及和提高，社会主义现代化建设就是一句空话；要使他们知道教育是需要毕生为之奋斗的艰苦的事业，有志于振兴中华的青年应当立志献身教育事业，为祖国培养社会主义新人。

第二类是文化科学技术课。中师的这类课程应当不低于六年制重点中学高中的水平。师范学院和师范大学的这类课程，在理论基础课、专业基础课方面，应不低于综合大学文理科的水平，以便为未来教师打好他所专攻的这门学科的基础，能学好专业课，而且在毕业以后便于在职进修，学习他所专攻的这门科学的新成就，所以基础课一定不能削弱。但是专业课就要考虑到未来教师的实际需要，适当安排。特别是师范专科学校的专业课，应当同师范学院和师范大学本科的专业课有所区别，不能好高骛远，强求一律。这类课程包括理论基础课、专业基础课和专业课，应占上课总时数的60％左右。师范大学、师范学院和师范专科学校还要考虑到毕业生将来到小规模的中学任教，每位教师不仅教一门课，可能要教两门课，在重视基础课的同时不能不为他们教两门课做准备，为他们设置教两门学科的专业课（和教材教法课）。两门课的搭配要适当，最好是基础课大部分是共同的，如政治和历史、语文和历史，数学和物理、化学和生物、体育和生理卫生等。有些学科也可以互相搭配，如体育和音乐、音乐和美术、历史和地理、物理和劳动技术、化学和劳动技术、生物和劳动技术等。为了提高劳动技术教育的质量，希望高等工业、农业、林业、牧业、渔业、医药等学校能有计划地为普通中学和中等专业学校培养各种劳动技术课和职业学科的教师。

第三类是教育知识技能课。这是体现师范教育特点必不可少的课程，每个师范生必须认真学习，才能懂得教育科学，掌握教育艺术。师范教育之所以必要，正是因为有教育科学的存在。如果不存在教育科学，也就没有必要办师范教育了。办师范教育而不重视教育学科的教学，那么师范教育就会有名无实，不能培养出合格教师来。目前我国各级师范学校只开设了教育学、心理学和分科教材教法三门课，而且教学时数不多，仅占总上课时数的5％左右；外加时间不长的教育实习，很容易“走过场”。对于培养一个合格的教师来说，这一点是远远不足的。想要在有限的时间内把师范生培养成某一门学科专家，往往千方百计削减教育课的教学时数，结果师范教育有名无实，师范毕业生仍然缺乏教育科学知识，不能胜任教师工作。这种现象不是个别的，甚至某些著名的师范大学也是如此。与此同时，许多综合大学毕业生被分配到学校担任教师工作。他们在学校里几乎没有接触到任何教育科学知识，只能学着自己老师的样子去教少年儿童，对于要把学生培养成什么样的人，怎样来培养，完全茫然无知。这些都是我国教育质量不高的根本原因。师范教育要突出自己的特点，绝不能学综合大学的样子；相反，综合大学毕业生既然要当教师，他们就必须在校学习教育科学，预先从事教育实习。无论是师范院校还是有培养师资任务的综合大学，必须在教学计划中列入教育学、心理学、分科教材和教学法等学科，上课时数应占总上课时数的15％左右，此外还要用将近一个学期的时间，指导学生从事教育实习。总之，教育知识技能课在修业四年的师范院校应占总上课时数的25％左右，在修业五年的师范院校应占总上课时数的20％左右，即师范生至少要有四分之一或五分之一的时间直接从事做教师的职业准备，接受教育专业训练。

三、培养合格师资

为了培养合格师资，课程设置要全面而不能片面，已如上述。但是课程问题同学制、教材有密切的关系，孤立地谈课程，还不能解决问题。要培养合格教师，首先要考虑适当延长师范院校的学年。不过为了照顾目前条件（主要是合格教师缺乏，教育经费不足），不做统一要求。凡条件许可的师范院校应当力争做到，以提高未来教师的水平。

（一）中等师范学校的学制和课程

许多中师现在还只招收初中毕业生，修业两年，这是不能达到重点高中毕业生应有的文化科学知识水平的。为了提高小学教育的质量，中等师范学校最好招收合格的初中毕业生，修业四年。这样可以保证师范生既学好高级中学的文化科学知识，又能学好教育课，并有足够的时间从事教育实习。目前有些师范学校招收两年制高中毕业生，可以把修业年限定为两年，用一年时间提高文化科学知识水平，用一年时间学习教育科学并从事教育实习。如果招收三年制高中毕业生，可以把修业年限定为一年，专为当小学教师（或幼儿园教师）接受教育专业训练。中等师范学校毕业生必须都分配到小学（幼儿园）任教，不得分配到初中任教，以免两败俱伤。等到小学教师绝大多数都达到中师毕业水平，再逐步由师范专科学校来培养小学、幼儿园教师。这恐怕是下一个世纪的事了！

（二）师范专科学校的学制和课程

除了培养初中体育、音乐、美术、劳动等科教师的师专，可以招收六年制重点中学高中毕业生，修业两年外，培养其他各科初中教师的师专，都要招收六年制重点中学高中毕业生，修业三年。如果要培养兼教两门学科的教师，最好能修业四年。这个学制越早实现越好。目前初中教师不合格不称职的比例最大，师范专科学校的任务艰巨。将来条件许可，绝大多数初中教师都达到师专毕业以上的水平了，再逐步改由师范学院、师范大学来培养初中教师。

（三）师范学院和师范大学的学制和课程

现在除个别师大外，本科生一律招收高中毕业生，修业四年。今后最好招收六年制重点中学高中毕业生，修业年限逐渐延长为五年。这样可以使师范生的文化科学技术知识水平不低于文理科大学的本科毕业生，又可以受到足够的教育专业训练。将来可以由四年制的师范学院培养初中教师，五年制的师范大学培养高中教师。到高中教师绝大多数达到高等师范本科毕业水平了，再由师范大学设研究生班，招收大学本科毕业生专门研究教育理论和实践，来培养高级中等学校的教师。

（四）教育实习

综合大学既然负担一部分培养教师的任务，学生在修业期间，必须选修教育学科和从事教育实习。不仅文理科各系要培养师资，工、农、林、牧、渔、医等各科系也要为中学和中等专业学校培养师资。凡是兼负培养师资任务的高等学校，都要开设教育课并进行教育实习。

以上是从学制方面来谈师范院校课程如何能保证培养合格师资，下面再说师范院校的教材如何保证培养合格的师资。这个问题很复杂，不可能讲得太具体，只能讲一点精神或原则。这就是师范院校课程和教材的专业化问题。

课程和教材专业化的第一个要求，就是要合理安排教育学科的课内教学和课外活动。目前教育学科上课时数过少的情况必须改变。现在我们没有开设教育史这门课，要在教育学教材中补充教育史的教材，因为未来的教师对教育史的知识一无所知是不行的。我们也没有开设教育心理学这门课，要在心理学教材中多讲点教育心理学，这也是教师起码应有的知识。师范院校应当有师范院校的学术氛围，这种氛围要表现在教育学术的研究讨论上。师范院校应经常举行有关教育专题的学术报告会、座谈会、讨论会、辩论会等；要有计划地安排师范生参加附属中小学幼儿园的各项活动；要组织师范生参观工读学校、盲聋哑学校等，使他们学习这些学校教师的献身精神，增强对教育的信心；要组织师范生同特级教师、优秀教师会见，观摩他们的教学和班主任工作；等等。又如，师范院校的学报要把教育科研的成果发表在显著的位置，以体现师范教育的特点。

课程和教材专业化的第二个要求是要教好学科教材教法课，在这门课里指导师范生研究以下内容：教学大纲和教科书；如何在知识教学的同时培养学生的智力，发展学生的能力；如何结合本科的教材向学生进行思想品德教育；等等。同时还要在各系科的基础课和专业课里有意识地为师范生将来任教做好准备。如，中文系的中国文学史要针对中学语文教材中选入的历代文学名著名篇，让师范生多了解这些作家的生平，多阅读他们的著作；又如，历史系的中国思想史，要多讲一点教育思想史；自然科学各系，不仅要让学生学会动手做实验、写实验报告，还要教他们学会准备实验仪器，指导学生实验，注意实验的安全；等等。在目前学校教学设备简陋的情况下，还要教会师范生自制教具、模型，绘制图表，采制标本等。当然也要教会师范生使用幻灯机、投影机、录音机、电视机、电影机等现代化的教学手段。中等师范学校语文课要讲点文字学的知识，帮助师范生辨析汉字的形、音、义；讲点儿童文学知识，让他们学会写儿歌，自编乡土语文教材，或把适合儿童阅读的古代故事、寓言等译成可供儿童阅读的现代语；等等。

课程专业化的第三个要求是要让师范生有计划有目的地经常到附中、附小、附属幼儿园去参观、见习。目前教育学科的教育质量不高，主要原因是理论脱离实际。如果结合教育学、心理学、教学法等科的教学，让师范生到附属学校去印证所讲的理论和方法在实践中的应用，效果一定会好得多。师范院校必须有附属学校。附属学校要随时接待师范院校的师生来参观、见习、调查、研究、实验和实习。附属学校必须按照教育规律办学，按照教学规律教学，以便成为师范生学习的模范。

师范院校《教育学》教材建设的几个问题*

1980 年 3 月，由开封师院、华中师院、武汉师院、湖南师院和甘肃师大五所院校合编的公共课《教育学》教材的审稿会在北京举行。我有机会参加了这次会议，向战斗在教育学教学第一线的同志们学习了不少东西。我也在会上和个别交谈时发表了一些不成熟的意见。现在把它写出来，就教于全国教育学界的同志们。

一、改进课程设置，研究学科体系

师范院校的教育学，究竟设一门课好还是分成几门课好？这是决定教育学这门学科教学目的和内容的前提。新中国成立以后，在师范院校，无论教育系还是其他各系，都设一门教育学，原来规定要教两学年。后来逐渐减少，直至形同虚设。现在且不谈这门学科三十年来的曲折遭遇，更不去谈按教育规律办教育，未来的教师必须学习教育学这个

* 本文载《课程·教材·教法》1981 年第 1 期。

问题。现在是假设这个问题已经得到解决，我们要研究在师范院校的课程里，教育学是只设一门课好，还是分设几门课好。我的意见是在教育系，可以把教育学分成几门课，如教育概论、中等教育、普通教学法、德育原理、教育行政、学校卫生等科。这些课，有的可以讲一学年，有的可以讲一学期。总的时数不一定增加许多，而学生可以学得比较深透。现在一门教育学往往分别由几位教师讲授，不如把它分成几门课，每门课由一位教师讲授。

至于在教育系以外的各系，不妨暂时还设一门课，但是要有足够的学时，教学内容可以比教育系的精简些，更加结合实际些。今后也应当考虑分开。因为在一门课里包罗万象，讲授的时间又长，非教育专业的学生不容易产生学习兴趣。但可以只讲三门，即教育概论、中等教育和普通教学法，而把德育原理、学校管理和学校卫生的内容，放在教育概论和中等教育两门课中去讲。

现在有些师范院校已经在试行把教育系的教育学分成几门课来教，取得经验以后，当可逐步推广。

教育学这门学科，无论是只设一门课，还是分设几门课，都应当研究它的体系。究竟是理论体系好，还是工作体系好，历来有不同的看法。主张前者的同志认为，教育学既然称为学，应当采取理论体系，不应当采取工作体系。如果采取后者，就不应当称为教育学，而应当称为教育术了。

我看这个问题现在也不难解决了。教育系现在将要开设教育哲学这门课。这门课完全可以采取理论体系，讲教育的本体论、目的论、课程论、方法论等。当然，我们开设教育哲学，一定要讲马克思主义的教育哲学，用辩证唯物主义和历史唯物主义的观点来统率所讲的内容，而不能只是对西方资产阶级各哲学流派教育理论不加批判地介绍。

至于教育学无论分成几门还是合为一门，仍然免不了按工作体系来讲。因为我们的师范生是未来的教师，应当使他们知道怎样按教育规律去办学校，去当教师，去进行教育工作和教学工作。光有理论的武装，没有实践的指导，他们毕业后在实际工作中一定会遇到困难。即使按工作体系来讲，无论他们学不学教育哲学，在教育学教材里，当然应该使他们了解一些马克思主义有关教育的基本原理，以免在实际工作中迷失方向。

二、联系“四化”建设，观察教育本质

我国教育学界展开教育本质问题的讨论，是1978年10月在开封师院举行的教育学教材讨论会上开始的。那时，真理标准问题的讨论在全国已经进行了半年，人们长期被左倾路线禁锢的思想逐渐解放了，认识到教育与生产有联系，教育也是生产斗争的工具。当然还有一部分同志继续主张教育是上层建筑，是阶级斗争的工具。1979年4月在全国教育科学规划会上，同年6月在武汉举行的教育学教材讨论会上，8月在兰州举行的全国教育学研究会第一届年会上继续展开讨论。虽然论点还有分歧，却也逐步接近。

教育本质问题，本来是教育学上已经讨论过的问题。20世纪50年代初期，苏联教育学界在斯大林发表了《马克思主义与语言学问题》以

后，曾经展开讨论，并且做了总结。[①] 我们现在所以重复讨论这个问题，主要是因为1958年以后过分强调教育是阶级斗争的工具，忽视教育是发展国民经济不可缺少的力量。最突出的是林彪、江青一伙反革命集团的喉舌，当时的“上海革命大批判写作小组”在《谁改造谁》那篇黑文里[②]，竟然歪曲历史，说人们是为了阶级斗争的需要才办教育的。这样，他们就一口否定了人类为了传授生产劳动的经验，早就有了教育活动的事实。而生产劳动乃是人类最基本的实践活动，远在阶级社会出现以前，就随着人类的存在而存在了。教育作为阶级斗争的工具，自然只能是在出现了社会阶级以后的事。

我在开封的一次会上，曾经表示在教育学教材里，只要把教育同政治经济的关系讲清楚了，教育的本质也就明白了，不必争论它是不是上层建筑或者是不是生产力。我现在仍然认为，教育作为一种社会现象，它同上层建筑和经济基础、同生产力和生产关系，都有直接、间接、千丝万缕的联系，不能只片面地说它属于哪一方面；否则，谁都不能自圆其说。因为固执一端的论点必然会有漏洞，经不起实践检验的。

建设社会主义现代化的强国，是我们当前头等重要的政治任务，如果我们再不重视教育在促进国民经济发展中的作用，将要犯极大的错误。因为教育是培养人的，人是社会生产力中最重要的因素，没有掌握现代科学技术的人才，社会生产力就不能发展，劳动生产率就不能提高。人才的培养离不开教育。这本来是普通常识，又为当代发达的资本主义国家的实践所一再证明的。他们所谓“开发智力资源”，就是说要

---

①《关于作为社会现象的教育的专门特点的争论总结》，译文载《人民教育》1952年7、8月号。

② 载《红旗》杂志1970年第2期。

大力发展教育事业，毫不吝惜教育投资。这是资产阶级政治家也明白的道理。我们无产阶级为了培养建设社会主义的人才，就更加应当重视教育事业，大量投资来发展教育事业。

我国目前社会生产力之所以落后，原因正是教育事业不发达。特别是经过十年浩劫，至今小学教育没有普及。多年来不重视教育科学研究，不认真培养师资。教师水平低，待遇更低，教育质量难以提高，合格教师的数量非常不足。普遍缺乏各级各类科学技术人才，缺乏熟练工人和懂得科学种田的农民。我们讲教育本质，怎能再忽视它在发展社会生产力方面的重要职能呢？

同时，我们要建设的是社会主义现代化强国，而不是光有现代化就行了，必须是社会主义的。建设社会主义当然必须有具备社会主义觉悟的劳动者。培养有社会主义觉悟的劳动者，培养有共产主义道德品质的新一代，培养全国人民都成为能坚持四项基本原则的公民，当然也是教育在意识形态领域里义不容辞的责任。但是这样的劳动者、新一代是不能光凭政治说教就能培养出来的，必须大力提高他们的科学文化水平，并且适当进行思想政治教育，才有希望培养出这样的人来。实践证明，不讲教育在意识形态方面的职能固然不对，倘若把教育在意识形态方面的职能强调到不适当的程度，往往会得到相反的结果。我们是应当吸取这个教训的。

因此，在教育学教材里，要彻底改变过去那种片面强调教育是阶级斗争工具的说法，要批判那种把教育的起源歪曲成产生于阶级斗争需要的谎言。特别要阐述教育同国民经济发展的关系，阐述教育同实现四个现代化的关系。这样可以使师范生认识教育在祖国建设中的重大作用，认识到献身教育事业、为祖国培养人才，就是为实现“四化”而献身。

目前，由于我国社会上还没有形成重视教育工作、重视教师地位的风气，这样讲述尤其重要。如果教师自己也随俗浮沉，不重视教育工作，不重视教师专业，那就不可能把我们的教育工作做好。所以，在教育学教材里，讲清楚教育关系到“四化”建设的成败，首先使未来的教师重视教育工作，重视教师的地位，是很有必要的。

三、尊重教育规律，必须破除迷信

林彪、“四人帮”一伙搞现代迷信，造成教条主义的不良学风，我们教育学教材受的影响尤为突出。有一个时期，教育学成了语录学，仿佛一切教育规律都包含在语录当中。结果使得教育工作多年不按科学规律办事，只知按“长官意志”办事，甚至是按被歪曲篡改了的“长官意志”办事，给教育事业带来了极大的危害。现在举例说明，必须破除迷信，才能按照教育规律来办教育。

办学校本来是为了传授人类千百年来积累的知识和经验，所以把智育放在学校教育工作的第一位，并没有什么错，学校教育工作以教学为主，也是合乎规律的。林彪、“四人帮”一伙却大批“智育第一”大反“教学为主”，仿佛我们社会主义社会的普通学校或专业学校，仍然应当像三四十年前抗日战争时期以知识分子为对象、以培养抗日军政干部为目标的抗日军政大学一样，“一切工作都是为了转变学生的思想”，而不需要传授系统的现代文化科学理论知识，岂非笑话！况且，学校教育正是排除了时间和空间的限制，可以使学生不需要事事直接经验，而能学得古代的和外域的知识，即间接经验。如果人类的新生一代一切都要从实践开始，凡事都必须直接经验，那么人类至今仍然会处在野蛮状态，不可能建成今天的文明社会。其实，教育学里讲“智育第一”，并没有说是“智育唯一”。“智育唯一”当然是错误的，“智育第一”不过是反映了学校教育工作的特点，并未否认德育、体育还有美育等的重要性。但是，在思想不解放、迷信未破除的情况下，在大批“智育第一”“大反教学”为主的风暴中，我国学校教育被搞得不成样子，教育质量一落千丈，至今我们还不得不吞食着这一祸害造成的恶果。因此，我们在教育学教材中，不仅要讲教学为主是学校教育的规律，而且要为“智育第一”恢复名誉。

教师本来是人类灵魂的工程师，他们肩负着培养祖国下一代的重任。教师本身水平的高低，教育工作质量的好坏，都关系到祖国的前途和人类的命运。历史上任何社会任何阶级的统治者，至少都要在口头上尊重教师的地位，就是因为看到教师的这种作用。我国古代就有“师道尊严”的传统，或者说“尊师重道”的传统，就是说尊敬教师是为了重视他所传授的道理。在我们社会主义国家里，只要教师传的是马克思主义之道，授的是现代文化科学之业，我们无产阶级就应该尊重他们。所以老解放区历来有尊师爱生的传统。但是林彪、“四人帮”横行时期，他们阴谋搞乱全国，首先搞乱学校，借口大批所谓“师道尊严”，教唆学生破坏学校秩序，甚至辱骂、殴打教师，把学校弄得不成个学校，使教师“欲教不能，欲罢不忍”，眼看着祖国的鲜花长成了野草，不少青少年受到毒害。应当指出，我们的人民教师不是资产阶级知识分子，而是工人阶级的一部分。我们在教育学里应该强调教师的地位和作用，不提高人民教师的地位，的确不可能有无产阶级的文化。我们必须把人民教师的地位提高到资本主义社会没有也不可能有的高度！

以上只举了两个例子，说明破除迷信、解放思想是按教育规律来办教育的前提。当然，我们说解放思想还是要以马克思主义为指导思想，还是要坚持四项基本原则的。凡是符合马克思主义基本原理的，我们仍然要坚持，不应该动摇。如，培养德、智、体诸方面都发展的有社会主义觉悟的、有文化科学技术的、身体健康的劳动者的教育方针，在社会主义阶段应当继续执行。我们不应当把无产阶级政治作形而上学的理解，建设社会主义现代化的强国正是无产阶级最大的政治任务，教育理所当然地要为它服务。社会主义社会里所有有劳动能力的公民都应当是劳动者，不能以为只有以体力劳动为主的工农大众才是劳动者，以脑力劳动为主的知识分子就不是劳动者。这是我们在教育学教材中应当阐明的。

四、加强专业训练，坚决肃清流毒

教育学是对师范生进行教育专业训练的主要学科，应当使他们通过教育学的学习，养成热爱儿童（这里“儿童”一词泛指教育对象）、热爱教育工作的思想情感。为此，除了前面说过的要使他们了解教育在实现四个现代化当中的重要作用，从事教育工作就是为祖国的现代化贡献力量，并重视教育工作，重视教师的地位以外，教育学教材的编写还要注意便于对师范生进行教育专业训练。

过去教育学往往被学生说成是教条学，因为它只讲理论，不结合实际。这既有教材方面的原因，也有教学方面的原因。今后在教育学教材里应当指定学生教育见习和教育实习的作业，使学生在学习教育学的过程中，就开始接触儿童，接触教师，接触教育工作实际。

例如，在讲儿童生理和心理特点的时候，就可以让学生到幼儿园、小学、中学去观察儿童的活动，同儿童谈话，测量儿童的身高、体重、肺活量，协助医务工作者检查儿童体格，对儿童进行心理测验，等等。这样就把枯燥的教材变成活生生的有血有肉的东西了。了解儿童是教育儿童的前提，只有了解儿童才会热爱儿童。许多先进教师的经验表明，他们之所以能在教育工作中做出卓越的成绩，一方面是由于忠诚党的教育事业，一方面也是由于热爱儿童。

又如讲到教学论部分，不仅要让学生到学校去参观教师的教学，还要让学生了解教师如何备课，如何准备教具，如何丰富学生的感性认识，如何启发学生学习的自觉性和积极性，如何通过知识的教学发展学生的能力和进行思想政治教育，等等。讲到道德教育的部分，不仅要让学生了解教师如何培养班集体，怎样举行主题班会、队日活动和团日活动，还要让学生了解教师怎样对儿童进行个别教育，怎样进行家庭访问，等等。

为了便于对学生进行专业训练，师范院校必须办好附属学校。师范院校的附属学校就像科学研究机构的实验室或者医学院的附属医院一样，是必不可少的。十年浩劫以后，有些师范院校的附属学校还没有恢复，这对培养师资是很不利的。师范院校一定要有附属学校，一定要按教育规律把它办好。它应当是师范院校的组成部分，要适应师范生教育实习的需要，不应当加入片面追求升学率的行列，更不应当怕师范生的实习会影响教育质量而拒绝他们前来实习。

我们的教育学教材，在重视教育专业训练的同时，还要注意肃清林彪、“四人帮”的毒流。在通常情况下，教育学教材本来应当只讲正面的道理，阐述教育的理论问题和实际问题，使未来教师对教育的基本理论有正确的理解，并且养成实际工作的能力。但是，在林彪、“四人帮”一伙破坏教育事业的十年浩劫之后，许多教育理论上的是非给搞乱了，有些本来是常识性的问题给颠倒了，违反了教育的规律，受到了严酷的惩罚。因此，不能不在讲授教育学的过程中，批判他们一伙散布的种种谬论。

但是，这种批判实在是玷污了我们的笔墨，所以不能占教材的过多篇幅。在教材中只能把对教育事业影响最恶劣、破坏最惨重的几个问题，彻底搞清楚，如教育本质问题、培养目标问题、智育第一问题、教学为主问题、师道尊严问题、小德大德问题等。在教材正文中主要还是正面阐述道理，许多应当批判的谬论可以留给教师去讲。为了让学生能用教育理论的武器去批判那些谬论，教材中可以把要批判的问题，放在有关的章节讲过以后的作业题中去。

五、遵守教材要求，力求适合教学

教育学教材应当既利于教，又便于学。要努力使它适合于教学的要求。

编写教材不同于写论文。教材是写给学生读的，首先要把概念讲清楚。这就要求在编写教育学教学大纲时就预先考虑好，哪些概念在哪些地方出现，在概念出现时怎样把它的含义讲明白。

例如，“德育”“智育”“体育”“美育”等概念，应当在讲教育的目的和任务的时候，就把它们的意思讲清楚。这些词在教育学里是要经常出现的，不讲清楚就要闹笑话。应当向学生讲清楚，“德育”是“道德教育”的简称，不能使用“德育教育”这样的提法，同样，“智育”是“智力教育”的简称，不能使用“智育教育”的提法，“体育”是“体力教育”的简称，也不能使用“体育教育”的提法，“美育”是“美感教育（或审美教育）”的简称，也不能使用“美育教育”的提法，否则就叠床架屋、意义重复了。我们的教育学教材里虽然没有出现这类叠床架屋的提法，但报刊上有时会出现这样的提法，叫人看了很不舒服，因为它表明目前连极其普通的教育术语也不标准，反映出我国教育科学的落后状况。

还有一些概念应当讲清楚。如“全面发展”这个词是指人的全面发展①，即人的智力和体力的全面发展，或者说人的才能的多方面的发展。马克思是从大工业生产所造成的劳动的变换、职能的更动和工人的全面流动性来论述这个问题的。虽然当时资本主义的生产造成分工过细、专业固定的状况，他要求工人能够适应这种变动，即能从一个工种转换到另一个工种，从一种职业转换到另一种职业，而不致终身被束缚在一种职业上。所以“全面发展”这个词，从马克思主义政治经济学的角度来说，跟我国目前教育界说的德、智、体的全面发展，含义是有所

① 全面发展只能是说人的全面发展，如果说成个性全面发展是无法理解的。因为人的个性，对于社会来说，有积极的方面，也有消极的方面，我们只能发展它有利于社会的方面，而不能也发展它不利于社会的方面。所以“个性全面发展”的提法是错误的。

不同的。我们说的全面发展是要求受教育者成为又红又专又健康的人。这同马克思当年的设想并不完全是一回事。

教育学教材要考虑到教学的便利，一定要符合我们教育学本身讲的对教科书的要求。以思想性和科学性必须统一这一点为例。我们的教材要有坚定的马克思主义的思想性，要用辩证唯物主义和历史唯物主义的观点来说明问题，在政治上必须坚持四项基本原则，在科学上必须经得起实践的检验。凡是经不起实践检验的种种说法，我们必须一概摒弃。例如，三十年来，我国教育事业在党的领导下的确取得了不小的成绩，这是不容否认的，但是这种成绩的取得是全国人民和广大师生在党的领导下努力奋斗的结果。我们应当按照历史唯物主义的观点，实事求是地论述问题，才能既具有思想性，又具有科学性。

教育学教材中讲了许多教学原则和教学方法，我们也要考虑到教师使用教材时，怎样便于贯彻这些原则，使用这些方法。例如，除了文字的叙述以外，我们可以在教材中增加一些插图。又如，为了便于理论结合实际，可以在每章的作业中指定一些见习和实习的作业。

六、努力编出我国自己的教育学

学习外国的东西要结合本国的实际，这是我们党的优良传统，也是毛泽东同志历来强调的。20 世纪 50 年代初期，我们就提出了学习外国教育学必须中国化的问题。

但是要真正编出一部中国自己的教育学来，还需要做许多科学研究工作。首先要总结我国教师的先进经验。我国中小学教师有好几百万人，在这样众多的教育实践家当中，必然有许多行之有效的先进经验。这些经验应当说是我们教育学取之不尽、用之不竭的源泉。因为理论来源于实践。把实践当中的成功经验加以总结，上升为理论，再到实践中去检验。如果确属行之有效，就应当加以推广，使少数先进教师的经验成为广大教师的共同财富。这样，我们的教育科学水平就能不断提高。近来看到有些总结先进教师经验的材料，其中某些行之有效的经验往往是四五十年以前早就有人做过的。这一方面证明这些经验的确符合教育科学规律，过去行之有效，现在仍然行之有效；另一方面说明有好的经验未能及时推广，没有使它成为广大教师的共同财富。今后我们不仅要提倡总结经验，而且要重视推广先进经验。这是教育学中国化的重要途径之一。各地教育学会和教育学研究会的会员，都可以把总结先进教师经验作为开展教育科学研究的一项重要课题。

其次，要整理我国教育学遗产，批判地继承我国教育历史遗产中有用的东西，做到“古为今用”。现在人们常常提到我国汉代儒家戴圣编辑的《礼记·学记》篇，是一部最早的教育学著作。我们如果剔除其中封建性的糟粕，就可以发现其中有不少符合教育规律的东西。此外，从孔子以来的历代教育家的著述中，也可以汲取到不少有用的东西。我们不能因为他们是奴隶主阶级或者地主阶级的思想家、教育家，就一概否定他们的教育经验；否则，就要犯民族虚无主义的错误。至于老解放区的教育经验，特别是新中国成立三十年来的教育经验教训，更应当好好整理总结，以便发扬优良传统，避免重犯错误。

再次，我们还要在教育领域大兴调查研究之风。例如，讲儿童的身心特点，往往缺乏我国自己的材料，这就要对我们的教育对象进行周密的观察、调查和研究，以便了解各年龄阶段儿童生理方面和心理方面的特点和发育情况，取得一定的数据。又如，某一地区某一学校有了良好的办学经验，我们也要去调查研究，找出有普遍意义的东西即教育规律，来充实我们教育学的内容。

最后，我们还要开展教育实验活动。教育学现在还未能成为一门比较精密的科学，还没有完全脱离思辨哲学的窠臼。例如，中小学教材的排列，采用直进式好，还是采用圆周（螺旋）式好，人们往往各执一词，谁也说服不了谁。如果我们设计两套课程，编两套教材，进行长期的实验，就可以得出可靠的数据来证明孰优孰劣。这就是要让事实来说话，尽量避免主观的因素。这样不仅有助于教育学的中国化，而且有助于提高教育学的科学水平。

对编写中师教育学教材的几点建议*

新中国成立伊始，我们就很重视师范教育，重视教育学科的教材建设。1949 年出版了华北人民政府教育部教科书编审委员会编辑的四本中师教育学科代用教材，其中有一本叫《教育学参考资料》，就是供中师开设的“教育概论”一科采用的。当时条件非常困难：旧中国的教育理论，大部分是从资本主义国家引进的，哪些是正确的，可以继续给学生讲，哪些是错误的，应当坚决摒弃，谁也说不清楚，只好选讲一些革命领袖的有关讲话和老解放区报纸的有关社论，作为代用教材。

1950 年 12 月，苏联《教育学》的译本出版了，教育学界的同志感到有了依据。1952 年秋季开始编辑的中师教育学、心理学课本，都是在学习苏联的基础上编成的。从 1953 年起用了五年，解决了从无到有的问题。

1958 年以后，这套课本停止使用。差不多有二十多年没有再编通用的教育学教材，直到 80 年代才算恢复。

---

* 本文是根据 1989 年 10 月 24 日作者在中师教育学教材编辑座谈会上的部分发言整理而成的，原载《课程·教材·教法》1990 年第 1 期。

现在为了试行《三年制中等师范学校教学方案》，将重编中师教育学教材，由人民教育出版社教育编辑室主持编务。预祝编辑工作顺利、成功！

下面对编写中师教育学教材提几点建议。

一、坚持指导思想

我们编写教材，一定要用马克思主义的立场、观点和方法来观察问题、分析问题、论述问题。这一点很重要，也是坚持四项基本原则的基础。但是说起来容易，做起来很难。

例如，十年前“人才学”的鼓吹者提倡“钻冷门”“走捷径”，要人“自我设计”，追求成为“名人”，等等，就是教育学领域出现的一股资产阶级自由化思潮。因为出现在教育部的机关刊物上，影响很大，对青年人的毒害很深。当时也有教育学者发表文章表示支持。

此外，对教育的起源问题、教育的本质和职能问题、教育有无阶级性问题等，这几年也出现过一些背离马克思主义的论点。这些问题在我们中师教育学教材里都将涉及，所以编者对此必须先有明确的认识，然后才能把正确的观点介绍给师范生。最近，我曾写过《略谈教育理论研究中的资产阶级自由化倾向》一文，在《中国高等教育》1989 年第 12 期发表，这里不再赘述。

二、认定学科性质

教育学是一门社会科学，同时是一门应用科学。

有人说，教育学既然是一门科学，科学是没有国界的，所以教育学也没有国界。

这种说法，我不敢苟同。教育学是社会科学。社会科学是研究人与人、人与社会之间的相互关系的，它要受一定社会的政治、经济和文化的制约，所以不能把教育学看成同自然科学一样，认为自然科学没有国界，教育学也没有国界。

1948年出版的苏联凯洛夫主编的《教育学》曾经说教育学是有党性的，是党性很强的一门科学①，强调了教育学的阶级性。这是另一个极端。

我的看法，最好具体情况具体分析，因为教育学是研究培养人的规律的科学，而人既有生物性，即人是个自然实体，人的身心发展有他的共同规律，在古代，在外域，凡是遵循人的身心发展的自然规律总结的教育经验，提出的教育规律，我们仍然可以借鉴，可以批判地继承。同时，人又有社会性，即人“是一切社会关系的总和”②，教育本身也是由它所处的社会关系所决定的，我们社会主义社会的教育所要塑造的人，同资本主义社会的教育所要塑造的人是不同的。我们的教育学所讲的理论和实际，必然同资产阶级教育学有本质的区别。因此，一概排斥固然不对，完全等同也是错误的。

顺便说说，我们引进国外教育理论，必须非常慎重，不能被西方作者的美丽辞藻所迷惑。如，他们讲的“自由世界”“民主世界”，实际上

---

① 见此书译本（1953年版）第29页。

② 马克思：《关于费尔巴哈的提纲》，《马克思恩格斯选集》第1卷，人民出版社1972年版，第18页。

讲的是资本主义世界。

我一向认为，教育学不是纯理论的科学，而是应用科学。既然是科学，当然也讲理论，但这种理论不是脱离实际的空洞理论，而是从实际中产生、提炼、升华又能反转过来指导实践的理论。所以我们编写中师教育学教材，要更加重视理论与实践的结合。

三、结合本国实际

1952年，我们编写中师教育学课本，就想在学习苏联教育学的基础上结合中国实际。当时有的得到领导同志的支持，做到了；也有未能做到的。现在各举一例。

苏联教育学有三个基本概念，即воспитание、образование和обучение。但前两个词译成汉语都是“教育”，译成英语都是education。当时教育学界在学习苏联教育学的时候，对这两个词的含义，很难划分清楚，有人写文章做解释，越说越令人糊涂。因为没法用现成的汉语来分别翻译，既不能把воспитание译成“教养”，也不能不把образование译成“教育”。后来查看了工具书，发现在《汉俄词典》中，“教育”一词后面注了воспитание、образование两个词，在《英俄词典》中education一词后面，也注了这两个词。可见三个概念只是俄语的习惯用语，并不涉及学术上的问题。在一次讨论中等师范学校教育学教学大纲的会上，我提出按照汉语的习惯，我们只用“教育”和“教学”两个基本概念就可以了，不必照抄苏联，用三个概念。这个意见，经主持这次座谈会的教育部党组书记、副部长钱俊瑞同志当场查阅工具书证实后，予以认可。因此，解释不清的三个概念问题，只要结合本国实际就可迎刃而解了。我至今还对钱俊瑞同志的科学态度和民主作风深感敬佩。

顺便说说，现在翻译的苏联教育著作里，还大量出现“教养”一词，这是仍将俄文 образование 译成“教养”。其实译文是给中国人读的，可以按照汉语的习惯，把这个词分别情况，译为“教育”或“教学”，并不致歪曲原义，而更便于国人理解。

另有一个是学习苏联未能结合中国实际的例子。1952 年编写中师教育学，我承担了其中教学论部分的几章。我在写到小学复式教案的时候，采用中国自己的经验，把教案中的教学步骤，按照教师在各年级先后进行直接教学或间接教学的顺序，写上序码。如，三、四年级复式班，教师开始上课先到四年级指定学生自动作业，这个步骤在教案上标明一，次到三年级直接教学，这个步骤在教案上标明二，以后第三步先在三年级指定作业，这个步骤在教案上标明三，然后第四步教师到四年级直接教学，这个步骤在教案上标明四，等等。这样在教案上的三年级部分，教学步骤出现的是二、三……在四年级部分，出现的是一、四……这正体现了复式教案的特色。可是当时翻译出版的一本苏联叶希波夫、冈查洛夫合写的《教育学》，是把两个单式教案拼在一起的，三、四年级的教学步骤自成起讫，互不相关，这就不如中国已有的经验适用。审稿者为了慎重，不相信中国人自己的经验，却按照苏联的式样改了。所以要结合实际必先了解实际，否则就不容易办到。

还有，目前由于初等教育尚未普及，中国还有大量文盲。1982 年人口普查发现，12 周岁以上人口中，还有文盲半文盲 235 820 000 人之多。每年还要产生新文盲 400 万。扫除文盲在我国还是一项繁重的任务。这个任务如果能动员全国小学教师来做，当可收到切实的效果。因此在我们的教育学教材中还要介绍一点办一揽子学校的经验。这种学校既办儿童班普及小学义务教育，又办成人班扫除文盲。过去战争时期老解放区办过，抗日战争以前有许多实验乡村教育的单位也办过，应当向未来的教师介绍。

我们还要引导师范生眼睛向下，重视介绍我国小学教师中优秀的、典型的、先进的经验。

总之，结合本国实际需要注意的方面很多，这里仅举数例。

四、重视祖国遗产

中国是文明古国，不但历史悠久，而且绵延不绝。这应当是全国各族人民引以为自豪的。

中国历代产生过许多伟大的思想家、教育家，他们发表过许多教育言论，做出过许多教育范例，总结过许多教育经验，其中有些思想和行动至今尚未失去光辉。所以我主张要编写一本有中国特色的教育学，尽量采用中国历代教育家的理论和实践。从每一门学科都有思想教育的任务来说，教育学也有进行爱国主义教育的任务。在教育学中引用中国教育家的理论和实践，还可以起到爱国主义教育的作用。

例如，中国历来重视伦理教育、道德教育，重视品德的修养，虽然我们今天对儿童、少年、青年思想品德的要求与内容跟过去不同，但教育的原则和方法仍然有许多相通之处。在教学方面，相通之处就更多了。讲教学原则，完全可以用中国的语言说中国人自己总结出来的原则，学生听起来更容易接受和记忆。为什么非要用翻译语言，讲这个性、那个性，就是没有一点中国人的民族性呢？

总之，我希望在新编的教育学中，尽量批判地继承祖国的教育遗产，编成一本具有中国特色的社会主义的教育学教科书。

五、培养专业志趣

现在师范学校设有教育学、心理学、教育实习和各科教材教法四门教育专业课。这四门课以及其他各科教学和课外活动，都应当负有培养师范生专业志趣的任务，但教育学负的责任更大。因此，我们编写教育学教材，不仅传授教育科学知识，还要通过知识的教学，培养学生愿意献身小学教育的志趣。

目前我国小学教师的地位和待遇都比较低，即使改善了，由于教师工作的繁重，责任的重大，没有献身教育事业的精神，还是难以做好的。所以我常鼓励教师们要向我国老一辈无产阶级革命家学习，学习他们当年不怕牺牲生命来献身革命。现在从事教育工作虽然生活条件艰苦，但至少没有牺牲生命的危险。只要我们能把教育是社会主义现代化建设的基础，教育是“提高民族素质”的必要条件，教育是全国人民摆脱贫穷落后状态的必由之路……这些思想，植根在师范生心中，大多数人总会养成从事教育专业的志趣的。

榜样的力量是无穷的。目前师范学校尚未开设教育史课，在这样的情况下，教育学中应把中外古今教育家的模范事迹择要向未来教师介绍：从孔子的“有教无类”，到夸美纽斯的“把一切知识教给一切人”；

从裴斯泰洛齐的“毁家兴学”，到武训的“行乞兴学”；从陶行知“捧着一颗心来，不带半根草去”的伟大献身精神，到马卡连柯“殚精竭虑把少年违法者培育成国家有用的人才”。这些都应当旗帜鲜明地写在教材里。还有许多勤勤恳恳、兢兢业业、默默无闻，数十年如一日奋斗在教育第一线的优秀教师的光辉业绩，应当让学生们自己去搜集材料，互相交流，写入日记，编入墙报，作为一项有目的的专题活动。

六、扩大学生眼界

我们培养的未来教师，不仅是个教书匠，还要是个教育家。要成为教育家，就要眼界宽广，心胸豁达，识见宏远，志虑忠纯。虽然要求小学教师“学贯中西，术通今古”很不现实，但是在教材中适当介绍一点古今中外的教育理论及其形成原因、利弊得失还是有必要的。

例如，学制的双轨和单轨，许多人不了解双轨制是阶级社会教育机会不平等的产物，竟把我们中等学校办学形式多样化，说成双轨制。如果我们教育学教材中讲明白双轨制的由来，未来的小学教师就不会闹这样的笑话了。又如，现在报刊上常常出现一些“德育教育”“美育教育”这些不伦不类的名词术语，有时甚至出现在教育行政领导干部之口。如果我们教育学教材中讲明白德育、美育的含义，未来的小学教师当然不会人云亦云了。

现在不少同志注意研究学校课程，这是很好的事情。但是，就我评阅的硕士论文来说，已经不止一次见到有的研究生把“活动课程”误解为课外活动。固然，课外活动现在已经纳入课程的范围，但“活动课程”另有含义，并非指课外活动。作为一名小学教师应当知道两者的不同含义。

师范学校现在不设小学行政这门课，教育学中要讲学校管理。在这一部分要把校长、教师在学校中的地位和作用讲清楚。要使未来教师知道，在学校里，所有的人员（包括校长、教师、职工和学生）的关系都应是民主平等的。校长虽然代表国家来办学，要执行党和政府的教育政策法令，但他不是“官”，不能摆“官僚”架子。校长应当是教师的一员，他必须兼课。他对教师的态度应当像个家长，恭恭敬敬请教师来教自己的孩子。教师应当自觉遵守学校一切规章制度，成为学生的表率。全校教职员工都应当团结一致，形成一个教育集体。现在有些校长以领导者自居、高高在上，只知发号施令，这样是不能调动教师的积极性的，也是不可能把学校办好的。我主张校长最好由教师民主选举产生，经上级教育行政部门审核任命。实行校长责任制必须慎重遴选校长，才有利于事业的发展。在学校党支部起保证监督作用的前提下，非党员只要条件合格且素孚众望，也可以选任为校长。

扩大教师的眼界还包括对教育趋势的认识。如，为什么我们现在要提倡智能教育，而不限于知识教育？这是因为目前知识量的增加很快，学生不可能在校期间学会一切知识，所以要求学生（包括小学生）学会求知的方法，养成求知的习惯，才能适合社会的需要。为什么我们现在提倡通才教育，而不强调专才教育？这是因为科学发展综合化的趋势，不仅要求有专精一艺的人才，而且要求有兼通数艺的人才。特别是基础教育，若是给学生在文化科学、思想品德等方面打下的基础越宽广、越扎实，他以后发展的可能性就越大。为什么我们现在提倡终身教育？这也是因为科学技术不断发展，知识更新的速度加快，人在就业以后还要继续学习，否则就难以适应工作的需要。如此等等。这些对于做一名优秀教师也是不可缺少的，不仅要认识，而且要力行。

七、建立科际联系

教育学应是师范生的一门主课，它是对未来教师进行专业训练的基础学科。教育学的教学应同其他各科建立联系。

首先要同其他教育专业训练学科如心理学、小学各科教材教法建立联系。倘若心理学里讲了小学儿童的身心发展及其教育，教育学里就不必重复。如果心理学里只讲了小学儿童的身心发展，没有讲如何针对身心发展的特点来施教，教育学就要在心理学讲过的基础上再讲如何施教。教育学中讲了教学论，各科教材教法就不必重复，只讲个性的东西，不讲共性的东西。

其次要同教育实践联系。《三年制中等师范学校教学方案》把教育实践分配在三个学年，第一、二学年各两周，第三学年六周。不仅增加了实践的总时数，而且分配在各学年，比集中在最后一年好得多。因为这有利于在教育学教学过程中让学生去参观、见习，有机会在实践中印证新学的理论，比空讲道理易于深入理解。

最后是同其他各学科的联系。如，讲到德育、智育、体育、美育、劳动技术教育各章时，就应同师范学校有关学科联系。尽管师范学校的这些学科是以师范生为对象的，是培养未来的小学教师的，教育学里讲的是以小学生为对象的，但双方仍有内在的联系，应该力求紧密配合。

师范学校的师范性或叫专业化，应在所有各科教学和课外活动中体现出来。教育学教材同它们建立联系，有利于促进专业化，有利于培养出更加称职的小学教师。

以上所述，未必妥当，如有错误，还请指教。

新中国第一部教育学课本出版的前后*

新中国成立以前，党和政府就很重视师范学校教育学科的教材建设。1949 年，华北人民政府教科书编审委员会编辑了师范学校适用的《教育学参考资料》《小学教育的理论和实际参考资料》《小学各科教材和教学法参考资料》《小学教育典型经验介绍》四本书，分别作为师范学校“教育概论”“小学行政”“小学各科教材和教学法”“教育实习”等科的代用教材。“教育心理学”一科选用上海世界书局出版、林汉达编的《教育心理学讲话》作为暂用教材。

1950 年 12 月，翻译的苏联 И. А. 凯洛夫主编的《教育学》（1948 年版）开始由新华书店出版。翌年 3 月新华书店又出版了苏联 H. K. 冈察（查）洛夫著的《教育学原理》（初译稿）。同时，东北新华书店翻译出版了苏联师范学校教材、叶希波夫和冈查洛夫合编的《教育学》。1951—1953 年，凯洛夫主编的《教育学》译文经修订后由人民教育出版社出版。这些书对当时中国各级师范学校教育学的教学帮助很大。特

---

* 本文载《课程·教材·教法》1991 年第 3 期。

别是教育部还邀请苏联专家来华讲学，培养了我国高等师范学校的教育学、心理学教师和教育行政干部，造成了全国各级学校教师学习教育科学的热潮。在这样的背景下，教育部师范教育司于 1952 年秋，向人民教育出版社提出了编辑师范学校教育学和心理学课本的要求。

当时人民教育出版社编审部刚刚从出版总署迁入教育部办公，主管师范学校教育学科课本编辑工作的教育编辑室也刚刚组建，人力薄弱，只依靠内部的力量是不容易承担这项任务的。但师范学校教育学科长期使用代用教材确实不能满足教学的需要。教育编辑室衡量了需要与可能，经出版社领导的同意，决定采用内外结合的办法，承担这项任务，即由教育部师范教育司和人民教育出版社教育编辑室邀请一部分外单位的教育学者、心理学者合作编写。本文只讲教育学课本的编写情况。

编写课本首先要草拟教学大纲。师范教育司在 1952 年 8 月印发了一份《师范学校教育学教学大纲（未定稿）》。这份大纲规定的教育学教材计分十七章，各章题目、教学时数及课本撰稿人姓名如下。

第一章　总论　六小时　张凌光

第二章　教育的性质、目的和任务（大纲原题有“新民主主义”字样）　十小时　丁浩川

第三章　学校教育制度（大纲原题有“新民主主义”字样）　六小时　张凌光

第四章　幼儿教育　四小时　朱智贤

第五章　学龄儿童身心发展的特征　六小时　陈选善

第六章　教学原理　十小时　陈　侠

第七章　小学教学的内容　六小时　陈　侠

第八章　课堂教学　十四小时　陈　侠

第九章　教学方法　十六小时　胡　毅　许椿生

第十章　德育（大纲列为第十一章，课本改为第十章）　十二小时　许忆痴

第十一章　体育（大纲列为第十二章，课本改为第十一章）　四小时　苏竞存

第十二章　美育（大纲列为第十三章，课本改为第十二章）　四小时　蔡　仪

第十三章　小学生的集体组织（大纲原题“学校中的学生组织”，列为第十四章，课本改为第十三章）　四小时　陈　琏

第十四章　课外活动（大纲列为第十章，课本改为第十四章）　六小时　滕大春

第十五章　人民教师　四小时　丁浩川

第十六章　学校与家庭　四小时　杨　铭

第十七章　小学组织和领导　八小时　王　静

这个大纲的体系基本上是学习苏联教育学，特别是叶希波夫、冈查洛夫合著的苏联师范学校教育学教材的体系，如，大体上按总论、教学论、教育论和学校管理四大块来安排教材，讲教学论而不另讲智育等。但也有所调整，如：第一章总论（应称“绪论”）讲教育的本质、作用和教育学的基本概念、研究对象、目的和方法；另设专章讲教育的性质、目的和任务；将叶、冈教育学中备课和复式教学两章并入课堂教学一章；将该书爱国主义教育、集体主义教育、自觉纪律教育、性格意志教育和劳动教育等五章，均并入德育一章等。这样更富有逻辑性，教材

也可以编得简练些。

问题是当时对中国社会的性质还没有从理论上搞清楚，大纲多处提的是新民主主义教育，而没有提社会主义教育。因此1953年7月出版的课本第一册第一版中还缺第二章，甚至连1954年7月出版的初级师范学校教育学教学大纲中也缺“新中国过渡时期的教育”一章的细目。现在看来，理论上没有定论的东西，教材中固然以不涉及为好，但缺着一章，不如讲些共性的、已有定论的和有法令依据的东西，如，教育的历史性和阶级性，教育应为一定社会的经济、政治服务，以及《中国人民政治协商会议共同纲领》里对教育的规定等。

当时教育学讲两学年，大纲规定二年级上学期讲第一至五章，二年级下学期讲第六至八章，三年级上学期讲第九至十四章，三年级下学期讲第十五至十七章。课本也分四册出版，每学期一册。1953年度第一学期供应一、三两册，第二学期供应二、四两册。

为了把好课本的质量关，尤其是政治关，教育部师范教育司还请潘开沛和王铁两位同志负责全书的校订工作，再由人民教育出版社教育编辑室负责编辑加工发稿。

值得一提的是，当时学习的苏联教育学中有三个基本概念，即воспитание，образование，обучение，我国翻译工作者将前两个概念先分别译为“教养”“教育”，后又分别改译为“教育”“教养”，在我国教育工作者的认识上造成混乱。有的同志还写文章加以解释，但是越解释越难以令人理解。因为没有办法用汉语来区分这两个概念。原来俄语的这两个词，在汉语中习惯上都用“教育”一个词来表达，在英语中习惯上都用education一个词来表达。我根据《汉俄词典》中“教育”一词

后面注了 воспитание 和 образование 两个词，《英俄词典》中 education 一词后面也一样，所以在一次讨论师范学校教育学教学大纲的会上提出建议：我们的教育学不必提三个基本概念，有两个（教育、教学）基本概念就行了。那时的教育部党组书记、副部长钱俊瑞同志参加了这次讨论会，当场让人取来工具书，查阅后就确定下来。俊瑞同志的民主作风、科学态度和果断精神，至今还令人敬佩。因为当时学习苏联，不敢越雷池一步，往往产生许多教条主义现象，他能做出实事求是的决定是难能可贵的。

新中国第一部教育学课本的撰稿人和校订人中，有党的教育理论工作者和实际工作者，有教育部师范教育司的司长和专员（他们也是教育学者），有美学学者、体育学者、教育学者和少年儿童工作者，阵容相当整齐。可见这项工作得到了多方面的支持。

我是人民教育出版社的编辑干部，参加课本的撰稿是义不容辞的责任。所以我承担了教学论三章一个学期教材的撰写。当时我已认真学习过《毛泽东选集》第一、二、三卷，特别是初步用《实践论》《矛盾论》等论著武装了自己的头脑，所以有勇气来从事这项把苏联教育学中国化、通俗化的工作。我还有从事小学教育的实际经验，编过几本有关小学教育问题的书，这也增加了我撰写教学论这几章稿子的勇气。当然，以苏联教育学为取材和立论的依据，恐怕是当时参与撰稿和校订者的共同后盾。就我撰写的部分来说，还有教条主义地学习苏联的地方。如，关于复式教学，我国从俞子夷先生开始就有独到的研究成果，却未大胆采用。

在给新中国第一部教育学课本第一、三两册写的《出版者的话》

中，我还犯了一个错误，即说“本书的编写是我国用马克思列宁主义和毛泽东思想的基本观点来论述教育科学问题的初次尝试”。事实上，早在30年代，就有杨贤江等同志这样做了。李浩吾（即杨贤江）写的《新教育大纲》，我在抗日战争前就读过，但当时并未认识到那是用新观点编写的教育学著作。这个错误是金灿然同志指出来的，我很感谢他。在课本第二、四册的《出版者的话》中就把这句话删去了。

新中国第一部师范学校教育学课本从1953学年起连续用了五年，解决了教材从无到有的问题。新生事物总是不完备的，这部课本有疏漏、缺点和错误当然是不可避免的。在使用过程中，1955年春，教育部师范教育司和人民教育出版社还曾联合组成调查组到江苏、上海等地的师范学校去调查，以便发现课本的缺点，作为修改的依据。这是一项很有意义的对教材的评价工作。当时参加调查的有人民教育出版社的干部曹孚、王铁等同志。近阅《曹孚教育论稿》中附录的调查报告，只对这部课本做了肯定，说课本“替这两门（包括心理学——笔者）学科的教育指出了方向，确定了范围”，“学生从这两科中所获得的是马克思列宁主义的教育学、心理学知识，这是应该肯定的”。（见该书第708、709页）报告并未具体指出课本的缺点，当然并非没有错误和缺点。

以后这部课本就由王铁、曹孚等同志负责修改，修改后将一、二两册合为上册，三、四两册合为下册出版。1958年“教育大革命”后停止使用。

最后，我以教育学界一个退伍老兵的身份，谨向教育学课本的编辑和教育学教师同志们提几点希望。

第一，要认真学习马列主义和毛泽东思想，因为它们反映了自然界和人类社会的客观真理，论述了不以人的意志为转移的科学规律。同时要注重学习马克思主义教育基本原理，学会运用马克思主义的立场、观点和方法，来研究和探讨教育理论问题和实际问题，这样才能不受形形色色的资产阶级教育思想的迷惑。

第二，要批判地继承祖国的教育学遗产，使学生知道中国是历史悠久的文明古国。几千年来有许多教育家发表过很多很好的教育见解，至今仍没有失去它们的光辉。这也要求我们学好教育史，善于选择反映教育规律的东西并把它们介绍给学生，树立他们的民族自尊心和自豪感，培养他们爱国主义的情操。

第三，要善于总结本国教师的教育经验，使学生知道教育理论来源于教育实践，实践又是检验理论的唯一标准。所以教育学课本的编辑和教育学教师要具有教育实际经验，并不断深入学校，向实践在教育工作第一线的教师学习，使自己掌握的教育学理论不是教条，而是有血有肉的活生生的道理。这样才能提高课本的质量和教学的效果。

第四，要眼界开阔，了解国外教育的情况，适当借鉴于我们有益的经验。目前有些课本往往引用外国一般教育学者的话过多，这种现象应当改变。至于对未来的小学教师介绍一些中外教育家献身教育、毁家兴学的事迹，以及中外政治家重视教育的言论，可以培养他们的专业思想和职业道德，应当说是有必要的。

关于教育学教材改革问题的思考*

一

教育学是师范院校的一门主课，是所有师范院校学生的必修课。我们为什么要办师范院校来培养教师？就是因为有教育科学的存在。教育学就是综合教育科学基本规律的学问，它在培养合格教师上有极其重要的作用。

若干年来，由于我们有些同志对师范教育和教育科学的功能和作用认识不足，加上教育学教材本身也存在一些缺点，有些师范院校毕业生虽从学历上看是合格教师，但在教师岗位上并不称职。造成这种现象的原因虽然不止一端，如果只谈改革教育学教材恐怕未必能解决问题。因此，我认为首先必须端正对师范教育和教育科学的认识，还要造成全社会尊师重教的风尚。

第一，要清除歧视师范教育的错误。一位很有声望的师范大学校长

---

* 本文载《华东师范大学学报（教育科学版）》1991年第4期。

曾经对我说，教育部计划财务司对高等学校经费的分配不合理，存在着歧视师范教育的现象。如，师范大学和综合大学都有理科和文科，但是经费的分配标准上，综合大学的理科最高，综合大学的文科次之，师范大学又次之。这种不成文法姑不论谁是始作俑者，但其影响所及对师范教育很不利。物质上的不利是显而易见的，精神上的不利是一言难尽的。

举例来说，有些对办理师范教育本无正确认识的师范院校负责人，千方百计要把自己办的师范院校改为综合大学。如，某省一所师范学院，先改称某省师范大学，后又将“师范”二字去掉，改称某省大学。另有某省一所师范学院，原来以省名命名，却改为以市名命名的大学。经费分配标准的不合理，造成一些人轻视师范教育的心理，以办综合大学为荣，以办师范大学为耻。尽管这种思想是错误的，但要清除它，还要首先从教育行政领导部门做起，改变经费分配不合理、不公平的做法。

第二，要纠正轻视教育科学的错误。教育学是不是一门科学，至今还有人持怀疑态度。所谓科学，并没有什么神秘，也并非高不可攀。它无非是研究事物和现象发生、发展规律的学问。教育学研究培养人的规律，为什么不能算作科学？问题在于某些办师范教育的人轻视教育科学，认为可学可不学，多学不如少学。结果制订的教学计划，分给教育科学的学时少得可怜。尤有甚者，有个别师范大学负责人，公然提出什么“师范大学要向综合大学看齐”的口号，一味强调教高、精、尖的学科，而不是面向中小学。所以“看齐”的结果是把教育学科的教学挤掉。据了解，综合大学毕业生中有60％～70％要担任教师，因此应当把这个口号颠倒过来，说“综合大学要向师范大学看齐”才对。这里所谓“看齐”，就是在综合大学各系开设教育学选修课，以免学生毕业后出任教师毫无准备。有些省的综合大学就是这样做的，这是做得对的。要纠正轻视教育科学的错误，也需要由教育行政部门负责修改师范院校教学计划，增加教育学科的教学时数。师范院校系科负责人也要重视教育学科的教学，不得削减教育学科及其教学时数。至于师范院校教育学科安排多少教学时数才比较合适，我早在 1984 年《课程·教材·教法》第 2 期上发表的《浅谈我国师范院校的课程问题》一稿中谈过，这里不再赘述（此文已收入拙著《师范教育和教育科学》第 16—24 页，人民教育出版社 1986 年版）。

第三，要造成尊师重教的社会风尚。我国素有尊师重教的优良传统。教师担负着为祖国培养下一代的责任，本来应当都是国家工作人员。“文革”时期受“极左路线”的干扰，农村中小学教师中出现了一批民办教师，即不领工资靠评工分的教师。民办教师要种责任田，否则口粮也无着落。加上提出过“贫下中农管理学校”的口号，许多地方实际上是由文盲半文盲来管理学校。曾有公社负责人要求民办教师好好工作，将来调他去供销社当售货员；曾有地区负责人对师专教师说：“你们大学毕业有什么了不起，还不是要受我这个小学毕业生来管。”党的十一届三中全会以来，这种现象虽然日益减少，但并未完全绝迹。由于民办教师制度至今仍然存在，有些省还占教师总数一半以上，民办教师生活没有保障，工作不能胜任的不在少数。特别是那种“贱师轻教”的恶果，短时间难以肃清。难怪中学毕业的优秀青年不愿意报考师范院校，师范院校每年入学新生的质量尚无切实有效的保证，这就必然影响未来教师的素养。我们研究改革教育学教材的目的，无非是为了提高未来教师素养。在这种先天不足的情况下，这个目的不易达到。所以必须从根本上采取切实有效的措施，提高教师的地位，改善教师的待遇，在全社会尤其是各级领导干部中造成尊师重教的风尚。

上述三个问题解决了，就为教育学教材的改革创造了前提。

二

师范院校设置的公共必修教育学科不止教育学一门，还有心理学、本系（科）教材、教学法和教育实习。这些教育学科同教育学一样也面临着提高重视程度、增加教学时数和改革教学内容的任务。本文只谈教育学教材的改革。

各科教材是为实现教学目的服务的，谈教育学的教材改革，首先要把师范院校教育学这门学科的教学目的弄清楚。

目的之一是要培养师范生的教育专业思想，使他们乐于献身教育事业；同时要培养教师的职业道德，了解教师的心理，即善于解剖自己、了解自己。

目的之二是要使师范生了解受教育者身心发展的规律，了解各年龄阶段学生的生理心理特征；善于引导学生好好学习、天天向上，懂得如何预防学生在德、智、体各方面走下坡路；养成爱护学生尤其是爱护差生的情感。

目的之三是要使师范生了解教育的基本原理或规律，了解党和政府的教育方针政策；了解教育与社会主义建设的关系，了解教育与个人发展和国家盛衰的关系，了解教育与生产劳动相结合的必要性；了解国家教育行政管理制度和各级各类学校系统，了解未来服务学校的培养目标。

目的之四是要使师范生了解学校各项工作的目的、任务、实施原则、途径和方法，包括与学生家庭的联系及与周围社会的联系等。

还可以举出一些，主要的大致就是这些。

如果上述目的在教育学的教学中能够圆满实现，那么我们培养出来的教师就可能成为知己、知彼、懂原理、懂业务的合格教师。

“知己知彼，百战不殆。”这句话不仅适用于军事，也适用于教育。教师要知己，就是要了解自己的兴趣、爱好和特长，培养自己从事教育工作的兴趣和爱好，发展自己为从事教师职业所需要的特长。由于教育至今还是一件毕生清苦的事业，既需要我们毕生从事而且生活清苦的事业，又是责任重大、工作繁重的事业，要求从事这项工作的人能够做到“知之者不如好之者，好之者不如乐之者”（《论语·雍也》）。教师对自己的事业能够“乐此不疲”，然后才能做到全心全意为祖国培养一代社会主义新人。现在提倡无私奉献，我们每一位安心本职工作的教师都是在默默无闻地无私奉献自己的聪明才智和毕生精力，所以值得全社会的尊敬。

知己还包括了解自己的缺点和不足，并且针对当教师的需要来克服自己的缺点，弥补自己的不足。教师需要以身作则，为人师表。凡要求学生做到的，自己首先要做到；凡要求学生不做的，自己一定也不做。这句话说起来容易，做起来并不简单。许多师范院校从新生入学开始，就要求他们一切言行符合中小学学生的行为规范和学生守则，并把它作为师范生行为规范和学生守则的一部分，这是完全做得对的。

所谓知彼就是教师要了解学生，既了解所教年龄阶段学生身心发展的一般规律，也了解每个学生的特殊情况，包括德、智、体各方面的情况以及家庭环境、父母职业和文化水平等。这不仅是教育学教学的目的，也是心理学教学的目的。心理学应包括普通心理学、发展心理学和教育心理学的知识，教育学中有关了解学生的教学内容，应当同心理学的教学内容既有联系，又有区别，应当避免重复，应当互相补充。

我们常说，教师不能只是一个教书匠，不能只以擅长教自己本专业的学科为满足；教师要能是一位自觉的工作者，要以教育家的标准来要求自己。为此，他必须了解一些教育的基本原理和规律，这些原理或规律都要是马克思主义的，而不是非马克思主义的或反马克思主义的。例如，在阶级社会中教育具有阶级性的原理，并不因为我们是消灭了阶级的社会主义国家，我国的教育已经具有全民性而过时。只要国际上还存在着敌对势力，而且这些势力一天也没有放弃他们使社会主义国家和平演变为资本主义国家的图谋，我们就一天也不能忘记教育具有阶级性这条基本原理，不能放松马克思列宁主义、毛泽东思想的教育。又如，教育具有工具性，任何时代任何国家的教育都是为那个时代那个国家的政治、经济服务的。教育是以培养个人、发展个人为出发点，而以每个人都能成为对社会有用的人才为国家服务为归宿。发展个人不是教育最终的目的，最终的目的是使个人能成长为国家需要的劳动者、建设者。这些都是最平凡的真理，不是任何故弄玄虚、要笔杆子的人可以否定得了的。教育学的教学就是要用这些马克思主义的教育基本原理来武装师范生的头脑。

关于懂业务的问题，因为教育学本是一门应用科学，而非纯理论的科学。传授教育业务知识技能，历来为大家所重视，我不想多说。但想谈一点个人的看法，就是教育学的教学目的，不能只限于传授业务知识，而要如前所述，首先为师范生从事教育专业做好思想准备，树立他们对教育事业的信仰，培养他们敬业乐群的精神，善于并乐于团结志同道合的同志，奉献毕生的精力为祖国培养下一代，为社会主义、共产主义事业培养接班人。因此，我不赞成以学科教育学来代替普通教育学的教学。普通教育学有它的目的和任务，不是学科教育学可以代替的。相反，学科教育学的内容很容易同学科教材和教学法一科的内容互相重复。只要我们不是以培养教书匠为目的，而是要培养知己、知彼、懂理论、懂业务、眼界开阔的富于自觉性的教育工作者，那么，我们就应当用马克思主义有关教育的一些基本原理来武装师范生的头脑，而不能把教育学的教学限制在某一学科的范围之内。

三

教学内容（教材）是根据教学目的来选择和组织的。如果我们承认上述的教育学的教学目的，教材的选择并不困难。困难的是教材内容丰富和教学时间短缺的矛盾如何解决。

现在高等师范学校公共必修教育学课，实际上包括教育概论、中等教育、普通教学法（或称“教学论”）和学校管理四门课的内容。把四门课的内容压缩在一门课里讲，而又不给予足够的教学时间，要想达到教学目的是不可能的。所以要想提高教育学的教学质量，首先要给它安排足够的教学时间。

公共必修教育学课又不同于教育系的教育学课。教育系设有教育史课，讲中国教育史和外国教育史，这些历史知识可以使学生“察往知来”，从纵的方面来拓宽他们的视野；教育系还设有比较教育课，讲世界主要国家教育的现状，了解教育同现代国家国民经济和社会发展的关系，从横的方面来扩展他们的眼界。其实这些也是各学科教师应当受到的教育，现在要把它们简明扼要地在教育学里讲，所以公共课的教育学教材要比教育系的更丰富。

教育系还开设教育管理或学校管理课，教育系的学生在学习教育学（或教育概论）时，这些内容可以从略。公共课的教育学却不能没有这部分的内容，尤其现在好多校长、教导主任都不是由教育系的毕业生担任，而是由其他各系的毕业生担任，让这些系的师范生学一点学校管理的知识很有必要。所以公共必修教育学的教学时数可以比教育系的更多。

具体设想，公共必修教育学应从现在每周三学时教一学期，增加到每周两学时教两学年。即从三学分增加到八学分。即使如此，由于教学内容的丰富，还得千方百计采用现代化的教学手段，如教育电影、教育电视系列片、教育录像带等，才能增进教学的效率。

教材的内容，大体上要包括以下各部分。

（1）使师范生认识教育和教育的对象。这里主要要用马克思主义的观点讲教育的起源和发展、教育的本质和职能、教育的地位和作用、教育的目的和任务，以及未来服务学校学生的身心发育的特征等。

（2）使师范生认识实施德育（包括美育）应遵循的一般规律。这里主要讲学校德育的目的和任务，实施德育的原则、途径、手段和方法，如何利用美育来培养学生高尚的道德，德育效果的评价等。

（3）使师范生认识实施智育（包括劳动技术教育）应遵循的一般规律。这里主要讲学校智育的目的和任务，实施智育的原则、途径、手段和方法，课堂教学的准备、实施和评价，现代科学原理在生产劳动中的运用等。最后一点主要在数学和自然科学各系讲，这是为了使未来教师毕业后能正确执行教育和生产劳动相结合的方针。

（4）使师范生认识实施体育应遵循的一般规律。这里主要讲学校体育的目的和任务，实施体育的原则、途径、手段和方法，课内外体育教学的准备、实施和评价，国家体育锻炼标准的实施和考查等。

（5）使师范生认识指导各项课外活动（包括自我服务和公益劳动）应遵循的一般规律。课外活动是培养全面发展的人不可缺少的手段，它可以发展学生的兴趣、爱好和特长，已经是学校课程的组成部分了。为了克服片面追求升学率的不良学风造成的恶劣影响，学校让学生自由选择、自由组合成若干课外活动小组，使他们从事有目的、有组织的且具有政治性、文艺性、科学性、技术性的各项活动，是发展学生个性的有效措施。这里主要讲开展课外活动的必要性、课外活动的种类、课外活动应有的设备、指导课外活动的原则和方法、课外活动效果的评价等。

（6）使师范生认识学校集体、班集体、团（队）集体的形成规律及集体在教育中的作用。社会主义教育要培养集体主义者，集体主义者只有通过集体来培养，因此我们学校中要形成团（队）的、班级的和全校的集体，在集体中对学生进行教育。集体主义教育并不否认个性的发展，凡有利于个人健康成长和集体进步的个性，我们都鼓励它发展。集体主义教育所反对的是个人主义特别是极端个人主义的膨胀，而不反对个人有益于自己身心和社会需要的个性发展。这一点需要讲清楚。

（7）使师范生认识学科教研组长、班主任、年级组长、教导主任、总务主任和校长的工作性质、范围、目的、任务、原则和方法。这些都属于学校管理的知识。也可以讲一点我们国家教育行政的组织和制度，以及它们对各级各类学校的领导、管理、监督、视导和检查等。

（8）使师范生认识教师在思想意识、道德品质、文化科学、专业知识等方面应有的修养，并不断提高水平。在上述各项内容讲过以后，师范生必然要感到教师的职责崇高、任务繁重，不是一般没有认识的人就可以胜任的。这里再强调未来教师应有的修养，就是有的放矢，并能引起共鸣了。

上述教育学的教学内容，难免挂一漏万。但从中可以看出，教育学是师范生必修的一门学科，它在培养合格教师中负有重要使命。不仅不宜由学科教育学来代替，而且必须成倍增加教学时数，才能收到应有的效果。

总之，我们研究教育学教材的改革，不能孤立地进行，而要考虑到对师范教育的地位和作用是否真的提高和重视了，对教育学科（不止教育学一门）的教学是否认真对待了，对形成全社会尊师重教的风气是否做出有目共睹的实事了。只有这些先决问题真的妥善解决了，教育学教材的改革才可能顺利进行。

愚者之虑，或有一得。敬献刍荛，聊供采摘。